아브젝시옹과 성스러움

줄리아 크리스테바와 폴 리쾨르로 프로이트 넘어서기

아브젝시옹과 성스러움
줄리아 크리스테바와 폴 리쾨르로 프로이트 넘어서기

지은이 / 김선하
펴낸이 / 조유현
편   집 / 이부섭
디자인 / 박민희
펴낸곳 / 늘봄

등록번호 / 제300-1996-106호   1996년 8월 8일
주소 / 서울시 종로구 김상옥로 66, 3층
전화 / 02)743-7784
팩스 / 0504-037-5383
이메일 / book@nulbom.co.kr

초판 발행 / 2021년 6월 30일
3 쇄 발행 / 2025년 2월 15일

ISBN 978-89-6555-095-2 93160

※ 값은 표지에 있습니다.

아브젝시옹과 성스러움

줄리아 크리스테바와 폴 리쾨르로 프로이트 넘어서기

김선하 지음

늘봄

차 례

프롤로그 : 태초에 사랑이 있었다[1]

프로이트는 인간이란 분명한 정체성을 가진 존재라기보다는 다소 억압된 기억과 간간이 지배력을 행사하는 충동 사이를 오가는 존재라고 밝혔다. 그는 우리의 심리 구조 가운데 꿈과 무의식적 증상들을 분석해 들어가면서 종교를 신경증과 병리적 현상으로 설명하였다. 이러한 프로이트의 관점은 20세기 동안 인류가 경험한 삶과 거주지의 상실과 무관하지 않다. 기술과 정치는 우리의 자연적 거주지로부터 우리를 더욱 분리했고, 다시 한번 유목민으로 변화시켰다. 어디에서나 만날 수 있는 이주 노동자들과 위성 방송과 인터넷을 이용한 국경 없는 항해자들, 정치적 박해를 피해 새로운 거주지를 찾는 망명자들까지 세상은 유목민들로 넘쳐나고 있다. 이러한 현상은 기존의 권위와 법, 가치체계에 대한 저항을 불러일으켰고, 이 문제는 아버지의 권위에 대한 도전으로도 해석되었다.

프로이트는 문명의 발전을 본능의 단념 즉, 충동 희생과 보상

---

1) Kristeva, J, *Au commencement était l'amour*, Psychanalyse et foi, Hachette, 1985.

이라는 경제학적 개념으로 설명하였다. 인류 문명은 삶의 본능과 파괴 본능 사이의 투쟁이라는 형태를 띠고 있으며, 문명 발달은 인류의 생존을 위한 투쟁으로 설명되었다. 자연과 투쟁을 벌이면서 문명은 예전에 신에게 두었던 권능을 사람에게 부여하게 되었다. 그런데 왜 사람은 문화인으로 만족하지 못하는가? 그것은 죽음본능이 사람 속에서 침묵하고 있다는 것, 그리고 문명 속의 불만의 형태로 그 공격성과 파괴성이 드러난다는 사실에서 기인한다. 여기에 사람이 사람에게 품는 원초적 적개심과 파괴 본능을 감추기 위한 죄책감이 자리 잡는다. 이 죄책감의 기원은 아버지 살해라는 것이 프로이트의 설명이다. 죄책감은 문명이 공격성을 제어하기 위해 사용하는 수단 같은 것이며, 또한 유일신교의 핵심이다. 신은 우리가 죽인 아버지의 이미지를 덧입고 우리의 죄를 용서하는 존재로 나타난 것이다. 이와 같은 방식으로 종교는 우리 속에 숨어있는 파괴 본능과 공격 본능을 순화시킨다. 이러한 프로이트의 종교와 문명에 대한 설명은 결과적으로 인간이 죄책감의 어두운 그림자에서 헤어나기 위해 끊임없이 바위를 굴려야 하지만 결국 그 굴레에서 벗어날 수 없는 시지프의 운명을 떠안게 되었음을 시사한다.

종교에 대한 프로이트의 주장은 신 없는 자유의 선언으로 끝나지 않고 또 다른 불안을 끌어들인다. 우리는 문명 속에서 이 끝나지 않는 불안의 근원에서 다시 시작하고자 한다. 곧 프로이트가 끝낸 지점에서 매듭을 풀고 다시 매듭짓기 위해 더 이전으로 거슬러 올라가는 작업을 수행하고자 한다. 우리가 찾는 지점은 적개심과 공격성이 아버지 살해에 대한 죄책감으로 순화되는 지점보다 더 근원적인 곳이다. 종국에 그곳에서 우리는 죄책감이 아닌 사랑을 발견하게 될 것이다.

크리스테바는 현대 사회가 운명적으로 살아왔던 거주지를 상실함에 따라 인간을 뒷받침해주던 본래적 장소와 인간의 정체성 자체가 파괴될 위협에 처해있다고 한다. 이러한 일차적 안정성의 파괴가 인간의 생물학적 존재성을 승화하고 상징화할 수 있는 최종적 지표를 빼앗아 갈 것이라고 주장한다.[2] 여기서 우리는 안정적인 거주지, 부모, 나아가 종교의 상실이 야기하는 불안에 주목한다. 이러한 탐색을 크리스테바의 멜라니 클라인 읽기에 의존하면서, 현대인의 불안과 공포의 실체와 맞닥뜨리고자 한다. 멜라니 클라인이 선택한 길은 거주지 상실에 따른 고통 자체와 원초적 고향 상실 déracinement의 장소를 찾는 것이다. 그것은 거주지를 신속하게 다시 건설하기 위해 고향 상실의 문제를 억압하는 것이 아니라 주거지 박탈, 원초적 분리 그 자체 속에 "거주"하고자 하는 것이라고 크리스테바는 말한다.[3]

프로이트가 인간의 성을 둘러싼 욕망과 억압으로 인한 문제에 문을 열었다면, 클라인은 어린아이든 성인이든 간에 심리적 공간의 파괴와 정신적 삶의 멸절로 이어진 광기(정신병) 분석에 주목했다고 할 수 있다. 광기는 인간 심리의 추진력이면서 동시에 한계이고, 오늘날 개인의 삶에서뿐 아니라 가장 격렬한 정치적 상황 속에서도 목도되는 현실이다. 정신분석은 그러한 광기를 통해 현시대를 말할

---

2) 줄리아 크리스테바, 『정신병, 모친살해, 그리고 창조성: 멜라니 클라인』, 박선영 옮김, 아난케, 2006, 336.

3) 『정신병, 모친살해, 그리고 창조성: 멜라니 클라인』, 337.

수 있다. 크리스테바에 따르면 광기는 무시되거나 일축되어서는 안된다. 그것은 말해지고 쓰이며 사유되어야 한다. 그것은 무시무시한 일시적 상태이고 창조성의 무한한 원천이 되기 때문이다.[4] 문제는 어떻게 이 광기를 통해 진리를 드러낼 수 있을 것인가이다. 정신분석은 심리적 병을 치료하고 병든 상태mal-être를 분석함으로써 "정상적"이라고 할 수 있는 인간의 경험에 내재하는 논리적 과정을 탐구하며, 이를 통해 어떤 조건에서 그러한 과정이 증상으로 퇴화하는지 설명하는 법을 배운다.

정신의 삶이 성sexuality에 기초한다는 사고는 프로이트 정신분석이 정상과 병리 간의 경계를 재정의하도록 해주었으며, 그것은 우리의 세기가 지금까지 보아온 형이상학을 가장 급진적으로 폐기할 수 있도록 해준 아르키메데스적 관점이다. 프로이트는 성을 의미와 생물학, 그리고 타자Other와의 의사소통 양태로 뿐 아니라 에너지로 간주했다. 비록 프로이트가 성을 생물학적인 것으로 변형시켰다고 비난받았지만, 사실 성에 대한 프로이트의 개념은 인간의 본질을 생물학적인 것으로 변형시키지 않으며, 즉시 동물성을 문화로 병합한다. 우리에게 상징화와 승화 능력이 있다면, 이는 우리가 형이상학이 이원론(몸과 정신, 충동과 언어)으로 간주하는 어떤 것을 필연적으로 조장하는 성(性)을 부여받은 존재이기 때문이다. 사실 욕망desire은 언제나 에너지와 의도로 구성되며, 정신분석은 (예상 밖의) 변덕스러운 성을 주의 깊게 관찰함으로써 욕망의 실패(이

---

4) 아리스토텔레스는 『시학』에서 시작(poietike)을 위해서는 남다른 재능을 가진 사람이나 광기 있는 사람을 필요로 한다고 말했다(아리스토텔레스, 『시학』, 천병희 옮김, 문예출판사, 2011, 105)

것이 인간을 환자로 만든다)를 감지한다. 프로이트는 성을 연구대상으로 만들고 이어서 그것을 심리적 삶의 핵심으로 전환시켰다.[5] 이제 우리는 크리스테바의 분석과 함께 프로이트의 아르키메데스적 관점에서 출발해서, 무의식과 문화를 지배하는 파괴력과 창조성으로서의 광기와 성sexuality에 주목하려고 한다.

이 책은 전체가 2부로 구성되어 있다. 1부는 줄리아 크리스테바의 『공포의 권력』[6] 읽기로 이루어졌다. 『공포의 권력』의 내용이 너무 난해해서 그 내용의 깊이와 가치에 접근하기가 어려운 까닭에 강의를 하면서 쓰게 되었다. 2부는 폴 리쾨르의 『해석에 대하여: 프로이트에 관한 시론』과 『역사와 진리』 그리고 『타자로서 자기 자신』을 통해 쓴 논문 형식의 세 편의 글로 이루어졌다. 이 중 두 편은 학술지에 발표된 글임을 밝힌다.[7]

1부의 핵심 개념이 크리스테바의 아브젝시옹이라면, 2부는 종교적 믿음과 성스러움이 중심 개념이다. 그런데 1부와 2부는 비천함과 숭고함처럼 서로 맞물려 있다. 각각의 글은 따로 읽어도 내용 이해에 문제가 없겠으나 전체적으로 연결된 내용을 찾는 것은 이

---

5) 『정신병, 모친살해, 그리고 창조성: 멜라니 클라인』, 47~48.

6) Kristeva, J, *Pouvoirs de l'horreur*, Éditions du Seuil, 1980. 한글판, 『공포의 권력』, 서민원 옮김, 동문선, 2001. 『공포의 권력』은 전체가 두 부분으로 구성되어 있다. 전반부 1장에서 5장까지는 아브젝시옹에 대한 정신분석학, 문화인류학, 성서텍스트 기호학적 접근이다. 이어서 후반부 6장에서 10장은 셀린(Louis-Ferdinand Célin, 1894~1961)의 문학작품에 대한 분석이다. 이 책은 전반부의 이론적 설명을 다루었다.

7) 2부 2장은 「사도 바울의 권력론에 대한 리쾨르의 해석: 제도를 통한 구속에 대한 해석학적 시론」(『철학연구』, 제143집, 2017)으로, 2부 3장은 「자본주의에서 '좋은 삶'에 대한 해석학적 모색」(『자본주의 시대, 여성의 눈으로 성서를 읽다』, 여성신학사상 제13집, 2020)으로 발표하였다.

책을 읽는 즐거움이 될 수 있으리라 생각한다. 궁금해하실 독자들을 위해 거칠게 요약하자면, 일단 두 부분이 모두 프로이트 정신분석학을 논의의 출발점으로 삼고 있다. 그리고 프로이트 사유를 넘어서는 방법으로 예술적 체험을 중요하게 다룬다. 그러면서 감성과 이성, 나아가 의식과 무의식의 변증법을 방법론으로 삼고 있다.

구체적으로 보면, 크리스테바가 최초 모성과의 대상 관계에서 도출한 아브젝시옹을 문화해석의 열쇠로 삼고 있다면, 리쾨르는 상징 해석과 성스러움이라는 종교적 경험을 통해서 전체성에 대한 시각을 열어준다. 두 대가가 모두 비천함과 성스러움은 인접해 있으며 그 수렴점이 사랑이라는 것을 암시한다. 이로써 자기중심적인 근대적 자아의 빗장을 열고 타자를 향해 걸음을 옮길 것을 조용히 주장한다. 이러한 사유는 현대인의 메마른 감성에 대한 치유와 새 시대의 영성(靈性)을 위한 지표가 될 수 있으리라 생각한다.

끝으로 이 책의 직접적인 동기가 된 철학아카데미 강의를 주선해주신 선생님들과 어렵고 지루한 강의에 진지하게 참여해주신 수강생 여러분, 그리고 감리교신학대학교 학생들에게 진심으로 감사의 말씀을 올린다.

1부

아브젝시옹에 대하여

– 공포와 혐오의 기원에 관한 연구 :
크리스테바의 『공포의 권력』 읽기

1장　아브젝시옹에 대한 방법론

"난처한 일이 그녀에게 생겼다. 벤치에 앉아 깜박 잠들었다
가 깨어났는데, 그녀의 몸이 눈사람이 되어있었다."

한강의 단편 소설 『작별』은 이렇게 시작된다. 처음에는 이 상
황이 낮에 꾸는 백일몽 같은 것이려니 하고 읽어내려가다가 그게
아니라는 것을 알게 된 것은 마지막 장을 덮을 때였다. 작가는 현실
속에서 경험하는 여러 경계선에 대한 진실을 특유의 감각으로 보여
주고 있었다. 소설은 폭력처럼 그어져 있는 경계선을 위태롭게 살
아나가다가 미리 준비된 듯 사라짐을 담담히 받아들이는 주인공의
내면세계를 슬프고도 아름답게 그리고 있다. 단순화시키기는 어렵
겠지만, 작가는 사라짐을 아름다운 슬픔으로 승화시키고 마침내 자

신도 그렇게 불꽃처럼 연소되기를 소망하는 듯하다. 하지만 대부분의 철학자는 사라짐과 소멸을 분석하고 기어이 붙잡아서 마치 구약성서의 얍복 강가에서 신과 붙어 싸워 이긴 야곱처럼 승리의 끝을 보고자 한다.[1] 그것이 영원히 현실에 적응하기 어려운 장애를 남긴다고 할지라도 말이다. 플라톤 이래 어느 철학자도 소멸의 문제를 내버려 두지 않았다. 내버려 두지 않을 뿐만 아니라 자기 나름대로 깔끔히 정리된 틀 속에 집어넣었다.

정신분석학자이자, 기호학자, 철학자, 소설가 이 모든 명칭 사이에 서 있는 줄리아 크리스테바 역시 존재와 소멸의 문제를 깊이 있게 다루었다. 아브젝시옹은 있음과 없음의 경계선에 대해 그가 만든 개념이다. 그런데 아브젝시옹이라는 개념이 최초 사랑의 대상인 어머니와 연결되어 있다는 것을 숙지하는 사람은 많지 않다. 그 어머니는 생물학적 어머니를 겨냥하기도 하지만, 오히려 그것을 넘어서 존재의 기반을 의미하기도 한다. 하이데거가 현대를 고향 상실의 시대라고 할 때 그 고향은 기술 문명에 대비되는 자연이었지만, 크리스테바에게 고향은 아버지로 대표되는 문화에 의해 은폐되고 왜곡된 모성이다.

아브젝시옹은 주체가 형성되어가는 과정에서 최초로 만나는 욕망의 대상인 어머니에 대한 배척과 거부의 감정으로부터 시작된다. 이러한 경험은 프로이트가 말하는 오이디푸스 콤플렉스 시기[2]

---

1) 구약성서 창세기 32장.

2) 프로이트는 남근기(만 2~6세 경) 아동은 오이디푸스적 갈등을 경험한다고 한다. 즉, 반대 성을 지닌 부모와 성적으로 결합하려고 애쓰며, 동성의 부모가 죽거나 사라지기를 바란다는 것이다. 오이디푸스기의 아동은 근친상간과 부모 살해에 대한 소망을 가지며, 이로 인해 보복당

보다 더 빨리 일어난다. 왜 어머니를 부정하는가에 대한 의심의 눈길을 거둘 수 없다. 이에 대한 이해를 위해 먼저 프로이트의 부정(否定)에 대한 논의로부터 사유의 여정을 시작하고자 한다.

1. 부정否定과 아브젝시옹

프로이트는 부정Die Verneinung(1925)[3]에 관한 논문에서, 환자들을 분석하는 동안 그들의 태도에서 몇 가지 흥미로운 관찰을 했다. 그것은 억압된 이미지나 생각의 내용은 그것이 '부정'된다는 조건

할 것을 두려워한다. 거세 불안은 이러한 두려움과 연관이 되어있다.

발생학적으로 또는 발달적으로, 오이디푸스 시기는 초자아가 형성되고 공고화되는 중요한 시점이다. 아동은 이때 오이디푸스 대상과 동일시하는데, 그로 인해 이상화는 자아 이상으로 바뀌며 처벌에 대한 두려움은 죄책감으로 바뀌게 된다. 지형학적 이론에서 볼 때, 이 콤플렉스는 보통 부분적으로만 의식적이다. 즉, 이것은 아동의 말과 행동 그리고 다른 의사소통 약식에서 분명히 드러난다. 성인기 동안에는 거의 의식되지 않지만, 콤플렉스가 해결된 정도에 따라 행동, 태도, 대상 선택 등에서 어느 정도 드러난다. 또한, 이것은 성격 구조, 대상 관계의 질, 성정체성, 환상 내용 그리고 후에는 성적 행동의 유형에도 영향을 미친다.

오이디푸스 갈등은 오이디푸스 콤플렉스에서 특징적으로 드러나는 다양한 갈등들을 지칭하는 용어이다. 원본능에서 유래된 성적 연합의 충동은 자아 및 초자아의 구속과 갈등을 빚으며, 그 결과 거세 불안이 나타난다. 오이디푸스 상황이라는 용어는 막연히 오이디푸스 단계, 오이디푸스 갈등 그리고 오이디푸스 콤플렉스를 느슨하게 지칭하는 말이다. 이 용어는 오이디푸스 단계에서 비롯된 환상, 감정, 행동을 불러일으키는 현재 삶의 상황이나 사건을 가리키는 데 사용되기도 한다(미국정신분석학회 편, 『정신분석 용어사전』, 이재훈 외 옮김, 한국심리치료연구소, 2002, 289~294).

3) 프로이트, 『정신분석학의 근본 개념』, 윤희기 · 박찬부 옮김, 열린책들, 2017. cf. 프로이트는 부정(Verneinung)과 부인(Verleugnung)을 구별해서 사용하였다. 크리스테바는 프로이트의 구분에 따라, 부정(dénégation)은 욕망과 무의식적인 사고의 양상을 무의식에 도입하는 과정으로, 부인(deni)은 기표(시니피앙, signifiant)의 거부와 충동과 정동의 징후적(세미오틱적인, sémiotique) 대체물들의 거부라고 이해한다(크리스테바. J.,『검은 태양』, 김인환 옮김, 동문선, 2004, 61~63).

으로 의식 속에 떠오른다는 사실이다. 예를 들면, 강박신경증 환자의 사례에서 자신이 거절하고 있는 것이 바로 정확한 강박적 생각의 의미이다. 말하자면 부정의 방식을 통해 억압된 것을 인정하고 있는 것이다.[4] 그리고 그것은 배척과 거부라는 형태로 나타난다. '억압'은 프로이트 초기 이론에서 방어기제와 연관된 것으로, 욕구나 그 파생물을 억눌러 의식 밖으로 쫓아버리는 자아의 활동이다. 억압된 것을 기억하는 것 자체가 위험하기 때문에 자아는 그것을 잊어버린다.[5] 그런데 부정은 그러한 억압을 사고작용을 통해 지적으로 대체하는 것이다. 즉, 부정은 의식의 사고작용 속에서 판단의 형태로 나타나면서, 사고의 내용을 긍정하거나 부정하는 지적 기능의 한 양태이다. 프로이트에 따르면, 어떤 판단에서 무엇인가를 부정한다는 것은 그 밑바닥에서 '이것은 내가 억압하고 싶은 것이다'라고 말하는 것이다. 이를테면 '아니오'라는 부정의 상징 덕분으로 사고는 억압의 질곡에서 벗어나 사고의 고유한 기능에 맞는 자료들로 채우게 된다.[6] 이 '부정'의 메커니즘을 좀 더 살펴보자.

대표적인 지적 기능은 판단하는 것이다. 판단은 주로 '속성판단'과 '존재판단'이라는 두 종류가 있다. 속성판단은 어떤 사물이 어떤 특수한 속성을 지녔나를 긍정하거나 부정하는 판단이고, 존재판단은 어떤 것의 표상Vorstellung이 현실계에 실제로 있다는 것을 주장하거나 반박하는 판단이다. 구강기 유아의 언어로 속성판단을 표현하면, '나는 이것을 먹고 싶다'이거나 '나는 그것을 내뱉고 싶다'이

---

4) 앞의 책, 446.

5) 프로이트, 『정신분석 입문』, 김양순 옮김, 동서문화사, 2017, 523.

6) 프로이트전집 2 『정신분석학의 근본 개념』, 윤희기 · 박찬부 옮김, 열린책들, 2017, 447.

다. 이러한 판단은 그것이 좋다, 나쁘다라는 속성과 연관되어 있다. 일반적으로 말하면, 무엇이 좋거나 나쁘기 때문에 '나는 이것은 내 속에 끌어들이고 싶고, 저것은 몰아내고 싶다'이다. 즉, '그것은 내 안에 있어야 한다'이거나 '그것은 내 밖에 있어야 한다'이다. 원래 쾌락 원칙7)을 따르는 자아는 자신 속에 좋은 모든 것을 끌어들이려 하고 모든 나쁜 것은 몰아내려 한다. 자아에게 낯선 것, 외적인 것, 이런 것들은 우선적으로 나쁜 것과 동일한 것들이며, 부정의 대상들이다.

주관적으로 이루어지는 속성판단과는 달리, 존재판단은 무엇이 외부에 실제로 있는 것인가와 연관된다. 존재판단은 현실원칙을 따르는 자아의 관심사와 관련된 것으로 말하자면, 표상으로서 자아 속에 있는 것이 외부의 지각된 현실 속에서도 재발견될 수 있느냐의 문제이다. 즉, 이것은 '외부'와 '내부'의 문제이기도 하다. 왜냐하면 표상적이고 주관적인 것은 비현실적인 것으로 오직 내적인 반면, 현실적인 것은 '외적인' 것이기 때문이다. 자아는 쾌락원칙을 만족시키는 좋은 것을 자기 것으로 삼고자 하지만, 한 걸음 더 나아가 그 좋은 것을 지속적으로 현실 속에서 발견할 수 있기를 원한다. 곧, 경험을 통해 주체는 만족할 만한 어떤 대상이 '좋은' 속성을 지녀서 그의 자아 속으로 끌어들일 가치가 있는 것인가 하는 문제뿐만 아니라, 그것이 외부 세계에 실제로 존재해서 필요한 때는 언제든지

---

7) 프로이트는 마음에 대한 모델을 제안하고 그것이 작용하는 방식을 설명하면서, 정신 기능을 조절하는 몇몇 기본 원리들이 존재한다고 가정했다. 그중 하나가 쾌락/불쾌 원리이다. 이것은 모든 정신 활동이 쾌락을 추구하고 불쾌를 회피한다는 기본적인 생각을 담고 있다. 이러한 생각은 또 다른 일련의 개념 안에도 존재한다. 정신 안에는 활동하는 에너지의 양이 있고, 에너지의 양 또는 충동 긴장의 증가는 불쾌를 가져다주지만, 그것의 제거는 쾌락을 가져다준다는 것이다(『정신분석용어사전』, 517~518).

그의 손에 넣을 수 있는가가 중요한 문제라는 사실을 알게 된다.[8]

그런데 문제는 내부에서 일어나는 표상과 외부로부터 만들어지는 지각이 언제나 일치하는 것은 아니라는 점이다. 모든 표상이 지각으로부터 만들어지고 지각의 반복이라는 사실이 일반적이지만, 밖에서 감각기관으로 들어오는 지각과 내부에서 형성되는 표상 사이에 모종의 균열이 발생한다. 이 지점에서 사고작용이 개입한다. 사고는 한때 지각되었던 것을 표상으로 재생시킴으로써 다시한번 그것을 정신의 표면에 둘 수 있는 능력을 말한다. 이로부터 주관과 객관의 대극적 관계가 만들어진다. 즉, 존재판단은 주관적인 기억에 있는 것을 객관적인 현실 유무로써 확인하는 것이다. 이러한 존재판단의 직접적인 목적은 표상된 것과 일치하는 어떤 대상이 아직도 내부에 존재한다는 것을 확신하기 위해 그것을 밖에서 '재발견'하는 것이다. 역설적으로 이러한 사고능력이 주관적인 것(심적인 것)과 객관적인 것(현실적인 것) 사이의 차별화에 기여했다.[9] 이러한 사고 과정에서 표상으로서 지각의 재생산은 수정되기도 하고 여러 요소들을 합쳐서 변형되기도 한다.

프로이트가 말하는 '부정'은 이러한 표상이 판단으로 만들어질 때 개입하는 심적 현상이다. 주관적으로 '좋다' '나쁘다'를 결정하는 속성판단은 객관적으로 '있다' '없다'를 결정하는 존재판단과 비대칭을 이룬다. 이것은 본능 충동과 판단 작용이 충돌한 결과이다. 예를 들어, '나는 엄마를 잃지 않았어'라는 부정판단은 엄마를 잃었

---

8) 프로이트, 『정신분석학의 근본개념』, 447~448.
9) 앞의 책, 449.

다는 상실을 억압하는 지적 작용의 결과이다. 나에게 좋은 것으로서 엄마의 젖가슴은 영원히 반복적으로 나에게 존재해야 하지만 현실은 그렇지 못하다는 것을 알아챈 주체는 이 사실을 받아들이기에 너무 연약하다. 그래서 현실을 부정함으로써 본능 충동의 균열을 메꾸어가는 것이다. 사고는 이처럼 '부정'의 메커니즘을 통해 대상의 상실과 타협한다.

프로이트에 따르면, 이러한 판단에 대한 연구는 1차적 본능 충동의 상호 작용에서 오는 지적 기능의 기원에 대한 통찰력을 제공해준다. 정신분석학적 관점에서 보면, 판단하는 것은 자아가 쾌락원칙에 따라 사물을 자기 속에 끌어들이거나 자신에게서 물리치는 과정을 편의주의 노선에 맞추어 계속하는 것이다. 긍정은 에로스(삶의 충동)에 속하고 부정은 파괴 본능(죽음 충동)[10]에 속한다. 이로써 사고와 지적 기능에 의해 판단한다는 것은 겉으로 드러난 모양새일 뿐이고 실제로는 쾌락원칙을 따르는 내적 충동과 현실 타협의 결과물이라는 점이 드러난다. 부정하고 싶은 일반적 욕망과 정신증 환자들이 드러내 보이는 부정주의는 리비도의 철수로 발생

---

10) 프로이트는 충동(Trieb, 혹은 욕동)에 대해 "…정신과 신체 사이의 접경 개념으로써, 유기체의 내부로부터 생겨나 마음에 도달한 자극들에 대한 표상이다. 그것은 신체로부터 나와서 마음으로 하여금 활동하도록 요구하는 어떤 것이다. 충동은 신체와 연결되어 있기 때문이다"라고 밝히고 있다. 프로이트는 본능적 충동에 대한 자신의 개념을 몇 차례 수정하였고, 최종적으로 리비도 또는 에로스(삶) 본능과 타나토스(죽음) 본능 또는 공격성으로 설명했다. 리비도 혹은 에로스는 생리적이건 심리적이건 통합을 향해 나아가는 모든 과정에서 작용하는 요소이다. 그것은 또한 인간관계의 모든 긍정적인 측면에 존재하며, 대부분의 인간 활동을 시작하게 하는 건설적 요소로 작용한다. 좁은 의미에서, 리비도는 보통 성적 목표를 지닌 "에너지"로 간주된다. 이런 의미에서 리비도는 때때로 성적 본능을 가리키기도 한다. 반면 죽음 본능은 공격적이고 파괴적인 행동에서 관찰될 수 있다고 보았다(『정신분석 용어사전』, 158).

한 본능 분열의 한 기호로 간주되어야 한다고 프로이트는 말한다. 결과적으로 사고의 판단 기능은 억압의 결과와 쾌락원칙의 강박에서 벗어날 수 있는 수단인 부정적 상징을 얻은 후에야 이루어진다.

상술하면, 부정에 대한 프로이트의 설명은 분석 중에 환자의 무의식 속에서 '아니오'를 발견하지 못한다는 사실과 무의식에 대한 인정은 부정적 공식으로 표현된다는 사실과 잘 맞아떨어진다.[11] 간단히 말해서 무의식은 '아니오'를 모른다. 그리고 자아는 무의식을 말실수라든지 착각 등 부정적으로만 인정한다. 그것들은 나의 무의식과 의식 사이의 균열을 드러낸다. 쾌락원칙을 따르는 무의식과 현실원칙을 따르는 의식 사이에서 자아는 지적 사고 기능을 동원해 이 갈등을 탈피하고자 하는 것이다. 즉, '부정'의 메커니즘은 나의 본능을 충족시켜줄 대상 상실의 고통을 피하기 위해 자아가 대상을 내부에서 축출하거나 거부하는 과정이다. 그러므로 '부정성'은 최초 사유하는 자아의 정립에서 중요한 계기가 된다. 왜냐하면 자아가 본능의 만족에 붙들려 있는 한, 사고하는 주체로서의 성장은 불가능할 것이기 때문이다. 크리스테바는 프로이트의 관점을 통해 주체가 정립되는 과정에서 어떻게 생의 초기에 유아가 자신의 어머니를 배척하는가를 아브젝시옹 개념으로 설명한다. 아브젝시옹은 원초적 상실에 대한 부정을 함축하는 개념이다. 사고는 항상 원초적 부정을 부정하는 부정Verneinung의 토대 위에서 등장한다. 즉, 주체는 대상이 상실되었을 때에만 존재한다.[12] 이와 관련해

---

11) 프로이트, 『정신분석학의 근본개념』, 450.

12) 크리스테바, 『정신병, 모친살해, 그리고 창조성: 멜라니 클라인』, 박선영 옮김, 아난케, 2006, 303.

서 잠시 라캉의 설명을 들어보자.

2. 거울 단계에 앞선 전前 오이디푸스기[13)]

크리스테바의 설명과 달리, 주체의 정립에 관한 라캉의 설명은
보통 생후 6개월부터 18개월 사이의 거울 단계로부터 시작된다. 라
캉에 따르면, 생후 6~18개월 사이의 아이는 거울에 비친 자신의 이
미지를 보고 최초로 자신을 발견한다. 이때 아이는 자신의 몸이 하
나로 연결되어 있다는 것과 자신의 몸과 어머니의 몸이 붙어 있지
않다는 것을 알아챘다고 한다. 하지만 실제로 아이가 발견하는 것
은 거울에 비친 자신의 이미지이다.[14)] 다시 말하면, 자기 앞에 있는
거울 위에 대상화된 이미지를 아이는 자기 자신과 동일시하게 되는
데 이것이 아이-어머니의 2자 관계인 상상계에서 벗어나는 계기가
된다. 이것은 곧, 세계를 대면한 주체로서 대상을 이미지화할 수 있
는 단계인 상징계로의 진입을 의미한다. 즉, 아이-어머니 2자 관계
에서 아버지가 개입하는 3자 관계로의 진입이 이때 이루어지며, 이

---

13) 전(前) 오이디푸스기(preoedipal)는 정신분석이론에서 오이디푸스 콤플렉스가 나타나는 세
  살에서 다섯 살 사이의 시기를 선행하고, 남녀 모두 모자(母子) 관계에 지배되는 시기이다.
  프로이트는 후반기에 가서야 비로소 이 시기가 인간 발달에서 차지하는 역할을 고려하게
  되었다. 프로이트 이후 멜라니 클라인과 대상 관계(object relations)학파 같은 정신분석학
  자들은 인간관계의 구조화에서 오이디푸스 콤플렉스가 우세하다는 정통 프로이트주의자
  들의 지론을 논박했다. '반(反)정신의학'의 제창자인 펠릭스 가타리(Pierre-Felix Guattari,
  1930~1992)는 철학자 질 들뢰즈(Gilles Deleuze, 1925~1995)와 함께 『안티오이디푸스』 등
  에서 정신분열증(schizophrenia)의 전오이디푸스적 세계를 자본주의 아래서의 생존모델이
  라고 찬양했다(참고, 『현대문학 · 문화비평 용어사전』, 346~347).

14) 자크 라캉, 『에크리』, 홍준기 외 옮김, 새물결, 2019, 114~115.

것이 주체 정립의 단초이다.

이러한 설명이 시각적 이미지와 지적 인지에 의한 주체의 발생을 강조하고 있다면, 크리스테바의 설명은 보다 원초적이고 더 기원으로 거슬러 올라간다. 아무런 경계 없이 태어나는 유아는 생후 초기부터 자신의 일부라고 여긴 것들을 몰아내는 과정을 거치면서 자신과 타자의 경계를 만들어나간다. 이 과정에서 나의 밖으로 거부되고 배제되는 대상을 크리스테바는 아브젝트ab-jet라고 부른다. 대표적인 것이 똥, 상한 음식, 오물들이다. 다시 말하면, 라캉의 거울 단계 이전부터 유아는 자기 몸의 내부에 있어야 할 것들과 밖으로 추방해야 할 것들을 구별하기 시작한다. 어머니의 몸은 유아가 스스로 분리해야 할 최초의 대상이다. 어머니와의 최초 결합 상태에 대한 유아의 나르시스적인 열망은 주체가 되기 위해서는 포기되어야 한다. 크리스테바는 최초 대상 상실 과정에서 겪는 유아의 심리 상태에 대해 멜라니 클라인의 아동 정신분석에 많이 의존하고 있다.

생후 초기에 유아와 어머니의 분리 과정은 멜라니 클라인의 아동 정신분석에서 드러난 여러 유아 신경증 사례를 통해 검증되었다. 생후 몇 개월간 유아가 겪는 불안과 두려움 그리고 죄책감과 관련해서 멜라니 클라인은 이론적 가설을 세웠다. 이때 유아는 자신의 일차적 대상인 어머니, 그중에서도 어머니의 젖가슴을 겨냥한 파괴적 충동impulse과 이어서 파괴적 환상에 대한 죄책감을 경험한다.[15] 이것을 멜라니 클라인은 생후 3~4개월 경 시작되는 '편집-분

---

15) 멜라니 클라인, 『아동정신분석』, 이만우 옮김, 새물결, 2011, 19.

열적 위치'paranoid-schizoid position와 생후 6개월 경 시작되는 '우울증적 위치'depressive position라고 이름 붙였다.[16] 이때 어머니의 상실에 대한 두려움에서 비롯된 우울함이 이후 다시 오이디푸스적 욕망의 중요한 원인이 된다.[17]

　　이러한 설명에 따르면 라캉이 말하는 거울 단계에 앞서, 이미 초기 자아가 자신의 내부와 외부를 분리하는 경험을 시작한다는 것을 알 수 있다. 다시 말하면, 라캉이 상상계라고 명명한 어머니와 아이의 2자 관계에서부터 아이는 자신과 타자를 구분하는 의미화 작업을 시작하고 있다는 것이다. 이러한 의미화 과정에서 초기 자아가 경험하는 분리와 배척의 감정을 아브젝시옹이라 명명한다. 따라서 아브젝시옹은 문화의 시작점이 오이디푸스 콤플렉스 단계가 아님을 암시한다. 프로이트와 라캉의 설명은 인간이 주체로 자리매김 하는 것은 아버지의 법 앞에 설 때부터이다. 어머니는 아버지의 법과 질서 앞에서 슬그머니 자취를 감추었다. 하지만 크리스테바는 최초 자아가 최초 대상인 어머니에게서 분리해 주체로 서기 위해 감수해야 하는 거부감과 이질성, 그리고 무어라 설명하기 힘든 불안과 두려움의 감정을 통해 의미화 작업이 시작되고, 이러한 의미화 과정은 성인이 되어서도 무의식 속에 남아서 반복된다고 주장한다. 이렇게 초기 자아와 대상이 분리되는 과정에서 아브젝시옹 곧,

---

16) Klein, M., *Envy and Gratitude and Other Works 1946-1963*, The Free Press, 1975, 34.

17) '자리'로 번역되기도 하는 '위치(position)'라는 용어는 관련 현상이 초기 발달 단계 동안 일어나는 것이긴 하지만 그 시기에만 국한되는 것은 아니며 생후 몇 년간 반복해서 등장하는 불안과 방어의 특수한 집합을 표상하기 때문에 채택했다고 클라인은 말한다(『아동정신분석』, 20~21).

비천시가 일어나고 아브젝시옹이 문화 전반에 걸쳐 경계선의 문제를 다루는 개념으로 확장될 수 있는 것은 바로 이 때문이다. 다시 말하면, 유아가 대상 관계에서 자신의 내부와 외부를 분리하면서 느끼는 두려움과 거부감은 문화를 이루는 모든 경계선에서 일어나는 혐오감과 두려운 감정의 근원이다. 크리스테바는 이것을 매우 문학적인 방식으로 다음과 같이 표현한다.

> 하나의 대상에 하나의 자아가 있듯이, 하나의 초자아에는 하나의 아브젝트가 있는 것이다. … 그것은 바로 '내'가 길들여진 야수적인 고통인데, 주체가 그 고통을 아버지로 바꾸기 때문에(père-version, 전환 ; perversion, 도착증) 숭고한 동시에 광적이다. 즉, 타자autre의 욕망을 상상하기 때문에 주체는 그 야수적인 고통을 지탱한다. 육중하고도 갑작스런 이질성이 출현한다. 전에는 나의 불투명하고 잊혀졌던 삶 속에 친근하게 존재했던 그 이질성은, 이제는 나와 분리되어서 혐오스러워지고 나를 집요하게 공격한다. 내가 아니다. 그것도 아니다. 그리고 더 이상은 아무것도 아니다. '무엇인지 알 수 없는 어떤 것'이다. 그 알 수 없는 의미의 무게가 나를 짓누른다. 무와 환각, 그리고 현실의 가장자리에서 내가 현실을 인식하려 하면 나는 전멸된다. 아브젝트와 아브젝시옹은 바로 그런 내 존재의 축, 문화의 도화선, 그곳에 존재한다.[18]

---

18) Kristeva, J., *Pouvoirs de l'horreur*, Éditions du Seuil, 1980, 10. 줄리아 크리스테바, 『공포의 권력』, 서민원 옮김, 동문선, 2001. 22.

3. 아브젝시옹의 예 : 쫓겨난 것

가장 오래되고 기본적인 형태의 아브젝시옹은 음식물에 대한 혐오라고 크리스테바는 말한다. 그리고 시체, 배설물 등이 있다. 프랑스어로 시체cadavre는 라틴어 카데레(cadere, 떨어지다)에서 유래한 단어다. 죽음과 삶의 경계, 깨끗함과 더러움의 경계 등을 설정하는 배설구나 주검 같은 것들은 구토 같은 격한 반응을 불러일으킴과 동시에 개인이나 집단이 배척하고 거부하는 것들이다. 이러한 배척과 거부를 통해서 개인과 집단은 자신들의 동일성을 확인한다. 그런데 이렇게 배척되고 거부되는 것은 본래부터 그런 것이 아니라 어느 시점에서 경계를 넘어선 것들이다. 예컨대, 시체는 살아 있던 사람이었고, 상한 음식 또한 어느 시점에서 변질된 것이고, 배설물은 우리 육체 내에 있던 것들이 밖으로 나온 것이다. 이렇듯 우리가 분리시키고 배척하는 것(아브젝트)은 나 그리고 우리 자신의 일부였다는 사실을 조금만 소급해보면 금방 알 수 있다. 그러한 것들을 경계 짓고 배척하는 순간부터 나의 경계 즉, 나의 동일성이 확정된다. 우리의 동일성은 그렇게 생성된다.

> … 시체와 같은 쓰레기들이야말로 끊임없이 내가 살아남기
> 위해 멀리해야 할 것들을 가르쳐준다. 이 고름과 오물과 배
> 설물들은 내 삶이 가까스로 힘겹게 죽음을 떠받치고 삶을 유
> 지해나가도록 하는 조건이다. 그리고 그곳이야말로 내 삶의
> 조건의 한계이다. 그 한계들은 살아 있는 내 육체에서 발산

된 것이기 때문이다. … 오물이라는 한계를 넘어선 다른 한 면에서, 오물들 중에서도 가장 역겨운 시체는 한계가 완전히 점령한 장소이다. 쫓겨난 것은 더 이상 자아가 아니라 '나'이 다. 이제 한계는 대상이 된다. 한계 없이 내가 어떻게 존재 할 수 있을까?[19]

크리스테바에 따르면, 아브젝트가 되는 것은, 부적절하거나 건 강하지 않은 것이라기보다 동일성이나 체계와 질서를 교란시키는 것에 더 가깝다. 왜냐하면 그것 자체가 지정된 경계나 장소나 규칙 들을 인정하지 않는 데다가 어중간하고 모호한 혼합물이기 때문이 다. 말하자면 배신자, 거짓말쟁이, 양심을 속이는 일, 파렴치한 강간 자, 구하는 척하면서 죽이는 자, 선의를 가장한 복수 등의 범죄는 법 의 취약성을 드러내기 때문에 아브젝트일 수 있다. 아브젝트는 도 덕을 거절하는 것이 아니다. 그보다 아브젝시옹은 도덕을 알면서도 그 가치를 부정하는 것이어서 훨씬 더 음흉하고 우회적이며 석연찮 은 어떤 것이다. 즉, 자신을 숨긴 테러 행위, 미소짓는 증오, 껴안는 대신에 갈아치우는 육체에 대한 격정, 당신을 팔아치우는 채무자, 비수로 나를 찌르는 친구…. 이런 것들이 그 예가 될 것이다.[20] 혐 오의 감정을 불러일으키는 이러한 것들은 가치 판단의 토대가 되던 경계선의 위기이자 체계의 동일성을 위협하는 것들이다.

언급되었듯이 원초적으로 아브젝시옹은 애초에 자신과 분리

19) 앞의 책, 11.『공포의 권력』, 24.
20) 앞의 책, 12.『공포의 권력』, 25.

되어 있지 않던 대상을 분리하면서 혐오시키는 것이기 때문에, 이렇게 밖으로 축출되는 대상(아브젝트)은 본래 자신 내부에 있던 것임을 부인할 수 없다. 배설물이 아브젝트의 대표적인 사례라는 것은 이 점을 시사한다. 아브젝시옹을 통해서 동일성을 확보하는 것과 자신의 일부였던 아브젝트를 부정하는 과정이 동시에 일어난다. 그런데 아브젝트는 주체를 유혹하고 단숨에 삼켜버리는 위력을 가지고 있다. 문학이나 예술 작품을 통해서 우리는 비천시되는 것들에 매혹되는 경험을 종종 하게 된다. 어떤 경우에는 삶 자체를 뒤흔들어놓을 만큼 강한 힘으로 사람을 사로잡는 아브젝트를 작품 속에서 발견하기도 한다. 이처럼 아브젝트는 '나'와 '타자', '안'과 '밖'의 대립을 흔들어 놓을 수 있는 위력을 가지고 있다. 크리스테바에 따르면, 신경증이나 정신증의 경우가 아니더라도, 아브젝트는 자기 분열이나 공포증같이 무의식적으로 부정성에 대한 구별이 그 효력을 잃어버릴 가능성을 가지고 있다. 즉, 동일성의 경계가 허물어지는 경험을 가능하게 한다.

아브젝트가 주체를 유혹하고는 단숨에 전멸시키는 것이 사실이라면, 그것은 주체가 자기 바깥에서 스스로를 인식하려는 헛된 시도에 지쳐 자신 속에서 불가능을 발견할 때 최고의 힘을 발휘한다는 것을 이해하여야 할 것이다. 불가능을 발견한다는 것, 그것은 자신이 아브젝트와 다름없다는 것을 발견하는 것이고, 아브젝트야말로 자기 존재 자체라는 것을

인식하는 것이다.[21]

그런데 초기 자아는 최초 대상에 대한 욕망에서 벗어나는 과
정에서 대상을 아브젝시옹하는 것과 동시에 스스로 아브젝트가 된
다.[22] 맹렬한 구토와 오열과 더불어 자아 내부와 외부를 분리하는
경험 속에서 자신도 아브젝트가 되는 것이다. 이러한 분리 과정에
서 일어나는 배척과 혐오감은 대상에 대한 것이면서 대상과 분리되
기 전의 자신을 향한 것이기도 하다. 크리스테바는 멜라니 클라인
을 따라, 유아는 남근기 이전인 생후 3개월 경부터 대상과의 분리
를 시작한다고 말한다.

앞서 살펴본 것처럼, 프로이트가 말하는 '부정'négation의 메커니
즘은 억압된 것을 인정하는 사고의 한 방식이었다. 그런데 아브젝
트는 부정이 드러내는 여러 양상들과 다른 양상을 보여준다. 이를
테면 부정은 대상에 의존해 있는 욕망에 대한 억압이나 부정으로
써, 위반transgression이나 부인dénégation, 배척forclusion 같은 것으로 나타
나는데, 아브젝트는 그와 달리 욕망 그 자체를 견딜 수 없어서 축출
해내고자 하는 거부exclusion와 연관되어 있다.[23]

크리스테바에 따르면, 아브젝트나 그에 연관된 상황 속에서
'무의식'의 내용들은 배제되거나, 아니면 이상한 방식으로 존재한
다. 신경증이나 정신증의 경우와 달리, 자기 분열이나 공포증과 관

---

21) 앞의 책 12.『공포의 권력』, 29.

22) 앞의 책, 13.『공포의 권력』, 27. 크리스테바는 정신분석 치료 과정에서 마조히즘(피학증) 환
자의 고통과 환희에서 그러한 사례를 발견한다고 말한다.

23) 앞의 책, 14.『공포의 권력』, 28.

련된 아브젝트ab-ject에 관해서는 무의식 고유의 부정성의 메커니즘은 큰 의미가 없다. 왜냐하면 아브젝트는 부정이라는 자아의 지적 기능이 작용하기 이전 단계이기 때문이다. 그러나 아브젝트에서는 '나'와 '타자', '안'과 '밖'의 대립이 존재하고, 신경증에서 의식과 무의식의 대립처럼 '의식'과 '무의식' 사이의 대립을 포함하기 때문에 승화 작용이 일어난다고 크리스테바는 말한다.[24]

인류 최초의 아브젝시옹에 대한 이야기는 구약성서 창세기에 나온다. 천지 창조 후 에덴동산에서 최초 인류인 아담과 하와가 하나님이 먹지 말하고 한 동산 중앙에 있는 나무 열매를 따 먹는 일이 일어난다. 하나님이 아담에게 "네가 어디 있느냐"라고 부르실 때 아담이 열매를 먹고 자신들이 벗은 몸인 것을 알고 부끄러워 숨었다고 대답한다(창 3:8~10). 이것은 불순종하여 범죄한 인간이 에덴에서 쫓겨나는 계기이자 인류의 본래적인 죄성 즉, 원죄가 형성되는 사건이다.

아담이 에덴에서 추방되는 사건은 아브젝시옹의 경험과 연관성을 갖는다. 아담보다 먼저 하와는 그 열매를 먹으면 눈이 밝아져서 하나님과 같이 되어 선악을 알게 될 것이라는 뱀의 꾐에 넘어간다. 하와는 그 열매를 먹을 생각이 없었다. 그러나 뱀이라는 존재는 신이 정해놓은 인간과 신 사이의 질서(경계)를 넘어서게 했다. 결과적으로 이 경계는 결국 하나님과 인간을 분리시키는 경계가 되고 만다. 태초에 에덴에서 인간과 하나님은 분리되어 있지 않았는데, 최초 인간들은 그 경계선 밖으로 추방되고 말았다. 헤겔 같은 철학

---

24) 앞의 책, 15. 『공포의 권력』, 29.

자는 이 사건을 인간이 사유하는 주체로서 태어나는 과정으로 보기도 한다. 마치 주체가 정립되기 위해 최초 대상인 어머니로부터 분리되는 과정을 겪어야 하듯, 인류는 독자적으로 사유하기 위해 에덴에서 추방당하는 수순을 밟는 것으로 생각할 수 있다. 이렇게 뱀의 꾐에 빠져 최초 인류는 하나님과 분리되고 낙원에서 배제되어 헤매게 되는 운명을 갖게 되었다는 것인데, 이 이야기는 인류가 근원적으로 분리되어 불안한 존재라는 것을 은유적으로 드러낸다. 그러므로 아브젝트에 점령당한 사람은, 스스로를 인식하거나 욕망하거나 어딘가에 속한다기보다는 밀려나고 분리되고 방황하는 존재에 더 가깝다.

> 자신의 '존재'를 묻는 대신 그는 자기의 위치에 대해 자문한다. "나는 누구인가?"라기보다는 "나는 어디에 있는 것인가?"라고. 왜냐하면 던져진 자, 배제된 자를 불안케 하는 공간이란 결코 단일한 것도, 통합된 것도, 동질성을 지닌 장소도 아닌 나뉘고 접히고 재앙으로 가득 찬 장소이기 때문이다. 영토나 언어 · 작품의 구축자로서 던져진 자는, 유동성의 경계를 지닌 자신의 세계를 한계 지으려 하지 않는다. 비대상으로 이루어진 아브젝트는 끊임없이 자신의 견고성을 찾아내고 새로이 시작하기 때문이다. 지칠 줄 모르는 건축가인 던져진 자는 한마디로 말해서 방황하는 자이다.[25]

---

25) 앞의 책, 15. 『공포의 권력』, 30.

4. 불안의 원인 : '쇼즈Chose'와 대상 a

정신분석학적 설명을 가져오지 않더라도, 인간 불안의 근원적인 이유는 최초 대상과의 분리로부터 기인한다는 것을 추론할 수 있다. 모체로부터 바깥으로 내쳐지는 태아의 불안은 상상을 초월할 것이다. 불안에 대해서 라캉이 말하는 바는 이러한 주장에 힘을 보탠다. 그런데 프로이트는 불안에는 '대상이 없는 것'이라고 말하지만, 라캉은 '불안에는 대상이 없는 것이 아니다'라고 주장한다. 라캉은 불안을 일으키는 대상이 있지만, 그 대상이 무엇인지 우리가 모르기 때문에 불안한 것이라고 한다. 즉, 모른다거나 보지 못했다고 해서, 없다고 말하지는 못한다는 것이다. 정신분석 사례에서 이 대상은 모습을 드러내기도 한다. 한편 프로이트는 불안이 '무엇'과의 관계에서 신호 기능을 한다고 가르친다면, 라캉은 불안이 '주체'와의 관계에서 신호 기능을 하며, 특히 이 관계에 있어서 '어떤 순간'의 신호라고 범위를 좁힌다.[26] 이 점에 대한 라캉의 설명을 들어보자.

라캉에 의하면, 불안은 만족을 주는 어떤 대상의 결핍 관계에서 비롯되는 것이라기보다 주체가 생성될 때 근원적인 대상과 분리되는 경험이 반복되는 것으로부터 기인한다. 이 점은 욕망의 원인과 욕망의 대상 간의 구별에서 확인할 수 있다. '대상 a'는 라캉이 욕망의 대상들을 표기하는 방식이다. 라캉은 대상objet에 타자의 불어 표기 autre의 a를 붙여서 욕망의 대상들을 표기한다. 대상 a로 열거될 수 있는 형태들은 무수히 많다. 그런데 그 모든 것들은 모두 잃

---

26) 강응섭, 『자크 라캉의 세미나 읽기』, 세창미디어, 2015, 322~323.

어버린 것의 대표자와 등가물이다. 그러니까 대상 a는 순전히 그 잃어버린 것의 문양에 불과하다. 그것은 곧, 욕망의 최초 대상으로서 상실된 자기 자신의 일부를 대표한다.[27] 이를테면 유아에게 젖가슴은 태어나면서 잃어버린 자기 자신의 일부, 가장 근원적으로 상실된 대상이다. 유아는 이 근원적인 상실을 대체 만족하기 위해 손가락을 빨 수도 있고, 고무젖꼭지를 물고 있을 수도 있다. 이때 손가락이나 고무젖꼭지는 근원적 대상의 등가물이다. 이처럼 불안은 대상과 분리되어 대상이 부재하게 됨으로써 생기는 것인데, 그 대체물이 되는 대상들은 근원적 대상과의 분리와 부재로부터 기인하는 불안을 일시적으로나마 잠재울 수 있다. 그러므로 불안은 욕망의 대상들과의 관계가 아니라 욕망의 소급적 원인으로서 근원적 대상 a와의 관계에서 오는 것이다.

　라캉은 아버지의 남근(팔루스, pallus)으로 대표되는 욕망의 대상과 주체의 관계에 대해서도 같은 방식으로 설명한다. 그에 따르면, 주체는 팔루스를 '갖지 않는 것이 아니다.' 이것은 주체가 팔루스라는 대상을 알고 있다거나 모른다거나 함을 표현하는 것이 아니다. 팔루스는 상상의 단계에도 나타나지 않는 무엇이고, 거울상의 이미지에서도 나타나지 않는 쪼개지고 절단된 것이다. 팔루스는 대상 a가 부재한 자리에 나타나서 '대상 아닌 대상'이 된다.[28] 우리가 알고 있듯이, 팔루스는 오이디푸스기에 아이가 어머니를 포기하고 받아들이는 아버지의 법을 상징한다. 라캉이 말하듯이 팔루스는 상

---

27) 자크 라캉, 『세미나 11』, 맹정현 · 이수련 옮김, 새물결, 2008, 300.
28) 『자크 라캉의 세미나 읽기』, 323.

실한 대상 a의 자리를 대체하는 욕망의 대체물이다.[29] 그런데 주체는 최초 대상의 상실을 만회하기 위해 끊임없이 다른 대상 a를 욕망하지만, 어디에서도 그 욕망의 간극을 채울 수 없다. 라캉이 말하는 불안의 원인이 여기에 있다. 대체물인 대상 a의 기능은 욕망과 향유가 결합할 때 발생하는 분리와 이에 따른 부재를 다시금 표시하고, 팔루스의 결여를 알린다. 결여의 신호를 받은 주체는 또 다른 팔루스(대상 a)를 취하게 된다. 언급되었듯이 팔루스는 결핍을 메우는 대상이지만, 결핍을 결코 메울 수 없는 대상이다.[30] 그러므로 욕망을 일으키는 원인으로서 대상 a는 다른 것으로 끊임없이 대체되고, 욕망의 원인은 유보된다. 결국, 끊임없이 팔루스를 발생시키는 근원은 대상 a로 대체되는 그 '무엇'이다. 라캉의 설명에 의하면, 욕망은 만족을 모른다. 정확히 말하면, 완전한 만족 즉, 주이상스jouissance는 불가능하다. 왜냐하면 주이상스는 대상과의 근원적 합일로 돌아가는 것을 의미하기 때문이다. 그러나 그것이 불가능하다고 해서 없다고 말할 수 없다. 낙원에서 쫓겨나서 방황하는 영혼에게 라캉이 해줄 수 있는 말은 '자신의 욕망에 충실하라' 뿐이다. 인식과 실천의 분열 앞에서 라캉은 칸트가 말했던 "내 머리 위에 있는 별이 빛나는 하늘과 내 마음속에 있는 도덕률"을 언급하면서, 우주는 이미 우리가 쓰레기를 갖다 버리는 장이 되었고, 마음속 양심이라는 것도 하나의 저속한 목소리에 불과하다고 말한다. 그리고 남은 하나의 윤리는 욕망의 대로 위에서 공표된다고 주장한다.[31]

---

29) 앞의 책, 321.

30) 앞의 책, 324.

31) 자크 라캉, 『에크리』, 홍준기 외 옮김, 새물결, 2019, 797~798.

크리스테바의 입장은 주이상스의 불가능성을 주장하는 라캉의 입장과는 거리가 있다. 크리스테바는 근원적 대상을 전(前)-대상 혹은 불어 '그 어떤 것'을 뜻하는 쇼즈Chose라고 표기하는데 이것은 프로이트가 쓴 "다스 딩"das Ding 즉, '그것' '그 무엇' '근원적 대상'이라는 의미를 갖고 있다. 넓은 의미의 우울증, 멜랑콜리는 이 근원적인 쇼즈의 상실이 대상 a로의 욕망의 환유(대체)를 가로막는 데서 발생한다고 할 수 있다.[32] 프로이트에 따르면, "다스 딩"das Ding은 다른 제3의 요소가 개입되기 이전의 축으로서, 생각의 움직임이 따라가는 축이다. 라캉식으로 표현하면, 이것은 욕망으로부터 비롯되는 주체의 절대적 대타자이다. 다시 말하면 방황으로 운명지어진 욕망이 결코 도달할 수 없는 목표 같은 것이다. 프로이트도 "쇼즈"가 말로 표현할 수 없는 그 무엇이라고 했고, 그 연장선상에서 라캉은 그것이 시니피앙을 어려움에 처하게 하는 실재계의 일부라고 말한다.[33] 크리스테바는 라캉의 개념과는 거리를 두면서 '쇼즈'를 비확정적이고 비분리적이며 포착 불가능한 것으로 나타나는 '그 무엇'이라고 설명한다.

'쇼즈'는 포착 불가능한 것이지만 크리스테바는 '쇼즈'의 장소lieu에 접근 가능한 방법으로 승화sublimation를 들고 있다. "멜로디, 리듬, 의미론적인 다면성poly-valences을 통하여 기호들을 해체하고 재구성하는 이른바 시적 형식만이 '쇼즈'에 대해 불확실하지만 적절한 영향력을 가질 수 있는 유일한 '그릇'contenant이라는 것이다."[34]

---

32) 김인환, 『줄리아 크리스테바의 문학 탐색』, 이화여자대학교 출판부, 2003, 101

33) 앞의 책, 102.

34) 줄리아 크리스테바, 『검은 태양: 우울증과 멜랑콜리』, 김인환 옮김, 동문선, 2004, 25~27.

다시 말하면, 근원적 대상인 그 무엇은 영원히 알 수 없는 어떤 것이고 이것은 의식 속에서 무의식적으로 떠오르는 섬광의 순간처럼 지나갈 뿐이다. 특히 예술적 형식 속에서 승화라는 형식으로 이러한 전(前)-대상과의 분리의 기억을 되살린다. 그러므로 아브젝시옹의 시간은 이중적이라고 크리스테바는 말한다. 영원히 망각된 무의식 속에 묻힌 무한의 시간과 천둥처럼 무의식에서 의식으로 떠오르는 계시의 시간이다. 그리고 망각의 땅으로 배제되고 길 잃은 아브젝트인 인간은 천둥과 같은 계시의 순간을 운명처럼 회상하게 된다고 말한다. 그리고 그 순간에 욕망이 알 수 없는 희열(주이상스)을 느끼게 된다고 한다.[35] 크리스테바는 이 '쇼즈'가 최초 상실한 대상을 가리킨다고 본다.

5. 희열과 정동affect[36]

앞서 언급되었듯이, 라캉은 생후 6개월 이후 아이가 어머니와 분리하고 자신을 주체로 경험하는 과정을 거울 단계로 설명했다. 실제로 그 시기의 아이는 무언가 말할 수 없는 것이 자신으로부터

---

35) *Pouvoirs de l'horreur*, 16. 『공포의 권력』, 31.

36) 정신분석학은 감정(feeling), 정서(emotions), 정동(affects) 사이에 있는 다양한 차이들을 구별한다. 감정은 중추신경에서 주관적으로 경험되는 상태를 말한다. 이것은 의식에서 차단될 수도 있다. 정서는 외부에서 관찰할 수 있는 감정을 말하며, 정동은 이것과 관련된 모든 현상을 말하는데, 그중에 어떤 것은 무의식적이다. 그런가 하면, 기분(mood)은 비교적 안정적이고 오래 지속되는 정동 상태로서, 지속적인 무의식적 환상에 의해 일깨워지고 지속되는 상태를 가리킨다. 그러므로 정서와 정동, 기분은 어느 정도 겹치는 개념이라고 할 수 있다 (참고, 『정신분석 용어사전』, 443).

축출되었고 그로부터 기인한 슬픔에 빠져 있을 법하지만, 거울 위에 나타난 자신의 이미지는 그 슬픔을 잊게 하는 대체물이라고 할 수 있을 것이다. 아이는 자신의 이미지를 보면서 희열을 느낀다. 이처럼 현실에서 주체는 최초의 합일을 가장한 희열과 함께, 이 근원적 '타자'를 대체할 대상을 찾는다. 그러므로 희열jouissance은 그 무엇을 끊임없이 대체하는 가증스러운 현실 속에서 최초 아브젝트(대상)를 드러나게 하고 존재하게 하는 계기이다. 예컨대 예술적 승화의 희열, 성(性)적인 희열, 종교적 경험의 희열 등은 원초적 합일의 감정을 휘몰아치게 한다. 그 희열의 순간에 주체는 망각했던 근원적 합일의 경험을 하게 된다고 할 수 있다.

> 아브젝트는 주체와도, 대상과도 관련된 것이 아니다. 그것은 자아가 타자 속에서 스스로를 비추기 위해 자신의 영상을 무너뜨린 깨어진 거울 속에서 완전히, 또 욕망의 'a'라는 대상이 폭발하는 희열 속에서 나타날 뿐이다. 그것은 그저 변형된 자아가 된 '타자'가 '내'가 그 속에서 완전히 사라지지 않도록 추락하도록 놓아두는 혐오스런 선물이요, 단지 경계일 뿐이다. 희열 속에 주체는 삼켜지지만, 반대로 타자는 혐오스러워짐으로써 자신의 파멸을 막을 수 있다. 그래서 우리는 온순하게 순응하는 경우를 제외하고는, 왜 그토록 많은 아브젝트의 희생자들이 매혹당한 희생자인가를 이해할 수 있다.[37]

---

37) *Pouvoirs de l'horreur*, 17. 『공포의 권력』, 32.

바깥으로 축출된 아브젝트(대상)는 어떻게 보면 자아도 아니고 타자도 아니다. 그것은 모종의 변형된 자아로서 타자이다. 출생의 사건을 아브젝시옹으로 설명한다면, 모체에서 태어나는 태아는 그 순간에 아브젝트가 된다. 아이의 탄생은 아우구스티누스가 말했듯이, "찌꺼기와 소변에 둘러싸여"interfaeces et urinas 일어나는 일이다.[38] 계속 모체 속에 머무를 수 없는 태아는 모체로부터 강하게 거부되고, 본래 자신이었던 그 대상(모체)은 타자가 되어 제삼자로 남게 된다. 그와 같이 아브젝시옹은 일종의 경계선을 긋는 것이다. 하지만 그 경계선은 분명하지 않다. 그 경계선은 주체를 위협하는 것으로부터 안전한 곳으로 분리시키지 않는다. 반대로 주체가 삼켜지고 파멸될까 끊임없이 위험을 주체에게 알린다. 우리가 그토록 경계선을 긋고 확인한다고 해도, 우리를 몸서리치게 하고 토하게 만드는 아브젝트는 늘 우리 주위에서 맴돈다. 엄마의 강한 포옹이 아브젝시옹의 한 예가 되는 것을 보면 알 수 있다. 비슷한 예로 상한 음식, 가증스러운 거짓말, 간사한 아첨, 믿는 자의 배신과 같은 것들은 미심쩍은 감정과 함께 언제나 불거질 수 있고 우리를 당혹스럽게 만드는 일이다. 당혹감과 혐오감을 자아내는 아브젝시옹 자체에는 이성적인 판단과 정동이 항상 뒤섞여 있다. 다시 말하면 아브젝시옹은 드러난 기호와 무의식적 충동이 혼합되어 있다. 출생의 순간에서 관찰 가능하듯이. 그 과정에서 개인은 폭력적으로 하나의 육체로 탄생된다. 최초의 전(前)-대상적인 관계에서, 육체는 분리

---

38) Catherine Clément/Julia Kristeva, *Le féminin et sacre*, Édition Stock, 1998. 『여성과 성스러움』, 임미경 옮김, 문학동네, 2002, 174.

되고 배척되는 아브젝시옹과 더불어 또 다른 존재로 거듭난다. 기한이 차면 모체는 태아를 거부하고 밖으로 밀쳐낸다. 태아는 오물처럼 밖으로 밀려나고, 그러한 아브젝시옹은 그 의미가 희미해지고 바닥을 알 수 없는 정동l'affect만을 보존한다.[39] 이러한 정동은 탄생의 신비와 기쁨 등의 의미를 전달하는 기호 뒤로 희미해져 간다. 그러므로 희열이 찰나의 순간에 상실한 대상과의 합일의 경험을 상기시키는 것이라면, 정동은 그 뒤에 남아서 최초 대상 상실의 고통을 반복적인 기분으로 느끼게 하는 것이라고 볼 수 있다.

희열을 느끼는 순간은 대개 강한 정동을 동반한다. 그러나 희열이 강한 정동을 동반한다 할지라도, 그것은 의미를 만드는 구조 속에서 의미화되어야만 우리에게 전달 가능하다. 그런데 그렇게 순간에 지나가는 감동과 기분을 언어 기호로 분명히 서술하기는 무척 어렵다. 그 순간에 나의 육체와 정서를 휘감고 엄습하는 이미지, 소리, 몸짓 등은 나에게 이질적인 무엇으로 다가온다. 그러한 경험 속에서 우리는 이 세상에 동화될 수 없는 이질감을 느끼고 경험한다. 나아가 그 순간에는 우리 자신조차 이질적인 것으로 경험되기도 한다. 때로는 환희로, 때로는 두려움으로, 때로는 혐오감으로 나의 경계는 흔들리고 그 속에서 내 속에 숨어있던 '타자'가 상기된다. 즉, 혐오감과 함께 비천시되어 축출된 전(前)-대상에 대한 원초적 기억이 나를 엄습한다. 이것이 이후 계속해서 아브젝시옹에서 느끼는 근원적 이질감의 기원이다.

---

39) *Pouvoirs de l'horreur*, 17. 『공포의 권력』, 32.

물론 만약 내가 무언가에 감동을 받았다면, 그것은 무언가 특정한 사물의 형상으로 내게 나타났기 때문이 아니라 그 주변에 있는 법칙이나 관계항, 나를 지배하고 조건 짓는 구조라는 틀 속에서 의미를 지니기 때문이다. 겁에 질린 나의 육체를 위해 법칙을 만드는 이 명령, 이 시선, 이 목소리, 이 몸짓은 정서를 만들어내고 야기시키기는 하지만 아직 기호가 아니다. 나는 내게 있어 더 이상은 동화될 수 없는 세상에서 기호들을 배제시키기 위해 순수한 상실 속에서 그것을 펼쳐 보인다. 명확히 하면 나는 다른 누구일 뿐이다. 자아의, 대상들의, 기호들의 출현에 있어서의 모방의 논리. 그러나 내가 '나'를 찾으려 하거나 잃어버리거나 혹은 유희할 때 나는 이질적이 된다. 이 모호함의 답답함·고통·현기증은 반항의 폭력으로 그곳에서부터 대상과 기호들이 떠오르는 공간을 한계짓는다. 그것을 나의 영토라고 말해도 좋을 뒤틀리고 얽혀 있는 양가성을 지닌 이질성의 흐름은 변형된 자아로서, 내 속에 살고 있던 '타자'가 혐오감으로 그렇게 지시하기 때문이다.[40]

라캉은 근원적으로 상실된 것을 대체하는 대상들은 '대상 a', 내가 태어나기 전부터 있으면서 내 이름과 소속을 부여하는 질서는 대문자 타자Autre라고 명명한다고 했다. 아버지라는 존재를 내가 알기 전에 이미 아버지를 대표하는 상징계le symbolique의 의미 작용

---

40) 앞의 책, 18. 『공포의 권력』, 33.

이 인간 육체에 관여하고 있기 때문에, 물고기가 물을 떠나 살 수 없듯이 인간은 대문자 타자의 의미망에서 벗어날 수 없다. 정리하면, 출생 때 탯줄을 자르는 것처럼 인간은 비천시된 것(ab-ject)을 잘라내고 몰아내지만, 이 아브젝시옹의 이질감은 면면히 흐르고 있다가 어떤 계기에 돌출한다. 그런데 아버지의 법이 지배하는 상징계의 의미화 구조 속에서, 이러한 정동은 기호화하기 어렵다. 말하자면 인간이 이 타자의 의미망 속에 갇혀 있다고 해도, 상징계의 의미 작용이 인간의 육체가 가지고 있는 근원적인 기억을 모두 기호화하기 어렵다.

> 다시 말해서 이질성의 흐름이란, 아브젝트를 자르고 아브젝시옹을 쫓아내는 것으로 고도로 변질된 인간이란 동물 속에 이미 살고 있다. 나는 모종의 타자가 '자아'라고 불릴 수 있는 장소나, 혹은 자리에 심어져 있을 때 아브젝시옹만을 느낄 뿐이다. 나는 소문자 타자autre와는 동화되려고도, 또한 합쳐지려고도 하지 않는다. 나에 선행하고 나를 소유하는 것은 바로 대문자 타자Autre이다. 나는 대문자 '타자'가 나를 소유함으로써 비로소 존재가 된다. 나의 출현에 선행하는 소유, 그것은 아버지라는 존재가 주체 속에 각인되건 그렇지 않건 간에 상징계의 존재가 의미 작용을 하면서 인간 육체 속에 내재하기 때문이다.[41]

---

41) 앞의 책, 19.『공포의 권력』, 33.

6. 억압과 아브젝시옹

아브젝시옹에서 느끼는 근원적 이질감이 상징계의 의미망에 포착되기 어려운 것은 그 의미망이 듬성듬성해서 세밀한 이질감이 그 사이로 빠져나가는 식의 크기 문제가 아니다. 말하자면 새우잡이에 포경선을 동원하는 양상이 아니다. 양자 사이에는 질적으로 건널 수 없는 강이 놓여 있는데, 이 차이는 타자의 언어로 만들어진 논리적 의미체계와 충동적 육체의 물질성에 머물러 있는 기호(semaion)[42] 사이에서 나온다. 이 강의 교량 역할을 할 수 있는 것은 충동적 육체성을 담아낼 수 있는 소리나 운율, 색과 이미지 등으로 전달되는 예술이다. 이러한 예술로 승화되지 못한 충동들은 경우에 따라 억압 메커니즘에 의해 병리적인 형태로 나타나는 것을 볼 수 있다. 억압과 아브젝시옹의 관계를 알기 위해 프로이트의 억압에 대한 설명을 살펴보자.

프로이트는 「억압에 관하여」[43]라는 논문에서 억압의 두 단계를 말한다. 1차적 억압인 '원초적 억압'과 2차적 의미의 '본래적 억압'이 그것이다. 2차적 억압인 '본래적인 의미의 억압'은 억압된 표상의 정신적 파생물이거나 혹은 다른 곳에서 생겨나 그 억압된 표상과 연결된 관념들에 영향을 미치는 것이다. 다른 곳에서 생겨난 그 관념들은 바로 이 연계 관계 때문에 원초적으로 억압된 표상과

---

42) 그리스어 semeion은 변별적 표지, 자국, 표지, 징조 기호, 증거, 각인되거나 쓰여진 기호, 흔적, 상형(象形)화 등의 의미를 갖고 있다.(Kristeva, J, *La Révolution du Langage Poetique*, Édition du Seuil, 1974.『시적 언어의 혁명』, 김인환 옮김, 동문선, 2000, 25).

43) 프로이트 전집 11,『정신분석학의 근본 개념』, 윤희기 · 박찬부 옮김, 열린책들, 2017.

똑같이 취급된다. 따라서 본래적인 의미의 억압은 프로이트의 말로 '후압박'Nachdrängen인 셈이다. 이런 점에 비추어 보면 의식이 억압된 표상에 행사하는 거부 행위만을 강조하는 것은 잘못이다. 왜냐하면 드러난 것과 달리, 원초적으로 억압된 표상이 그것과 연결될 수 있는 다른 모든 것들에 가하는 영향력 또한 아주 중요하기 때문이다.

요약하면, 억압은 의식의 거부 행위와 억압된 표상이 다른 것들에 가하는 힘이 함께 작용하는 것이다. 만약 이 두 힘이 작용하지 않거나, 의식에 의해 거부된 것(2차 억압)에 작용하고 있는 이미 억압된(1차 억압) 그 무엇이 존재하지 않는다면 억압 과정은 억압이라는 그 소기의 목적을 달성하지 못하는 것이다. 결과적으로 원초적 억압은 감춰진 채, 무의식이 억압하는 것을 표상하는 것에서 파생된 것들을 의식은 억압하게 된다. 이렇게 이중으로 꼬여있는 것이 프로이트가 말하는 본래적 억압의 양상이다. 결국 의식이 알 수 있는 것은 본래적(2차적) 억압의 형태들이다. 정신분석은 한마디로, 의식이 억압하는 것들 이면에 원초적으로 억압된 것이 있다는 것을 밝혀내는 과정이다. 억압 과정은 원초적으로 억압된 대표적 표상이 무의식 속에 계속 존재하도록 하기 위해 그 표상의 파생자를 만들어낸다. 실상, 억압은 아버지든 어머니든 억압된 본능의 대표적 표상이 의식 조직과 관계 맺으려는 것을 방해하는 것이다.[44] 즉, 무의식은 원래 억압된 것을 감추기 위해 의식이 눈치채지 못하도록 그것의 다른 표상들을 계속 만듦으로써 이러한 방해를 계속한다.

---

44) 앞의 책, 140~141쪽.

덧붙여서 말하면, 프로이트는 정신신경증에서의 억압의 영향을 이해하는 데 중요한 다른 사실을 지적한다. 그것은 본능의 대표적 표상이 억압에 의해 의식의 영향권에서 벗어난다면, 그 후로는 방해를 받지 않고 더욱 활발하게 발달할 수 있다는 사실이다. 이 경우 그 본능의 표상은, 이를테면 어둠 속에서 더욱더 확대되어 극단적인 표현의 형태를 띠게 된다. 만일 그 내용을 번역하여 신경증 환자 당사자에게 보여준다면 그 환자는 자기도 모르는 것이라고 할뿐 아니라 오히려 그 내용에서 보이는 상식을 넘어선 것 같은 그 위험한 본능의 힘에 스스로 놀라고 말 것이다.[45] 수십 가지에 이르는 각종 공포증의 경우, 공포를 느끼게 하는 대상은 억압된 대표적 본능이 표상된 것의 파생물이 된다. 공포증 환자는 그 본능이 억압하고 있는 실제 대상은 숨긴 채 마음껏 본능의 표상에서 파생된 것을 무서워할 수 있게 된다. 예를 들면, 다섯 살배기 꼬마 한스의 공포증 분석에서 볼 수 있듯이, 말(馬) 공포증이 있었던 어린 한스는 엄마에 대한 사랑과 세 살 때 태어난 동생에 대한 질투로 신경증을 앓게 된다. 엄마와 떨어져 있기 싫어하는 감정이 아버지에 대한 두려움으로 전환되어 말에 대한 공포를 느낀 것이라고 프로이트는 분석한다.[46] 사실 본능이 환각 속에서 제멋대로 발달된 이와 같은 위장의 힘은 만족의 좌절에서 비롯된 결과이다. 특히 만족의 좌절에서 비롯된 결과가 억압과 관련이 있다는 사실은 어디에서 억압의 진정한 의미를 찾아야 하는지를 잘 보여주는 대목이다.[47]

---

45) 앞의 책, 142쪽.
46) 프로이트 전집 8, 『꼬마 한스와 도라』, 김재혁 · 권세훈 옮김, 열린책들, 2017.
47) 프로이트 전집 11, 『정신분석학의 근본 개념』, 윤희기 · 박찬부 옮김, 열린책들, 2017, 145.

크리스테바는 프로이트의 주장에 따르지만 프로이트와 달리 고고학적인 설명을 덧붙인다. 즉, 1차적(원초적) 억압은 최초 주체와 대상으로 나누어지는 근원적 분리에서 기인한다고 주장한다. 우리가 문화적으로 경험하는 아브젝시옹은 고고학적인 원초적 억압을 원형으로 가지고 있다. 일반적으로 살아가면서 경험하는 아브젝시옹은 나와 타자를 분리하는 경계선에서 발생하는 것이기 때문에, 아브젝트를 분리하는 공간 즉, 아브젝시옹이 일어나는 공간은 이미 아브젝트인 '타자'가 지배하는 공간이다. 왜냐하면 나를 지키기 위해 아브젝시옹이 일어나기 때문이다. 그런데 이렇게 아브젝시옹이 일어나는 것은 이미 2차적 억압의 과정이라고 할 수 있다. 2차적(본래적) 억압은 원초적 억압 즉, 최초 억압된 본능의 표상에서 파생된 후천적인 것이다. 프로이트는 각종 공포증, 강박증, 정신증의 형태로 이것이 나타난다고 말한다. 이것을 달리 말하면, 우리가 의식적으로 혐오시하고 경계 밖으로 배제시키는 아브젝트는 근원적으로 만족하지 못한 본능이 표상을 만들어 스스로 억압 과정을 통해 파생시킨 것들이라고 할 수 있다. 우리의 문화는 이러한 원초적 억압이 만들어내는 각종 표상의 경계들로 구성되어 있다. 세상을 구성하고 있는 이러한 경계들을 보면서 어떤 무의식적인 재현이나 정서를 발견하기는 어렵다. 그러나 의식은 그러한 경계들에서 혐오나 욕지기 나는 아브젝시옹을 경험한다. 심할 경우 신경증과 같은 증상을 경험한다. 크리스테바에 따르면, 이러한 분열은 우리가 현재도 원초적 억압의 한계에 마주하고 있음을 보여준다. 그것은 자기 속에서 자기 분열되는 것이다. 곧, 아브젝시옹으로서의 '자아'를 표상하는 것이다.[48] 우리는 이러한 원초적 억압의 한계에 대해 의식적으로 알 수 없다. 단지 아브젝트에 대해 견딜 수 없는 거부감과 혐오감을 느낄 따름이다. 실상 현실에서 우리를 몸서리치게 하는 아브젝트의 기원이 무의식 속에 깊이 감춰진 자신의 아브젝시옹이었다는 것이 드러난다. 다시 말하면, 아브젝트는 원초적인 억압의 경계선에 위치하면서 근원적 대상 즉, 대상이 되기 전의 비(非)대상을 드러내는 기호이다. 즉, 먼저 구성되었지만 원초적 억압이 아닌 본래적(2차적) 억압을 표출의 돌파구로 삼는 가짜 대상이 이러한 아브젝트이다.[49]

만약 아브젝트가 이미 원초적인 억압의 경계선에 있는 비대상을 알려주는 기호라면, 그것의 한 면은 육체적인 증상에, 다른 한 면은 승화 과정에 걸쳐 있다고 크리스테바는 말한다. 예를 들면, 육체적인 증상은 종기나 악성 종양 같은 것, 질겁하게 하는 괴물, 또 이상한 언어, 적응하기 힘든 육체의 구조 같은 것들이다. 이러한 것들은 주체가 의식적으로 발견하는 것들이어서 무의식의 범주에 속하지 않는다. 반면에 그것들의 승화 과정은 무어라 명명하기 전의 것이거나, 대상이 되기 전의 것과 관련이 있다. 육체적인 증상 속에서 종양 같은 아브젝트는 나를 침입하고, 나는 아브젝트가 되어 배제된다. 다시 말하면, 암 덩어리는 나를 질겁하게 하게 대상이지만 내 속에서 자라면서 나 또한 암 환자라는 아브젝트가 되어 일상적 삶에서 배제된다. 그러나 승화 과정을 통해서 내가 아브젝트를 보유

---

48) *Pouvoirs de l'horreur*, 18. 『공포의 권력』, 34.
49) 앞의 책, 20. 『공포의 권력』, 36.

할 수 있게 된다. 나는 암 덩어리와 친구가 되어 함께 살아간다. 이로써 종양은 더 이상 나를 기겁하게 하는 아브젝트가 아니라 오히려 더 나은 삶을 향한 동반자가 될 수 있다. 이처럼 죽음과 삶, 비천함과 숭고함이 아브젝트의 양면을 이루고 있다. 곧, 비천함의 경계인 아브젝트는 또한 숭고함의 경계를 이룬다. 나환자의 피고름을 입으로 빨아내고 마신 성인들의 이야기는 이에 대한 전형적인 사례가 될 것이다.

그러므로 아브젝트와 숭고함은 과정이 같지는 않지만, 같은 언어, 같은 주체에 의존하고 있음을 알 수 있다. 크리스테바가 든 예를 보면, 별이 총총히 박힌 하늘이나 광대한 바다, 유리창에 비친 보랏빛 같은 것들처럼 숭고함을 불러일으키는 것들은 나를 매혹시킨다. "그것은 의미·색상·단어·애무들의 다발이며, 솟아오르는 리듬이고 숨결이자 향기며 가벼운 스침이다. 그것들은 내가 보고 듣고 생각하는 것 너머의 것으로 나를 감싸고, 그곳으로 데려가며 그곳에서 몰아낸다."[50] 마치 아브젝트가 나를 혐오감과 거부감으로 휩싸고 몰아내듯이, 숭고함을 불러일으키는 '대상'은 나를 격정의 도가니 속으로 몰아넣는다. 숭고함은 내가 존재하기 위해 스스로 망각했던 근원적 대상에 대한 원초적 기억을 되살린다. 말하자면, 숭고함을 통해 바닥없는 기억 속에 묻혀버린 전(前)대상과의 합일의 순간을 경험한다. 그것은 밝은 의식 너머의 경험이다. 크리스테바는 이 숭고함을 일탈이자 구획 짓기 불가능한 완전한 결핍이자 즐거움 즉, 매혹이라고 표현한다.

---

50) 앞의 책, 19. 『공포의 권력』, 35.

내가 존재하기 위해 스스로를 망각했던 환희의 정점에 위치한 대상을 역에서 역으로, 추억에서 추억으로, 사랑에서 사랑으로 옮기는 것은 바로 기억이다. 내가 그것을 인식하거나 부르기만 하면, 숭고함은 무한으로까지 기억을 넓히는 단어나 인식의 연쇄 작용을 일으키기 시작한다(이미 또, 언제나 출발하고 있는). 그러면 나는 출발점을 잃어버리고, '내'가 있는 세상과 어긋나는 제2의 세계 속에서 새로운 가치를 발견한다. 그것은 환희이자 동시에 상실이다. 인식과 단어의 안쪽이 아닌, 항상 그것과 더불어 그것을 횡단하는 숭고함은 우리를 부풀리고 넘쳐나게 하며, 던져진 주체인 동시에 타자이자 터뜨리는 존재가 될 수 있도록 한다. 그것은 일탈이자 구획의 불가능이고 완전한 결핍, 즐거움-매혹이다.[51]

7. 아브젝시옹과 나르시시즘

아브젝트는 원초적인 억압의 경계선에 위치한 비대상non-objet의 기호signe라고 할 수 있다. 그런데 그것의 한 면은 신체적인 증상에, 다른 한 면은 승화과정sublimation에 가깝다고 크리스테바는 말한다. 초기 유아가 대상과의 분리 과정에서 경험하는 아브젝트는 '대상'의 가장 나약하고, 가장 오래된 승화 작용처럼 나타날 수 있다. 이것을 이해하기 위해서는 멜라니 클라인의 정신분석이론을 상기해볼 필요가 있다. 언급되었듯이, 생후 3개월 경 유아는 사디즘적

---

51) 앞의 책, 19.『공포의 권력』, 36.

공격성으로 어머니의 젖꼭지를 깨물어 삼켜버리고자 하는 충동을 느낀다. 이것을 정신분석학자 아브라함K. Abraham은 초기 구강기의 빠는 단계와 분리해서, 후기 구강기의 무는(가학적) 단계라고 명명했다. 그에 따르면, 후기 구강기 단계에서 유아는 양가적인 방식으로 젖가슴과 관계하고, 그것을 깨물고 식인적으로 먹어치우려고 한다. 후기 구강기에 연이어 나타나는 초기 항문기 단계는 축출적이고 가학적이다. 여기에서는 후기 구강기의 가학증이 계속되고, 먹어치움의 대상이 대변으로 방출된다.[52]

이 설명에 따르면, 최초 아브젝트가 되는 대상 즉, 어머니의 젖가슴은 먹어 삼켜서 없애버리거나 밖으로 축출해서 내버리고 싶은 대상이다. 이것은 초기에 어머니의 젖가슴이 본능 충동을 만족시켜주지 않는 데서 기인하는 충동이라고 볼 수 있다. 그러므로 원초적 억압은 대상과 자아의 비(非)분화 단계에서 어머니의 젖가슴을 향한 본능에 대한 것이고, 그 이후 분리되고 대상화되어 공격성의 표적이 된 젖가슴은 후에 가공된 대상이라고 볼 수 있다. 그러므로 이후의 젖가슴은 먼저 구성되었지만, 원초적(1차) 억압이 아닌 본래적(2차) 억압을 표출의 돌파구로 삼는 가짜 대상으로서의 아브젝트라고 할 수 있다. 하지만 유아의 본능 충동에서 분리되지 않은 상태의 젖가슴과 대상화되어 몸 밖으로 축출되는 젖가슴(아브젝트)은 다르지만 결과적으로 같은 것이어서 이후의 젖가슴은 원초적 억압의 '대상'이라고 할 수 있다.

---

52) 한나 시걸, 『멜라니 클라인: 멜라니 클라인의 정신분석학』, 이재훈 옮김, 한국심리치료연구소, 1999, 23.

어머니의 과한 애정표현이 아브젝시옹의 예가 되는 이유는 생후 초기에 대상과 합일하고자 했던 동물적 본능과 그것을 몸 밖으로 내쫓았던 원초적 억압의 정동affect에서 찾을 수 있을 것이다. 우리는 그 근원적 합일의 경험을 기억하지 못하지만, 그 경험은 정서로 남아 우리 주변에 맴돈다. 그러므로 아브젝트는 성장한 후에도 동물적인 본능의 영역에서 여전히 자유로울 수 없는 인간사의 본래 모습을 드러낸다. 특히 인류학자들은 원시 야생의 사회에서 아브젝시옹을 발견한다. 야생의 사회는 인간의 공격적이고 성적인 동물성을 아브젝시옹을 통해 통제하는 한편, 자신들의 문화를 지키기 위한 방편으로 옹호하고 유지하는 것을 볼 수 있다.[53]

정리하면, 우리는 출생 후 바로 외부 세계에 있는 존재를 대면하기 전에 어머니라는 총체로부터 벗어나기 위한 몸부림과 대면한다. 그리고 성장하면서, 또 성인이 된 후에도 우리를 싸고 있는 안전하면서도 억누르는 그 힘으로부터 벗어나려는 시도들을 지속적으로 경험한다. 어머니와의 분리는 생존을 건 어려운 과정이다. 잘 분리되어야만 하나의 주체로 설 수 있기 때문이다. 주지하다시피, 오이디푸스 콤플렉스는 이러한 과정을 아버지라는 제삼자의 개입을 통해 설명한다. 이때 어머니로부터 벗어나는 것은 아버지와의 동일화 과정과 같이 일어난다. 그러나 이 과정은 2차적이라고 할 수 있다. 이 과정을 통해 '나'는 누군가가 된다. 그러나 이에 앞선 1차적 과정에서 이미 '나'는 분리되고 버려지고 아브젝트한 무엇이다. 왜냐하면 그때 분리되는 대상이 모체라고 할 수 있는데 그것은 나의

---

53) *Pouvoirs de l'horreur*, 20. 『공포의 권력』, 36.

원래 일부분이기 때문이다. 동물적 본능으로 가득 찬 인간은 이 과정을 하나의 정신적 외상으로 경험한다. 주체로 서기 위한 첫걸음이라고 할 수 있는 1차적 과정은 자신이 모체로부터 분리되는 이 힘겨운 과정을 의미한다.

> 인간 존재를 형성하는 어머니와의 전쟁과 모방mimétisme을 통해 주체는 자신이 되고자 하는 '타자'에 동일시하게 되는데, 그것은 결국 논리적으로도 연대기적으로도 이차적인 과정이라 할 수 있다. 따라서 누군가가 되기 전의 '나'는 이차적인 과정을 통해 획득된 내가 아닌 분리되고 버려지고 아브젝트한 무엇이다.[54]

아브젝시옹은 나르시시즘과 연결되어 설명될 수 있다. 프로이트에게 나르시시즘은 대상으로부터 물러나서 자아에 (리비도) 투여가 발생한다는 관점에서 정의되었지만, 이드, 자아, 초자아라는 위상학적 관점[55]이 도입된 이후로 이것은 "이차적 나르시시즘"이 되었다. 한편, "일차적(원초적) 나르시시즘"이란 용어는 타인과

---

54) 앞의 책, 21. 『공포의 권력』, 37.

55) 지형학적 관점(Topographic point of view)이라고도 한다. 프로이트(1915)에 의해 제안된, 정신 현상을 이해하기 위한 세 가지 관점(역동적 관점, 경제적 관점, 지형학적 관점) 중 하나. 지형학적이라는 용어는 장소나 영역의 상대적 위치와 높이를 묘사하는 그리스어에서 왔다. 프로이트는 지형학적 관점을 사용하여 정신 현상을 의식과의 관계라는 측면에서 설명했다. 그는 정신 안에 세 가지 영역을 가정했다. 그것은 해부학적인 것도 공간적인 것도 아니다. 그것은 표면에서부터 깊은 곳으로 수직적인 축을 따라 배열된 "정신 기구"에 대한 은유적 표현이다. 초기에는 의식, 전의식, 무의식으로 삼분했지만, 1923년 이후 원본능이라고 하는 이드, 자아, 초자아로 대체했다(참고. 『정신분석 용어사전』, 492).

의 관계가 완전히 부재하며 자아와 이드 간의 어떤 분화도 없다는 특징을 갖는 대상 부재의 상태를 설명하기 위해 사용되었다. 크리스테바에 따르면, 자궁 내의 삶은 대상 없는 이 나르시시즘적 상태와 가장 가깝다.[56] 프로이트는 억압을 원초적(1차적) 억압과 본래적(2차적) 억압으로 나눈 것처럼, 나르시시즘도 1차적 나르시시즘과 2차적 나르시시즘으로 나눈다. 프로이트의 이 구분을 크리스테바는 아브젝시옹과 연결해서 설명한다. 아브젝시옹은 자아와 대상이 분리되기 이전 단계에서 일어나므로 1차적 나르시시즘과 연관된다. 즉, 아브젝시옹은 대상이 아니라 자아에게 리비도가 쏠리는 (2차적) 나르시시즘을 선행하는 전(前)조건이 된다. 그러므로 아브젝시옹과 원초적 나르시시즘은 공존하면서도 아브젝시옹은 나르시시즘을 균열시키는 역할을 한다. 다시 말하면 '나'를 발견하는 것은 원초적 나르시시즘에 균열을 일으키는 아브젝시옹을 통해서이다.[57] 이때 원초적 나르시시즘과 아브젝시옹이 일어나는 공간을 크리스테바는 '코라'Chora[58]라고 명명한다.

8. 나르시시즘과 '코라'

정신분석학에서 말하는 원초적 억압이나 1차적 나르시시즘은

---

56) 『정신병, 모친살해, 그리고 창조성: 멜라니 클라인』, 125.

57) *Pouvoirs de l'horreur*, 21. 『공포의 권력』, 38.

58) 그리스어 코라(chōra, khora)는 '어떤 것이 그 안에 있는 공간 혹은 장소', '지역', '나라', '나라가 차지하는 영토' 등을 의미한다. 플라톤은 『티마이오스』에서 코라를 언제나 존재하는 '공간'으로, '생성의 유모'의 의미로 표현한다(『티마이오스』, 박종현 · 김영균 옮김, 서광사, 2000, 146).

마치 아무도 가본 적이 없는 상상 속의 공간과 같다. 그것은 기억할수 없고, 언어 이전의 영역이기 때문이다. 이렇게 본능 충동으로 가득 찬 상상 속의 공간이 실제 인간 삶의 기원이 되고, 여러 신경증, 정신증의 증상들이 그곳에서 기원한다는 것을 정신분석은 밝혀내었다. 크리스테바는 이 불명료한 기원에 접근하기 위해서 '코라'라고 이름 붙인 무의식의 영역을 드러내고자 한다.

크리스테바에 따르면, 이 영역은 문화 속에서 뿌리 깊은 어머니의 육체에 대한 금지(근친상간의 금지)와 연결되어 있다. 여기서 말하는 어머니의 육체라는 것은 생물학적 어머니를 지칭한다기보다는 문화가 금지하고 두려워하는 금기의 실체로서 본능 충동의 기원이라고 할 수 있는 모체를 우회적으로 말하고 있다.[59] 우주의 '보모'라는 의미를 가진 '코라'는 크리스테바에게 삶과 죽음의 충동이 반복적으로 넘쳐나는 본능의 수용체인 공간이다. '코라'에서 삶과 죽음의 충동은 '아직은 자아가 아닌' 것과 대상들이 서로 관련을 맺고 구축될 수 있도록 해준다. 그런데 여기서는 자아 아닌 것non-moi과 자아의 이중 운동 내지 반복 운동이 일어난다. 이러한 반복 운동을 되풀이하면서 이 운동은 바깥을 향한 원심력을 지니게 된다. 원심력을 지닌 충동 자체는 타자와 결합해서 하나의 기호로 재생산되어 결국 의미를 생성해낸다. 이것이 크리스테바가 말하는 본능 충동으로 가득 찬 '코라'에서 의미가 만들어지는 과정이다.[60] 이것은

---

59) 이것은 라캉의 팔루스가 아버지의 생물학적 남근을 의미하는 것이 아닌 것과 비슷한 맥락이다. 그러나 양자가 모두 은유이지만 생물학적인 대상과 전혀 무관하지 않은 것도 사실이다. 왜냐하면 그것은 은유와 환유가 비롯되는 최초 모델이기 때문이다.

60) *Pouvoirs de l'horreur*, 21. 『공포의 권력』, 38.

마치 플라톤의 우주론에서 '코라'가 자신은 소멸하지 않으면서, 생성하는 모든 것에 자리를 제공하는 것으로서 이 자체는 감각적 지각을 동반하지 않는 일종의 추론에 의해서나 포착되는 의미로 사용된 것과 같다.[61] 크리스테바는 물질적 우주의 생성을 설명하는 플라톤의 '코라'를 의미 발생의 기원으로 해석한다.

코라로부터 시작된 충동의 운동이 타자와 결합하면서 의미가 만들어진다면, '나'를 의미화하고 기호화하기 시작하면서 코라에 대한 억압은 시작된다고 할 수 있다. 왜냐하면, '코라'에서 자아는 나르키소스적이고 대상과 분리되어 있지 않다가, 삶 충동과 죽음 충동의 반복 운동을 통해 원심력을 가지고 타자를 향해 나아가려고 할 때 분리를 위한 아브젝시옹이 발생하기 때문이다. 즉, 아브젝시옹은 충동으로 가득 찬 코라에서 기호 체계로 나가는 통로이다. 이 과정에서 2차적 억압은 기호 체계와 연관되고, 1차적 억압은 나르시시즘의 위기와 연관된다. 한마디로, 배척하고 분리하는 아브젝시옹을 되풀이하는 의미화 운동은 비분리 상태인 나르시시즘에 위기를 가져오고 종국적으로 상징적 질서 쪽으로 나아간다. 이때부터 원초적 억압의 대상은 알 수 없는 '코라'처럼 아브젝트로 나타난다.

정리하면, 원초적 나르시시즘의 위기는 아브젝트한 관점과 함께 일어난다. 이로써 자아로 하여금 자아가 존재하기 위해 그곳으로부터 튕겨져 나온 혐오스러운 경계를 발견하게 한다. 그러므로 아브젝트를 통해 자아는 자아 아닌 것과 충동 그리고 죽음의 원천을 발견한다. 이와 동시에 삶의 충동은 자아로 하여금 아브젝트를

---

61) 『티마이오스』, 146.

거부하면서 의미화 운동의 방향으로 나아가게 한다. 그런 의미에서 아브젝시옹은 죽음 충동을 삶과 새로운 의미 작용으로 넘어서게 하는 통로가 된다.[62] 초기 자아에서 이러한 의미화 운동을 자세히 이해하기 위해서는 초자아의 역할을 살펴볼 필요가 있다. 클라인의 아동 정신분석은 초기 자아에게도 초자아가 있다는 것을 발견했다.

9. 초자아와 아브젝트

프로이트는 초자아의 형성이 남근기에 시작된다고 보았다. 「오이디푸스 콤플렉스의 소멸」(1924)에서 프로이트는 오이디푸스 콤플렉스가 초자아의 성립에 의해 종결된다고 말한다. 말하자면 초자아에 의해 오이디푸스 콤플렉스 갈등은 해결되고 초자아가 그 역할을 대신한다. 그런데 클라인이 관찰한 바에 따르면, 오이디푸스 상황보다 앞서 구강기 후기의 가학적 국면에서 초자아가 발생한다. 이때 초자아가 형성되도록 하고 그 초기 단계를 지배하는 것은 바로 파괴적 충동과 그 충동이 야기하는 불안이다.[63]

초자아의 형성과 관련하여 어느 정도 상호 보완적인 두 방향으로 사고하는 것이 가능하다. 그중 하나는 초자아의 엄격함이 실제 아버지의 엄격함에서 기인하며 초자아는 실제 아버지의 금지와 명령을 반복한다는 것이고, 다른 하나는 초자아의 엄격함이 주체의 파괴적 충동의 결과라는 것이다.[64] 프로이트는 전자 쪽이고, 클

---

62) 『공포의 권력』, 39~40.

63) 『아동정신분석』, 240~241.

64) 앞의 책, 243~244.

라인은 후자 쪽으로 기운다. 클라인은 개인의 충동이 초자아의 기원에 영향을 미치는 요인으로서 매우 중요하다고 말한다. 클라인은 오이디푸스 갈등의 초기 단계라고 할 수 있는 전(前)오이디푸스기를 초자아 형성의 첫 단계로 본다. 그러니까 후기 구강기의 가학적 국면에서 초자아가 자아로부터 분화된다. 이때 가학증의 영향 아래 초자아가 아무리 잔인하게 형성될지라도 초자아는 파괴적 충동에 대한 자아의 방어를 인계받는 것처럼 보인다. 이처럼 초기 단계에서 초자아는 본능적 억제가 진행되는 심적 층위이다.[65]

반면에, 프로이트는 구강기에서 대상을 향한 에너지 집중cathexis과 대상과의 동일시가 서로 구별되지 않는다고 보았다. 그러므로 구강기에는 대상을 향한 공격 본능이 분화되지 않고 따라서 초자아도 나타나지 않는다. 구강기 이후 남근기에 초자아가 등장해서 오이디푸스 갈등을 해결한다고 보았다. 사실상, 초자아는 원본능(이드, Id)의 첫 번째 대상에 대한 에너지 집중의 응결체로서 오이디푸스의 후계자 역할을 하게 된다.[66] 그런 의미에서 초자아의 발생은 오이디푸스 갈등 상황을 종결짓는다.

프로이트처럼 클라인도 아이는 순진무구하지 않으며, 공포증을 갖고 있으며, 그러한 한에서 강력한 자극과 엄격한 금기를 갖고 있다고 말한다. 달리 말해서, 신경증의 근저에 다양한 형태의 도착perverse polymorphe적 충동과 성적 호기심이 아이에게 있다. 클라인의 아동 정신분석은 이러한 다양한 형태의 도착적 충동과 엄격한 금기

---

65) 앞의 책, 244~245.

66) 앞의 책, 241.

가 원초적 억압을 가능하게 하고 동시에 언어와 사고의 능력이 생겨날 수 있도록 해주는 더 깊은 무의식으로 향하는 길임을 보여준다. 그리고 클라인은 아동에게 처음부터 나타나는 원초적 억압에 귀를 기울였다.[67] 클라인은 관찰을 통해 분석가에게 향하는 부정적 충동들을 분석하는 방법을 충분히 사용하기만 하면 아이에게도 성인의 경우와 유사한 전이신경증transference-neurosis이 발생한다는 것을 알 수 있다고 말한다. 또한 그 관찰로 인해, 심층 분석으로도 모든 연령대의 아이들에게서 초자아의 엄격함을 완화하는 것이 매우 어렵다는 것을 알게 되었다고 말한다.[68]

클라인이 관찰한 바로는, 초기 초자아는 분명히 가장 엄격하며 일반적으로 유아기만큼 자아와 초자아 사이의 대립이 강한 시기는 없다. 자아와 초자아의 대립이 유아기에 가장 강하다는 사실은 왜 자아와 초자아 사이의 긴장이 생애 초기에 주로 불안으로 느껴지는지를 설명해준다. 또한 초자아의 명령과 금지가 성인 못지않게 아동에게서도 무의식적이고, 그러한 초자아의 명령과 금지가 실제 대상(어머니나 아버지)의 명령과 결코 동일하지 않다는 것을 클라인은 발견했다.[69]

---

67) 『정신병, 모친살해, 그리고 창조성: 멜라니 클라인』, 96~97.

68) 『아동정신분석』, 25.

69) 앞의 책, 246. (가학증과 불안의 점진적 극복은 리비도가 꾸준히 발달한 결과이다. 그러나 불안의 과잉 자체가 개인이 그 불안을 극복하도록 하는 자극이 되기도 한다. 불안은 갖가지 성감대가 강해지고 잇따라 우세해지도록 도움을 준다. 지배적이었던 구강 가학적, 요도 가학적 충동은 항문 가학적 충동으로 대체된다. 또한 초기 항문 가학적 단계에 속한 기제들은 그것이 아무리 강력하더라도 이 단계의 초기에서부터 발생한 불안에 대한 방어 기제로 작동하기 때문에, 개인의 발달에서 억제의 집행자로 행세하는 바로 그 불안은 동시에 자아의 성장과 성생활을 증진시키는 데 근본적으로 중요한 요인이기도 하다.)

초기 초자아가 형성되는 이 단계에서 아이의 방어 수단은 극도로 격렬한데, 그것은 그 방어 수단이 불안의 과잉 압력에 비례하기 때문이다. 언급되었듯이, 구강기에 이어지는 초기 항문 가학적 단계에서 아이가 방출하는 것은 자신의 대상이며, 아이는 그 대상을 적대적인 것으로 지각하고 배설물과 등치한다. 이 단계에서 방출되는 것은 구강 가학적 국면에서 내사된 무서운 초자아이다.[70] 그러므로 방출 행위는 공포에 사로잡힌 자아가 초자아에 대항하여 사용한 방어 수단이다. 방출 행위는 내면화된 대상들을 내쫓는 동시에 그것들을 외부 세계에 투사한다. 투사projection는 내사introjection에 상응하는 외재화의 한 방식이라고 할 수 있는데, 이것은 받아들일 수 없는 충동이나 생각을 외부 세계로 옮겨놓는 정신 과정을 말한

---

70) 내사(introjection)란 가장 넓은 의미에서, 외부 세계의 측면들과 그것들과의 상호작용이 유기체 내부로 들어와 내적 구조가 되는 내재화 과정의 한 방식이다. 내재화는 합입, 내사, 동일시 모두를 포함하는 포괄적인 용어로서, 욕구를 충족시켜주는 관계의 측면과 다른 사람이 지닌 심리 기능들을 자기의 일부로 만드는 수단이다. 예컨대 유아는 자신을 돌보아주는 어머니의 심리적 기능을 내재화하여 자신의 심리 기능으로 삼는다. 내재화는 심리 발달을 가져오는 일차적 요소로서, 생애 전반에 걸쳐 중요한 타인과의 관계가 붕괴되거나 상실될 때마다 일어난다. 대상과의 상호작용을 통해서 지각, 기억, 정신 표상, 상징 형성 등이 형성되고 정신 구조가 구축됨에 따라 개인은 차츰 이전에 타인에 의해 제공되던 기능들을 스스로 담당할 수 있게 된다. 여기에는 감각 운동, 실행, 상상, 언어, 상징 등 다양한 표상적 양식들이 사용된다.

내사된 요소들은 자기 표상의 일부 또는 정신 구조(자아, 초자아 또는 자아 이상)의 일부가 된다. 따라서 대상과 자기의 경계가 불분명할 때는 대상 표상이 자기 표상으로 변형됨으로써 자신이 분리되어 있다는 감각을 상실할 수 있으며, 심지어는 자신의 정체성을 상실할 수도 있다. 이것은 아동이 부모의 요구를 자신의 것으로 받아들여 부모가 없을 때에도 동일한 방식으로 반응하는 모습에서 찾아볼 수 있다. 아동은 부모의 지시, 훈계, 칭찬을 내사함으로써 규제, 금지, 보상의 측면을 갖는 초자아를 갖게 된다. (『정신분석 용어사전』, 93~96.)

다.[71] 여기서 투사와 방출의 기제는 초자아의 형성과 밀접하게 연관되어 있다. 자아가 공포에 싸여 잔인한 초자아를 분화시키지만 역으로 초자아를 방출하고 파괴함으로써 잔인한 초자아로부터 스스로를 방어하고자 한다. 이와 같은 방식으로, 자아는 초자아를 강제 추방하고 파괴적인 경향을 자신에게서 제거하려고 한다.[72] 앞으로 살펴볼 내용이지만 우리가 혐오시하고 경계 밖으로 내쫓는 아브젝트의 면모에, 초기 자아가 스스로 만들고 이후에 두려워서 방출한 초자아의 그림자가 드리워 있지 않은지 물어볼 일이다.

여기서 우리는 우리 문화 속에서 발견하는 여러 아브젝트의 원형을 추론해볼 수 있다. 무의식의 고고학이 밝히듯이, 초자아의 금지와 명령은 실제 대상이 가지는 금지와 명령과 동일하지 않다. 다시 말하면, 초자아의 명령에 의해 추방되는 것으로 보이는 것은 실상 공포에 싸인 자아가 스스로 만들고 결국은 추방하고자 하는 잔인한 초자아이다. 예를 들면, 깨끗한 도심 복판에 있는 똥은 혐오스러운 것이다. 그것은 우리 환경과 우리 자신을 오염시킬 수 있는 강력한 힘을 가지고 있다고 여겨진다. 하지만 화장실이나 밭에 있는 똥은 그런 힘을 갖지 못한다. 왜냐하면 거기서는 이미 정/부정을 구분하는 동일성의 경계가 없기 때문이다. 아브젝시옹은 경계의 문제인데, 경계 자체가 허물어지면 그것은 힘을 발휘하지 못한다. 아브젝트에 대한 강력한 금지를 명령하는 초자아는 자신과 주변을 지키고자 하는 자아의 방어 본능을 숨기고 있다. 방어적인 자아와 파괴

---

71) 앞의 책, 541.

72) 『아동정신분석』, 247~248.

적인 초자아의 투쟁에서 초자아는 자아에 의해 아브젝트의 가면을 쓰고 추방되는 것이다. 정신분석이 밝히는 바에 의하면, 이 파괴적인 초자아는 그 공격성을 바깥 대상에 투사하고 안으로는 자아까지 위태롭게 만든다. 불안에 싸인 자아는 투사된 대상을 자기 바깥으로 내쫓으면서 동시에 자신이 분화시킨 초자아까지 축출한다. 자아는 안심할 겨를 없이 불안에 싸여 초자아를 또다시 분화시키고 축출하는 운동을 반복한다. 이러한 과정에서 나타나는 초자아는 자아의 다른 얼굴이다. 이것을 문화적으로 확장해서 말하면, 공포와 혐오를 자아내는 아브젝트는 우리 자신의 또 다른 얼굴이 될 수 있다.

정리하면, 구강기 후기의 가학적 국면에서 아이는 자신의 상상 속에서 대상에 대한 파괴적 공격을 강화한다. 이때 외부 대상에 대한 초자아의 파괴적 공격성이 내부적으로 자신에게 또한 위협을 일으키는 원인이 된다. 그러므로 외부의 대상에 대한 두려움과 비례해서 내사된 자신의 공격성으로부터도 자신을 보호하려고 한다. 결국 파괴적 공격을 감행함으로써 두려움의 대상을 제거하는 것은 내사된 초자아의 견딜 수 없는 위협을 잠재우는 목적에 일조한다. 이러한 반응은 투사 기제가 다음 두 가지 노선을 따라 시작된다는 것을 전제로 한다. 하나는 초자아로부터 벗어나고자 하는 자아가 초자아의 자리를 대상으로 대체하는 것이고, 다른 하나는 자아가 역시 이드(원본능)로부터 벗어나고자 대상이 이드를 대리하게 하는 것이다.[73] 이러한 방식으로, 처음에는 대상을 향했던 증오의 양은

---

73) 프로이트는 "정신분석 개요"(1940)에서 원본능(Id)을 이렇게 설명했다. "타고난 모든 것 즉, 출생시부터 존재하고, 체질적으로 주어진 모든 것을 포함하며, 따라서 그것은 무엇보다도 신체 조직으로부터 발생하고, 원본능 안에서 최초로 심리적 형태로 표현되며, 우리에게 알려

본래 이드와 초자아에 대한 증오의 양에 따라 증가한다. 그러므로 초기 불안 상황이 너무나도 강력하고 그러한 초기 단계의 방어 기제를 여전히 유지하고 있는 사람들에게서 초자아에 대한 두려움이 내외적인 이유로 경계를 넘어선다면, 그 두려움은 대상을 파괴하게끔 만들고 심하면 범죄 행동 발달의 기초가 될 것이다.

반복해서 말하면, 내사된 대상에 대한 두려움은 아이가 그 두려움을 외부 세계에 투사하게끔 한다. 그럼으로써 아이는 자신의 내면화된 대상들뿐만 아니라 자신의 기관들과 대변 등 온갖 것들을 외부 대상과 동일시한다. 또한 아이는 이 등치를 통해 외부 대상에 대한 자신의 두려움을 수많은 대상들로 확산시킨다. 이러한 상황은 성장한 후에도 발생한다. 내면의 무서운 초자아를 바깥 대상에 투사함으로써 개인은 그 대상에 대한 증오와 그로 인해 발생하는 대상에 대한 두려움을 증가시킨다. 그 결과 내면의 공격성과 불안이 과도하다면, 외부 세계는 두려운 곳으로 돌변하고 대상들은 적으로 변하며 그는 외부 세계와 그 자신의 내사된 적으로부터 박해 위협을 받게 된다. 그런데 불안이 너무 크거나 자아가 그 불안을 견디지 못할 경우, 외부의 적에 대한 두려움으로부터 벗어나고자 그것을 밖으로 몰아내는 투사 기제를 중단시킬 수도 있다. 왜냐하면 밖으로 투사를 하기 위해서는 불안의 원인이 되는 대상을 먼저 내재화하는 동일시와 내사가 일어나야 하는데, 과도한 불안으로 인해 이 자체가 어려워지기 때문이다. 동시에 이러한 투사의 중

지지 않은 형태로 표현되는 본능을 포함한다." 그러나 그는 같은 논문에서 원본능과 초자아 모두가 생성되어 나오는 분화되지 않은 모체를 가정하고 있다(『정신분석 용어사전』, 310).

단은 더 이상 대상이 내사되지 않도록 막고 현실과의 관계가 성장하는 것을 끝장내버리는 최악의 결과를 초래할 것이다. 그리고 그런 만큼 그는 이미 내사된 대상들에 대한 두려움에 더더욱 노출되게 될 것이고, 자신이 내부의 적에게 꼼짝없이 붙들려 온갖 형태로 공격당하고 있음을 알게 되면서 두려움에 사로잡히게 될 것이다.[74]

살펴본 것처럼 자아가 성장하면서 외부 세계와의 관계를 형성하는 데 있어서 초기 단계에서부터 자아와 초자아의 투쟁이 반복적으로 발생하게 되는데, 이것이 초기 불안 상황에서 새로운 의미화로 나아가는 메커니즘이라고 볼 수 있다. 즉, 아브젝트가 된 대상의 거부와 함께 자아의 내부와 외부의 경계가 만들어지고 의미화의 기반이 마련된다. 초기 자아가 겪는 이 투쟁은 분명히 최초 대상 즉, 모체와의 관계에서부터 시작된다. 언급되었듯이 이 원초적 대상은 이후 계속적으로 다른 대상으로 대체되어 아브젝트로 나타난다. 그러므로 아브젝시옹은 생존을 위한 투쟁이면서 의미화의 시초이고, 이것이 문화 속에서 계속 발견되는 많은 아브젝트의 기원이라고 볼 수 있다.

최종적으로 일부분 불안에 기초하고 있는 여러 대상들과의 관계는 어머니의 몸과의 관계가 현실 속에서 적용되고 진전된 것들이라고 할 수 있다. 왜냐하면 아이의 원래 대상 관계는 하나의 대상에만 즉, 어머니를 표상하는 어머니의 젖가슴에만 해당되기 때문이다. 그런데 어린아이의 환상에서 나타나는 다양한 대상들은 아이의 파괴적인 성향과 리비도적인 성향 모두의 주된 목표이다. 또한 그

---

74) 『아동정신분석』, 251~253.

것들은 지식을 향한 깨달음이라는 욕망의 목적지이기도 한데 그것은 바로 어머니의 몸속에 위치한다. 말하자면 아이는 환상 속에서 어머니의 몸속을 차지함에 따라 어머니의 몸속은 대상을 표상하게 되고, 그와 동시에 바깥 세계와 현실을 상징한다. 아이에게 원래 어머니의 젖가슴이 표상하는 대상은 바깥 세계와 동일한 것이다. 그러나 이제 어머니의 몸속이 보다 폭넓은 의미에서 대상과 외부 세계를 표상하게 되는데, 그것은 어머니의 몸속이 아이의 불안을 보다 광범위하게 분산하기에 더욱 많은 대상들을 수용하는 장소가 되었기 때문이다. 그러므로 어머니의 몸속에 대한 아이의 가학적 환상은 외부 세계 및 현실에 대한 근본적인 관계를 규정한다. 아이의 공격성과 그 결과 아이가 가지게 된 불안은 대상 관계를 형성하는 근본적인 요인 중 하나이다. 동시에 아이의 리비도 역시 대상 관계에 영향을 미친다.[75] 대상에 대한 아이의 리비도적 관계, 그리고 현실이 대상 관계에 미치는 영향은 안팎의 적들에 대한 아이의 두려움에 대응한다. 이때 반대로 호의적이고 유익한 존재에 대한 아이의 믿음은 아이의 환상적 이마고imago가 배후로 물러나는 것을 가능케 하고 아이의 현실 대상이 환상적 이마고보다 훨씬 더 강력하게 나타나게 한다. 이처럼 투사와 내사의 상호작용에 근거한 초자아 형성과 대상 관계 사이의 상호작용은 아동의 발달에 지대한 영

---

75) 프로이트는 1914년과 1915년에 자신의 리비도 이론을 공식적으로 서술하였다. 리비도는 다양한 정신적 표상이나 마음의 구조에 투자될 수 있는 일종의 정신적 "에너지"(신체적 에너지와 유사한)로 여겨지게 되었다. 프로이트는 이러한 투자를 에너지 집중(cathexis)이라 불렀다(『정신분석 용어사전』, 128).

향을 미친다.[76) 초기 단계에서 자신의 무서운 이마고를 외부 세계에 투사하는 것은 그 외부 세계를 위험한 장소로 만들고, 대상들을 적으로 만든다. 반면 동시에 자신에게 호의를 가진 실제 대상에 대한 내사는 반대 방향으로 작용해 무서운 이마고에 대한 두려움을 덜어준다. 이러한 시각에서 본다면, 초자아 형성, 대상 관계 그리고 현실 적응은 개인의 가학적 충동과 대상들의 내사 사이의 상호작용의 결과임을 알 수 있다.[77)

정신 신경증 연구를 통해서 프로이트가 밝히는 바로는, 억압은 억압된 본능의 대표적 표상이 무의식 속에서 계속 존재하는 것을 방해하지도 않고, 또 그 표상이 스스로 다른 것으로 파생되고 그 파생자들과의 관계를 돈독히 하는 것도 방해하지 않는다. 다만 억압은 본능의 대표적 표상이 의식 조직과 관계 맺으려는 것을 방해할 뿐이다.[78) 언급되었듯이 부정은 그러한 억압의 한 메커니즘으로 작용한다. 그런데 아브젝트는 억압과 그 판단의 벽을 무너뜨리면서 억압을 교묘히 피해 왜곡시키고 그것을 이용하는 자아를 드러낸다. 달리 말하면, 아브젝트는 준엄하게 명령하는 '타자' 속의 다른

---

76) 대상 관계(object relations)와 대상과의 관계(object relationship)라는 상호 교환적으로 사용되는 용어는 대상에 대한 개인의 태도와 행동을 가리킨다. 이 용어는 정신적 이미지를 말하는 것일 수도 있고 실제 사람을 말하는 것일 수도 있다. 그러나 외적인 것과 내적인 것을 구분하기 위하여, 대상과의 관계는 주체와 실제 다른 사람 사이의 상호작용 즉, 대인관계를 일 컫는 말로, 대상 관계는 마음속의 대상 표상과 관련된 심리적 현상을 일컫는 말로 사용하는 것이 바람직하다. 하지만 대상 관계는 대상과의 관계에서 보고되는 경험이나 관찰된 행동에 의거하여 추론되어야 한다. 그리고 이 둘 모두는 개인 발달사의 산물인 무의식적 환상의 영향을 받는다(『정신분석 용어사전』, 106).

77) 『아동정신분석』, 257~259.

78) 『정신분석학의 근본 개념』, 141.

'나'를 보여준다. 아브젝트가 된 대상은 자아의 위태로운 경계를 조명하는 거울 역할을 하고, 여기에 비친 자아는 비자아$_{non-moi}$·충동 그리고 죽음의 원천으로 다시 돌아가게 되는 것이다. 이러한 의미에서 아브젝시옹은 죽음을 거친 부활이라고 크리스테바는 말한다. 곧, 아브젝시옹은 죽음의 충동을 삶과 새로운 의미 작용으로 변형시키는 연금술이다.[79] 요약하면, 초자아에 의해 아브젝트가 만들어지는 과정에서 자아는 초자아의 의도와 계획과는 다른 자아의 모습으로 서게 된다. 즉, 초기 자아에서 분화된 잔인한 초자아는 자아를 죽음 충동으로 몰고 가지만 아브젝시옹은 거기서 새로운 의미로 향한 길을 낸다. 비록 그것이 욕지기가 솟는 것으로 의식에 다가올지라도, 그 이면에는 삶과 죽음 충동의 격렬한 투쟁에서 살아남은 새로운 의미가 배태되는 것이다.

10. 도착성 또는 예술성과 성스러움

크리스테바는 아브젝트가 도착성과 아주 유사한 면이 있다고 말한다.[80] 아브젝트가 동일성의 경계선 밖으로 내쳐진 것이라는 점

---

79) *Pouvoirs de l'horreur*, 21. 『공포의 권력』, 40.

80) 도착(perversion)은 일반적으로 수용되는 성인의 성적 행동이라는 관점에서 볼 때, 성적 대상이나 목표의 선택에서 빗나간 것으로 간주되는 병리적 성적 행동을 가리킨다. 프로이트는 『성욕에 관한 세편의 에세이』(1905)에서 도착 행동은 대체로 건강한 사람의 성생활에도 존재한다는 사실을 인식했다. 특정 환경 아래에서 그런 활동들은 상당 기간 동안 "정상적인" 행동을 대체하거나 정신적 행동과 공존할 수 있다. 일방적이며 극단적인 성적 행동은 도착으로 묘사된다. 예를 들어, 주물 성애(fetishism), 의상 도착증(transvestism), 관음증, 노출증, 가피학적 성욕(sadomasochism), 소아성애(pedophilia) 등이다.

프로이트(1905)는 아동의 환상과 몰두 안에 성도착의 전조가 있다고 생각했으며, 또한 신경

은 성생활에 있어서 정상적인 범주에서 벗어나는 도착성과 유사해 보인다. 그러나 아브젝트가 도착적이라고 보는 이유는 그것이 금지나 규칙 · 법을 무시하거나 파기하기 때문이 아니라, 그것을 왜곡시키고 곡해하고 부패시키기 때문이다. 이를테면 아브젝트는 금지나 규칙을 더 잘 어기기 위해서 그것을 이용한다고 할 수 있다. 어떤 정신분석가가 내담자와 분석 중에 자신의 내심을 토로하는 척하면서 자기 나르시시즘을 강화한다면 이러한 양태는 아브젝트의 한 유형이라고 할 수 있을 것이다. 또는 예술 세계에 대한 강한 동기를 드러내면서 작품 활동을 돈벌이의 수단으로 삼는 예술가나, 신뢰받는 성직자가 자신의 성직을 '직업'으로 생각하는 경우가 이런 예가 될 것이다. 정치인의 부패나 사람을 돈으로 매수하는 행위는 가장 명백하고 빈번한 아브젝트의 사회화된 특성이다.[81] 이처럼 규칙을 어기는 것이 아니라 이용하는 방식으로 규칙을 부인하는 아브젝시옹의 양태가 어중간한 도착성으로 비춰지는 것이다. 이것은 도덕 · 종교 · 법과 같은 법칙과 금지가 확고하게 자리 잡지 않은 경우에 더 잘 발견된다. 반면에 도덕이나 법이 확고한 곳에서는 아브젝시옹이 아니라 억압에 의한 병리적인 증상이 더 많이 발견될 것이다.

크리스테바에 따르면, 아브젝시옹의 도착성을 가장 잘 활용하는 영역이 문학이다. 문학의 주제는 금지와 법이 도달하지 못하는

중 환자들의 무의식 안에 도착적인 소망과 환상들이 있다고 보았다. 그가 보기에, 그들의 신경증 증상들은 부분적으로 도착적인 생각에 대한 반응이었다. 프로이트 이후의 이론가들은 도착이 방어적 성질을 지니고 있음을 인식했다. 즉, 도착은 복잡한 타협 형성의 산물이라는 것이다. (…) 도착은 상징적인 거세를 통해서 근친상간적인 리비도적 욕구와 공격적인 욕구를 해결한다(『정신분석 용어사전』, 117~119).

81) 『공포의 권력』, 40.

인간 내면의 깊이를 드러낸다. 주로 문학은 금지와 법이 만드는 경계를 부각시키면서도 그 경계를 넘나드는 실험을 감행한다. 그래서 엄격한 초자아에 사로잡힌 주체의 눈에 글쓰기는 어중간한 도착자의 모습으로 비쳐질 수 있다. 그러나 문학은 그러한 초자아를 아브젝시옹을 통해 부드럽게 만드는 능력이 있다. 결국 글을 쓴다는 것은 아브젝트를 상상하는 능력을 갖는 것이라고 크리스테바는 말한다. 그리고 그러한 언어 유희를 통해 자신의 위치를 스스로 관조하는 것이다. 이것은 마침내 아브젝트와 나 사이의 거리를 둘 수 있는 능력을 갖는다는 것을 의미한다.[82] 결과적으로 금지와 법이 만들어주는 안전망 속에서 초자아의 경직된 삶을 거부하는 한편, 반대로 경계를 넘어 정신병으로 가지 않기 위해서는 이러한 거리 두기의 능력이 필요하다. 문학은 이러한 몰락의 끝을 상상력을 통해서 미리 보여줌으로써 그 능력을 강화해준다. 즉, 문학은 아브젝시옹을 잘 이용하여 내 속의 아브젝트를 보게 만들고, 결과적으로 내 속의 다른 나인 엄격한 초자아가 무너지면서 공격할 대상도 사라지게 만든다. 영혼의 정화katharsis를 말한 아리스토텔레스의 의도가 이와 유사할 것이다. 문학은 우리로 하여금 죽음을 미리 살아보게 함으로써 죽음의 아브젝시옹으로부터 거리를 두게 만든다. 죽음이 주는 무거운 진실 앞에 서면 아브젝시옹의 열의는 하찮은 것이 되고 만다. 종국에 문학은 정화와 죽음을 통해 우리를 성스러움의 영역으로 안내한다.

신화의 세계에서 보통 악이란 성스러운 것과의 위기 체험으로

---

82) 앞의 책, 41.

풀이된다. 말하자면 사람은 성스러운 무엇의 관계가 단절될 때 위협을 느끼게 되고 이것을 악으로 받아들이게 되는데, 이러한 사실은 사람이 성스러운 무엇의 힘에 그만큼 의존하고 있다는 말이기도 하다.[83] 모든 종교에는 성스러운 것과 함께 아브젝시옹이 있다. 아브젝트의 비천함은 종교의 성스러움을 더욱 빛나게 한다. 그리스도의 십자가 형틀의 참혹함은 인류를 향한 신의 사랑을 극적으로 보여준다. 이처럼 아브젝시옹을 구성하는 것이 성스러운 것을 규정하는 현상은 여러 종교에서 발견된다. 인류학자들의 관찰에 따르면, 아브젝시옹은 모계적인 특성이 강한 사회에서 이교도적인 의식과 연관된 오염이나 더러움과 관련되기도 하고, 음식물이나 성적인 것과 관련된 물질의 배제라는 양상을 띠기도 한다. 이때 그러한 배제 행위 자체가 신성한 것으로 받아들여진다. 즉, 아브젝시옹과 성스러움이 함께 있는 것이다.

유대교에서 부정한 것 곧, 아브젝트가 되는 것은 음식물이나 기타 어떤 것에 대한 배제나 터부의 형태로 존재한다. 하지만 그리스도교에서 그러한 것들은 스스로 이질성의 상징이 된 그리스도의 말씀 속에서 통합된다. 말하자면 그리스도의 말씀은 전통적으로 유대교에서 정결한 것과 부정한 것 즉, 비천시되는 것과의 경계를 무력화시키고 통합하는 결과를 낳았다. 이러한 결과에서 크리스테바가 보기에 아브젝시옹은 원죄 사상과 맞물려 나름의 변증법적 의미를 구성한다.[84] 간단히 말해서, 죄로 인해 하나님과 분리되지 않은

---

83) 폴 리쾨르, 『악의 상징』, 양명수 옮김, 문학과지성사, 2014, 19.

84) 『공포의 권력』, 42.

창조의 상태에서 낙원에서 추방된 상태로 전락하는 태초의 아브젝시옹은 원죄론의 기원이 되었고, 이 뿌리 깊은 추방자(아브젝트)의 낙인은 그리스도의 말씀을 통해 회복되어 새로운 의미로 신과의 합일을 바라볼 수 있게 되었다.

타락과 구원, 죽음과 삶의 경계에 있는 아브젝시옹의 카타르시스 효과는 예술과 종교의 영역을 아우른다. 아브젝시옹이 가진 정화 작용의 다양한 카타르시스는 종교의 역사를 이루고, 탁월한 예술로서의 카타르시스로 연결된다. 곧, 카타르시스적 관점에서 예술적 경험은 분명 아브젝트를 말하고, 그것을 통해 정화되며, 종교의 중요한 부분도 아브젝트 속에 근거를 두고 있음을 알 수 있다.[85] 하지만 종교의 힘이 약화되기 시작한 근대 이후, 아브젝시옹은 주로 문화의 영역에서 특히, 예술 분야에서 이루어져 왔다. 문학 작품들은 주체의 한계를 드러내고 그 기원에 있는 원초적 억압을 노출시킨다. 문학을 통해 아브젝시옹은 사회의 동일성의 가장자리에서 성스러움의 기능을 대신한다. 그것은 문학을 통한 승화 즉, 카타르시스이다.

현대인은 동일성의 기준에 벗어나는 것으로서 아브젝시옹을 억압하고 교묘히 피하며 위장하는 것에 익숙해 있지만, 정신분석학은 그러한 겉모습 이면에 숨어있는 아브젝트를 들추어내는 데 공을 들인다. 실상 우리가 배척하고 가까이 하기를 혐오시하는 것들은 우리 자신과 우리 사회의 다른 얼굴일 수 있다는 사실을 아브젝트는 함축한다. 내심을 가린 겉치레 인사, 비아냥거리는 욕설과 뒷

---

85) 앞의 책, 43.

담화, 뇌물 받는 공무원 등은 우리 주변에서 심심찮게 볼 수 있는 아브젝시옹의 사례들이다. 관습과 제도는 이질성의 벌어진 틈 같은 것을 감추고 봉합하는 데 익숙하지만, 정신분석은 이 틈을 우리 앞에 상시 열어놓는다. 이 벌려진 상처 같은 틈은 현대 사회가 만든 경계들에 익숙한 우리 정신이 감내해야 하는 이질감이다. 아브젝시옹이 현대 사회의 기호 체계에서 이질적인 어떤 것이기 때문에, 입에 담기조차 거북스러운 것들을 말로 표현하려고 할 때 우리는 언어 선택의 어려움 같은 것을 경험할 수 있다. 아브젝시옹을 생각하면 큰소리로 내 말이 옳다고 주장하는 것이 별 의미가 없을 수 있다. 왜냐하면 말이 겨냥하는 것과 내면의 시선이 향하는 곳이 다르기 때문이다. 그럴 때는 차라리 말의 부재 속에서 침묵하는 것이 문제의 본질에서 덜 벗어나는 것이 될 것이다. 정신분석 과정은 그러한 말의 부재와 언어적 혼란을 통해 아브젝트에 가려진 우리 내면의 실상을 드러낸다.

카타르시스에 대한 생각은 플라톤과 아리스토텔레스의 경우 확연히 차이를 보인다. 플라톤에게 정화란 로고스(말씀) 속에서만 가능하다. 플라톤에게 정화한다는 것은, 불결의 원천인 물질과 욕망의 육체를 금욕적으로 분리해내는 것이든지(『파이돈』), 아니면 영적인 눈을 진실에 고정시키기(『필레보스』)이다. 이럴 때 얻은 조화롭고 순수한 기쁨은 엄밀하고 아름다운 기하학적인 형태와 닮은 꼴이고, '감각적 쾌락' 같이 평범한 것은 결코 아니다. 즉, 플라톤에게 카타르시스는 지혜로부터 파생되고 정신에 직관적인 것이다.

이와 달리 아리스토텔레스의 정화 작용은 언어를 통해 운율과 노래로 나타난다. 운율과 노래는 지성에는 이질적인 정열적이고 육체적이며 성적이고 어떤 면에서는 부정함l'impur을 드러낸다. 그러나 운율과 노래가 일깨우는 그것들은 현인의 지식이 부여하는 것과는 다른 방식으로 나름의 독특한 조화와 배열을 갖는다.[86) 따라서 운율과 노래는 시적 리듬으로 영혼과 육체 사이의 격정을 가라앉힌다. 아리스토텔레스의 영혼을 정화시키는 시적 카타르시스는 플라톤이 말한 앎을 통한 카타르시스에는 이질적인 것이다. 순수함la pureté의 반대인 부정함l'impureté을 논리적 궁지(아포리아)로 본 플라톤과 달리, 아리스토텔레스의 시적 정화 행위는 부정한 과정 자체를 드러낸다. 즉, 정화의 과정은 아브젝트 속에 몰두하면서 오히려 아브젝트를 옹호하는 과정이다. 이때 아브젝트는 소리나 운율과 함께 묘사되고 되풀이된다. 이러한 리듬과 노래 속의 반복은 더 이상 의미는 아니지만, 배열하고 지연시키고 구별하는 질서를 부여하는 동시에 흥분·울분·열광 등의 파토스pathos와 조화를 이룬다.[87) 우리가 알다시피 고대 그리스 비극들은 공포와 혐오를 자아내는 아브젝시옹을 여과 없이 보여주면서 카타르시스를 불러일으킨다. 이와 같은 영혼의 정화 작용은 아브젝시옹과의 거리를 유지할 수 있게끔 한다. 문학적 글쓰기를 통한 승화 작용은 아리스토텔레스가 말하는 카타르시스 효과와 유사하다고 볼 수 있다.

서양철학의 시작을 파토스(pathos, 신화)에서 로고스(logos, 이성)로 향하는 기원전 6세기경으로 간주하는 관점에서 볼 때, 시적

---

86) *Pouvoirs de l'horreur*, 36, 『공포의 권력』, 57~58.

87) 앞의 책, 36, 『공포의 권력』, 59.

정화 작용은 철학과 양립할 수 없는 열등한 위치에 할당되었다. 서양철학이 육체를 영혼의 감옥으로 본 피타고라스학파의 관점을 견지하면서, 이후 의무를 강조하는 칸트 도덕의 정결함과 맞물리면서 부정함은 더욱 우리 정신의 영역에서 멀어졌다.

한편, 헤겔은 칸트보다는 아리스토텔레스에 더 가까워 보인다. 헤겔에 의하면, 더러움은 칸트와 마찬가지로 제거되어야 하지만 칸트와 달리 역사적 행위 속에서 하나의 부정성(anti-these)으로서 자리매김한다. 즉, 헤겔에게 부정은 역사적 행위 속에서 소진되는 것이다. 왜냐하면 헤겔에게 부정이란 성적인 것을 의미하는 것인데, 이것은 혼인을 통해 역사적으로 종언을 고하기 때문이다. 크리스테바에 따르면, 플라톤과 칸트를 거쳐 헤겔로 이어지는 선험적 관념론은 그 자체 규범을 통해 욕망과 동물적 아브젝트를 분리시킨다. 그러나 언급되었듯이 칸트와 헤겔의 관점은 차이를 드러낸다. 요컨대, 도덕적 인간을 동물(자연)적 인간과 구별해 본체계(예지계)에 집어넣은 칸트와 달리, 헤겔은 부정이 의식 밖에 있다고 보지는 않았다. 헤겔은 그 부정 자체가 역사적·사회적인 행위 속에서 제거될 수 있고 또 그래야만 한다고 보았다. 그렇지만 칸트나 헤겔 모두 더러움은 제거되어야 할 무엇으로 규정했다.[88] 결혼이라는 제도 속으로 흡수된 더러움 즉, 성적인 것은 담론의 경계인 침묵 속으로 들어간다. 크리스테바는 이 과정을 슬픔이라는 감정적 언어로 표현한다. 그래서 부정l'impureté을 대하는 철학적 입장을 슬픔이라는 말로 표현하고 있다.

---

88) 앞의 책, 37. 『공포의 권력』, 60.

철학이 선험적 관념론이라는 기반 위에서 윤리와 도덕을 강조하면 할수록 정신분석가에게 철학자의 슬픔은 더 또렷해진다. 프로이트는 정신/육체 이분법 위에서 육체를 철저히 정신의 지배하에 두는 철학을 탈중심화시켰다. 프로이트는 오이디푸스기를 거쳐 주체가 되어가는 과정에는 동일시라는 모방이 존재한다고 한다. 이 모방은 아리스토텔레스가 『시학』에서 비극의 주인공을 모방함으로써 영혼이 카타르시스를 느끼는 과정과 같다. 그러나 이것은 선험적 관념론이 말하는 정신이 선험적 앎을 직관적으로 알아내는 것과는 다른 과정이다. 비극을 보면서 공포로 인한 경악이나 열광, 혹은 광란을 모방하는 과정은 말이 아닌 운율이나 노래에 가까운 소리를 냄으로써 언어적인 의사소통을 중단시킨다. 이와 비슷하게 정신분석가가 해석하는 말은 적어도 합의된 진실이나 앎으로 이루어진 의사소통 체계와는 단절된, 한편으로 탈중심화된 '시적인' 언어이다. 이러한 언어는 아브젝시옹에 다가갈 수 있는, 아브젝시옹에 대한 '앎'을 말할 수 있는 언어이다. 한마디로, 아브젝시옹을 말하는 언어는 운율과 리듬에 가까운 소리를 형상화할 수 있는 시적 언어에 가깝다.

크리스테바에 따르면, 정신분석 담론은 신경증, 정신증 그리고 경계례[89] 환자에 대해 행해지는 모방적인 담론이다. 환자가 분석가

---

89) 경계선 인격장애(Borderline personality disorder)라고 하는 경계례 환자의 경계선 상태(Borderline state)는 비정신증적 상태에서 정신증적 상태로 가는 붕괴 가정, 또는 심리 조직이 신경증 수준에서 정신증 수준으로 퇴행이 일어나는 중간적 상태이다. 말하자면, 신경증 증상을 보이지도 않고 뚜렷이 정신분열증 증상을 나타내지도 않는 중간 범위의 환자를 기술할 때 이 용어를 사용한다(『정신분석 용어사전』, 35 참조).

를 모방하고(전이), 분석가가 환자를 모방한다(역전이). 이 과정에서 동일화가 일어나고 정신분석가는 환자들의 자리에 대신 서서 그 고통을 넘겨받는다. 그는 고통에 찬 사막과 같이 황량한 상태에 대신 자리하여 그들의 아픈 상처를 다시금 봉합한다. 전이와 역전이의 동일화 과정은 이렇게 말이 단절된 자리에서 그 말 속에 스며있는 기분을 되살려낸다. 곧, 말은 그 속에 숨어있는 정동으로 퇴행한다. 그리고 교환되는 말에 리듬과 운율을 부여해서 자신의 욕망과 성적인 의미를 길어 올린다. 또한 자신이 아브젝트라고 등을 돌렸던 말을 다시 끌어내어 슬픔 속에 묻혀 있던 말들과 연결시킨다.[90]

정신분석 과정에서 전이와 역전이는 분석가와 환자의 대화 가운데 나타나는데, 그 가운데 희열jouissance이 있다고 크리스테바는 말한다. 그 희열은 아마도 갇혔던 의미가 되살아나면서 육체와 정신이 묶인 데서 놓이는 경험일 것이다. 크리스테바에 따르면, 분석 중에 오가는 말들은 논리적인 말과의 연결이 끊어짐을 몸으로 느낀 이미지화된 말이다. 그 말은 환자들의 처지를 가로지르는 시적인 모방 속에서 생성된다. 이러한 조건에서 분석적인 언어는 '정화' 효과를 지닌다고 크리스테바는 말한다. 그러나 단지 부정성을 인정하는데 머물지 않고, 오히려 아브젝트와 더불어 내버려진 말들을 되찾는 재생의 언어가 되어야 한다고 강조한다.[91]

---

90) *Pouvoirs de l'horreur*, 38. 『공포의 권력』, 61.

91) 앞의 책, 39. 『공포의 권력』, 62.

2장 무엇에 대한 불안과 공포인가

1. 불안의 대상

  프로이트에 따르면, 아이와 어머니 그리고 아버지가 만드는 관계의 역학으로부터 주체가 탄생한다. 이 오이디푸스 삼각 구조에서 아버지는 법과 질서를 대표하고, 어머니는 최초의 대상으로 모든 (욕망의) 대상들의 원형이다. 어머니는 아이의 생존을 위해 모든 필요한 것을 제공하는 존재이면서 아이가 최초로 모방하는 대상이기도 하다. 아버지와 동일시하기 전에, 어머니는 나의 존재를 보증하는 최초의 대상이자 또 다른 주체이다. 또한 내가 최초로 욕망하고 의미를 부여하는 대상이다.[1]

---

1) *Pouvoirs de l'horreur*, 43. 『공포의 권력』, 65.

그러나 크리스테바에 따르면, 이러한 설명은 곧 모순과 논리의 빈약함을 드러낸다. 왜냐하면 프로이트의 설명보다 최초 대상과의 분리 과정은 훨씬 더 복잡미묘하기 때문이다. 크리스테바를 포함한 일군의 정신분석가들은 주체가 타자로서 어머니를 발견하기 전에, 전(前)대상 혹은 반(半)대상으로서 모종의 대상을 상정한다.[2] 이러한 것들은 생후 초기에 젖가슴의 박탈이라든가, 상상계에서 어머니와의 관계에서 주어지는 욕구 불만 등으로부터 추론이 가능하다. 특히 유아 신경증에 대한 아동 정신분석을 통해서 멜라니 클라인은 이를 더욱 분명하게 보여줬다.

프로이트의 '꼬마 한스' 분석은 공포증을 가진 소아 성욕과, 오이디푸스 콤플렉스의 병인적 역할을 해명한 최초의 아동 분석 실례이면서 프로이트의 대상 관계 이론을 보여준다. 어린 한스의 공포증은 어머니와의 성애적 결합으로부터 아버지로 향한 증오가 거세 불안이 되어 말(馬)에 대한 공포로 형상화된 것이다.[3] 여기서 공포와 대상은 단번에 연합한 양상을 보인다. 말하자면, 말에 대한 공포증은 어머니에 대한 욕망의 억압 장치이자, 공포스러운 초자아가 대상과의 분리를 요구하는 것에서 기인한다.

그러나 크리스테바는 공포를 통해 대상 관계라는 문제에 접근하려는 프로이트의 입장에 반기를 든다. 크리스테바에 따르면, 모

---

2) 위니코트는 이것을 '과도적 대상(objets transitionnels)'이라 명명한다(*Pouvoirs de l'horreur*, 43. 『공포의 권력』, 65). '과도적 대상'이란 젖먹이에게 특히 중요한 대상으로, 구강 대상과 '진정한 대상 관계' 사이에 위치하는 대상을 말한다. 특히 수면 중에 효력이 나타나는 것으로, 구체적으로는 손가락이나 이불 귀퉁이 등이 있다(『공포의 권력』, 328, 각주 1) 참조).
3) 『공포의 권력』, 328, 각주 3) 참조.

체와 결합된 삶으로부터 모체와의 갑작스런 단절을 말하는 것은 사실상 허구이다. 그것은 이론적으로 만들어낸 가공물일 뿐이다. 즉, 생물학적 충동이 균형을 이루고 있던 자궁 속과 같은 상태에서 갑작스럽게 일어나는 모체와의 단절은 단지 이론적으로 합리화시킨 결과일 뿐이다. 그러한 합리화된 이론에 따른다면, 공포란 한마디로 균형을 이루던 생물학적 충동의 단절이라고 단정할 수 있다. 다시 말하면 아이가 대상과의 만족스런 관계에서 갑작스런 단절로 인해 공포를 느끼게 된다는 것이다. 이 경우에 대상 관계의 형성이란, 젖을 먹고 나서 엄마가 옆에 없을 때처럼 일시적인 균형 상태와 공포가 번갈아 가며 반복되는 상태일 것이다. 그렇게 본다면 공포와 대상은 하나가 다른 하나를 완전히 차지하거나 억압할 때까지 계속될 것이다. 이러한 의미에서, 대상 관계를 구성하는 단계는 항상 "불안을 내부에 은폐하고 장식하는 도구"라고 라캉은 꼬집는다.[4] 크리스테바는 대상 관계 형성에 대한 프로이트의 설명을 멜라니 클라인의 이론을 통해 재구성한다.

한마디로, 한스가 두려워하는 것은 아버지로 상징되는 말(馬)이 아니다. 크리스테바에 의하면, 한스는 명명할 수 없는 것에 겁먹는다. 말로 할 수 있는 공포 즉, 공포를 일으키는 대상의 의미를 말할 수 있는 공포는 이러한 명명할 수 없는 공포 이후에 논리적으로 만들어진 것이다. 말하자면 명명할 수 있는 공포는 명명할 수 없고 재현 불가능한 이전 공포의 감정을 포함하고 있다. 따라서 말로 할 수 있는 공포는 원시적 공포를 불러일으키는 다른 것을 대신하는

---

4) *Pouvoirs de l'horreur*, 43. 『공포의 권력』, 66.

거짓 대상에 대한 공포일 수 있다. 어린 한스의 경우에, 한스는 말 (馬)을 무서워하면서 말하는 도중에 거세에 대한 공포를 숨긴다. 말 하자면, 한스의 말(馬) 공포증은 명명할 수 없는 것에서부터 명명 가능한 것들까지의 모든 공포들을 압축해놓은 하나의 상형 문자라 고 크리스테바는 말한다. 즉, 말(馬)은 한스에게 원초적 공포에서 부터 언어의 습득 이후 육체·길거리·동물·사람들 등에 대한 공 포에 이르기까지 모든 공포들을 압축한 것이다. 그러므로 한스에게 '말이 무섭다'라는 언표는 대체하고 감추는 은유와 환각의 논리를 갖는 상형 문자이다. 어린 한스는 공포증의 대상을 지칭하는 하나 의 기표로 '말'을 지적한 것이다. 따라서 한스에게 공포를 불러일으 키는 '말'(馬)은 대상이 없는 충동 체계로서, 이름 붙일 수 없는 박 탈이나 욕구 불만, 공포의 집적물이다.[5]

2. 공포증 : 결핍이 결핍된 은유

어린 한스처럼 공포증 환자는 기호 체계에서 기호로써 공포의 은유를 생산해내지 못하고, 두려움의 정동을 반복되는 이미지와 연 결해서 자신의 감추어진 충동을 드러낸다. 실상 드러난 공포의 대 상과 달리 원시적 공포의 기원은 말로 이름 붙이기 어려운 어떤 결 핍에 뿌리내리고 있다. 그러므로 공포증 환자를 분석하기 위해서 는 시간성과 논리성에 따라 기표와 무의식의 기반이 되는 결핍 곧, 환자 속에 감추인 무$_{vide}$가 드러나도록 하는 것이 중요하다고 크리

---

5) 앞의 책, 46.『공포의 권력』, 68.

스테바는 말한다. 결국 공포증은 환자 속에 있으면서 무의식적으로 드러나는 이 결핍 즉, 무(無)의 증상이다. 한스를 분석한 프로이트의 치료는 이 명명할 수 없는 공포를 오이디푸스 삼각형과 연결해 어떤 구실을 제공함으로써 공포의 실체를 수면 위로 떠오르게 하는 것이었다. 그러나 이 과정에서 자칫 어긋나게 언표화된 공포는 그 공포증의 본질을 놓치고 증상을 억압할 위험이 있다. 다시 말하면 치료가 환상의 층위에서 빠져나와 언표의 단계에서, 공포증에서 일탈된 '대상' 즉, 공포증의 대상이 아닌 공포증의 원인인 충동을 대표하는 대상이 만들어져서 역공포증이 될 위험성이 있다. 한스의 사례에서 보듯이, 한스의 말(馬) 공포증을 오이디푸스 삼각관계와 거세 공포로 간단히 언표화하게 되면, 말로 할 수 없는 박탈, 욕구 불만, 충동이 그 성긴 언표들 사이로 빠져나가 공포증을 다른 방식으로 수용하게 만드는 결과가 될 수 있다. 이러한 전이를 통한 공포증에 대한 합리화는 다시금 공포증이 의식에 드러나는 것을 막는 역투자contre-investissement[6]로서 잔존한다. 그러므로 공포증을 지배하는 압축 기제에 좀 더 접근해 들어가야 할 필요가 있는데 그 방법으로는, 의미 작용의 연쇄 속에서 이동이나 압축에 대해 관심을 가지고, 동시에 내부로의 투사 작업introjection[7]을 재검토하는 것이 필요하다.

---

6) 역투자(contre-investissement)는 프로이트 후기의 경제적인 설명에서 사용한 단어인데, 억압되어있는 무의식적 욕망이나 표상이 의식이나 전의식 체계에 출현하는 것을 막는 자아의 태도·표상 등을 말한다(『공포의 권력』 330. 각주 11) 참조).

7) 내부로의 투사작업 즉, 내사(introjection)는 내재화의 한 방식으로, 내재화는 외부 세계의 측면들과 그것들과의 상호작용이 유기체 내부로 들어와 내적 구조가 되는 과정을 말한다. 내사는 주체가 환상적으로 대상과 그것의 특질을 바깥으로부터 안으로 옮기는 과정이다(『정신분석 용어사전』, 93~95).

프로이트의 분석 장치는 이 공포증의 압축 작용에 균형을 맞추어 그것을 펼쳐 보이기에는 역부족이었던 것 같다.[8]

공포증 환자는 기호를 사용해서 공포를 설명하지 못하는 대신, 공포라는 자신의 충동을 가지고 은유를 만들어낸다. 그 은유는 이미지가 투영된 정동을 통해서 만들어진다. 어린 한스를 두렵게 하는 말(馬)은 하나의 은유이다. 공포증 환자가 겪고 있는 이름 붙일 수 있거나 이름 붙일 수 없는 공포의 상태를 기억이나 언어로 되살려내는 것을 분석가가 치료 중에 시도하겠으나, 문제는 이름 붙일 수 없는 공포의 상태에 있다. 이 이름 붙일 수 없는 공포를 크리스테바는 유희하는 무vide라고 표현하는데, 분석가에게는 이것을 포착하는 것이 중요한 일이다. 왜냐하면 이 무는 시간성과 논리성을 따르는 기표와 1차 과정[9]인 무의식의 기반이 되는 것이고, 공포와 가장 비슷한 것이기 때문이다.[10]

결국, 말로 할 수 없는 것에 대해서 말하고자 하는 시도를 통해서 공포증을 다루게 되면, 공포증이 사라지기보다는 말의 늪에 빠지는 결과가 초래된다. 분석 과정에서 말하기와 문학적인 글쓰기는 말을 통해서 공포증 저변에 있는 무(無)를 드러내는 방편이다. 이

---

8) *Pouvoirs de l'horreur*, 47~48. 『공포의 권력』, 70~71.

9) 프로이트의 견해에 따르면, 1차 과정은 가장 원시적인 정신 작용으로, 쾌락원칙(환각적 소망 충족)에 따라 욕구를 충족시켜주는 대상의 기억 흔적에 리비도 에너지를 집중시킴으로써 즉각적이고 완전한 방출을 추구한다. 발달적 측면에서 본다면, 1차 과정은 차츰 2차 과정에 의해 억압된다. 2차 과정은 에너지 집중의 고정성과 언어적이며 외연적인(denotative) 상징에 의해 특징지어진다. 2차 과정은 현실원칙의 지배를 받으며, 지연되고 조절된 욕동 만족에서 볼 수 있는 논리적 사고를 따른다(참조, 『정신분석 용어사전』, 367~368).

10) *Pouvoirs de l'horreur*, 48. 『공포의 권력』, 71.

무는 사람들이 의사소통을 위해 교환하는 언어의 저편에 자리 잡고 있으면서, 기호와 주체와 대상을 각자의 자리에 위치시키는 결핍이다. 이러한 결핍과 공포를 나타내는 언어는 주체의 경계를 형성한다. 이 '아직은 자리 잡지 않은' 장소 없음non-lieu에 대해 말하는 언어는 언어학이나 수사학의 언어가 아니다. 공포를 나타내는 언어는 마치 우리가 악몽에서 깨어날 때 지르는 소리와 같다. 작가는 영원히 이런 언어에 직면해 있다고 크리스테바는 말한다. 그에 따르면, 작가는 겁에 질려 죽지 않기 위해, 그리고 기호들 속에서 부활하기 위해 은유화 작업을 하는 공포증 환자이다.[11] 정리하면, 공포증은 근원적인 결핍을 언어로 대체하기 어려운 정동의 기원을 갖고 있기 때문에, 어떤 것에 대한 공포를 이야기한다는 것은 그 결핍을 대체하는 은유를 말하는 것이다. 그러므로 공포증은 결핍이 결핍된 메타포métaphore manquee du manque라고 크리스테바는 말한다.[12] 다시 말하면, 공포증의 근저에 있는 결핍을 다른 언어로 메우기 때문에 공포증은 결핍이 은유로 채워진 것이다. 즉, 무엇에 대한 공포증은 이미 결핍(무)을 무엇(은유)으로 대체해서 말하는 것이다.

3. 결핍과 공격성

의심할 여지 없이, 프로이트는 의식 세계의 상징성 배후에 주어진 무의식적 소여donnée가 있다는 것을 발견한 최초의 사람이다.

---

11) 앞의 책, 49. 『공포의 권력』, 72~73.

12) 앞의 책, 46. 『공포의 권력』, 69.

또한 프로이트는 오이디푸스 콤플렉스를 발견하면서 이미 욕망과 죽음을 그 속에 항상 품고 있는 어린 시절의 도착적인 성욕을 발견하였다. 그에 따르면, 어머니의 부재 사실을 참고 견뎌야 하는 어린이의 박탈감에서부터 상징체계를 형성하는 부성적인 금지에 이르기까지, 언어=상징 관계는 결정된 균형 넘어 충동적인 공격성을 동반하고 형성한다. 어머니의 결핍과 그에 대한 응수로 나타나는 공격성은 연대기적으로는 분리되어 있지만, 논리적으로는 공존한다. 말하자면, 공격성은 이른바 '1차적 나르시시즘'의 환영으로부터 느끼는 원초적 박탈감에 대한 복수로 뒤이어 나타난 것이다. 이처럼 결핍과 공격성은 서로 균형을 맞추고 있다. 따라서 결핍manque만을 이야기한다는 것은 강박적 공격성agressivité을 배제하는 것이 되고, 결핍을 배제한 채 공격성만을 이야기한다는 것은 증상의 일면만을 다루는 것이 된다.[13]

결핍과 공격성이 서로 연결되어 있어서 따로 분리해서 이야기할 수 없다는 점에서, 공포증은 능동태에서 수동태로 전환되어 나타난다고 크리스테바는 지적한다. 다시 말하면, "말(馬)이 무섭다. 물릴까 봐 겁난다"고 한스는 말한다. 말에 대한 한스의 공포와 공격성은 아직 밝혀지지 않은 어떤 요인으로부터 나를 보호하는 역할을 한다. 그런데 그 요인이 외부로부터 내부로 투사되어 나에게로 다시 돌아온다. 즉, 초기 자아가 스스로 분화한 잔인한 초자아에 대해 오히려 위협을 느끼는 것과 같은 방식으로, 체내화 환상fantasme d'incorporation을 통해 공포로부터 벗어나려 하는 자체가 나를 위협한

---

13) 앞의 책, 50. 『공포의 권력』, 74.

다.[14] 다시 말하면, 초기 단계에서 자기에 대한 감각은 종종 타인에 대한 감각과 혼동된다. 이때 대상에 대한 구강적 섭취, 삼키기, 파괴 등의 환상이 일어나고,[15] 동시에 유아는 어머니의 젖가슴을 체내화하면서 소유한다. 그러나 유아가 느끼는 분리와 결핍에 대한 불안감은 공포를 불러일으키고 그에 반작용으로 공격성을 만들어낸다. 즉, 두려움을 불러일으키는 것은 자기 속으로 내재화한 것인데, 그 대상이 결핍될 때 역으로 공격의 대상이 된 것이다. 후기 구강기에 유아가 어머니의 젖꼭지를 깨무는 것은 공포의 대상을 집어삼키려는 충동적 공격성이 발현된 것이다. 그러므로 근원적으로 결핍에 대한 공포는 대상에 대한 공격성의 이면이다. 어린 한스의 경우, 공포증이 '말'(馬)이라는 은유로 나타나기 전에, 무의식적 공격성향이 능동태에서 수동적인 공포증의 형태로 대체되어 나타난 것이다. '말'이나 '개'가 외부에서 나를 위협하는 은유가 될 수 있는 것은 이와 같은 수동태로의 전환 이후이다. '말'이나 '개' 또한 다른 어떤 것들로 대체될 수 있다. 이 모든 것들을 포함하는 세계는 내가 공포로부터 도망치려는 곳이기도 하다. 그러나 동시에 나는 가만있지 않고 깨물고 집어삼키고 있는 힘을 다해 공격한다. 프로이트의 공포증 치료는 결핍에 모종의 구실을 제공하고 공격성을 대신한 공포증의 은유를 만들어 이 순환 고리에서 빠져나오도록 하는 것이다. 그러나 크리스테바가 볼 때, 이러한 접근 방식은 공포증의 겉면만 다루는 것이 될 뿐이다.

---

14) 체내화는 자기와 대상이 구분되지 않은 하나의 전체로 간주되는, 비교적 덜 분화된 수준에서의 내재화의 한 방식이다.

15) 『정신분석 용어사전』, 95.

내게 두려움을 불러일으키는 무엇인가는 비어있는 기호로서, 대상 관계나 전(前)대상 관계에 대한 모든 의미를 품고 나타난다. 즉, 공포증의 대상은 환각Hallucination에 다름 아닌 어떤 대상으로서 그것의 기원은 나의 공격성이다. 그러므로 그 대상은 충동의 내부 투사를 시도하는 논리적이고 언어학적인 조작들을 이미 품고 있는, 복잡하게 얽힌 결과물이다. 말하자면, 결핍에 대한 박탈감에 상응해서 일어나는 파괴적 공격성이 외부의 어떤 대상으로 투사되어 다시 내부로 들어오는 형국이다. 이러한 내부 투사Introjection는 대상을 향한 충동의 실패를 재현하고 두려움을 불러일으킨다.[16]

결과적으로, 구순성l'oralité과 함께 나타나는 공포증은 최초 대상과의 분리 체험 이후에 나타나서 이미 상실한 대상(타인이 되어 버린 어머니)을 재발견함으로써 생겨난다고 할 수 있다. 상징체계 내에서 모든 언어 행위는 구순 단계에서 체내화의 대상(어머니)을 내부로 투사하려는 시도이다. 즉, 그 결핍을 말로써 채우려는 시도이다. 이런 맥락에서 언어 행위는 매혹적이면서도 공포를 일으키는 대상과 연결된다. 그 대상이 아브젝트 되면서, 언어 행위도 '아브젝트' 된다. 이를테면 언어 습득은 외부로부터 우리를 위협하는 구강기 '대상'을 체내화하려는 헛된 시도라고 할 수 있다.[17] 왜냐하면 그 원초적 대상을 언어로 포착하는 것 자체가 불가능하거나 의미 없는 행위이기 때문이다. 그렇다면 공포증의 기원인 이 '무'에 대한 접근은 다른 방편을 찾아봐야 할 것이다.

---

16) *Pouvoirs de l'horreur*, 51. 『공포의 권력』, 75.

17) 앞의 책, 51. 『공포의 권력』, 76.

4. 무에 대한 환각과 나르시시즘

우리는 분석가를 따라 공포증을 일으키는 근원적인 '무(無)'란 무엇인가를 묻지 않을 수가 없다. 살펴보았듯이 드러난 공포증의 대상은 이 근원적인 '무'의 대체물(은유)이다. 말하자면 무를 가리고 있는 환각Hallucination[18]이다. 여러 가지 것들이 될 수 있는 이 대체물들은 실상은 이 '무'의 반복적 표현anaphore이다. 프로이트가 꿈의 분석을 통해서 무의식이 작동하는 방식을 이동과 압축으로 본 것과 같은 방식으로 은유도 이동과 압축을 통해 만들어진다. 즉, 인식 불가능한 충동의 영역을 이동과 압축을 통해 언어의 세계로 끌어내는 것이 은유이다. 이러한 방식으로 정신분석에서 이 '무'에 대해 말하는 것은, 공포증에서 벗어나기 위해 불가능한 줄 알면서도 이 '무'를 욕망의 환상fantasme[19]으로 전환시키고자 하는 의도를 드러낸다. 즉, 나의 공포의 흔적 위에 존재하는 욕망을 발견하고 욕망에 얽힌 말들을 풀어냄으로써 나의 환각과 약함의 원인을 밝혀내

---

18) 환각(Hallucination)은 실제적으로 존재하지 않는 외부 대상에 대해 감각적인 자극을 느끼는 지각의 형태를 말한다(『정신분석 용어사전』, 584.).

19) 환상(fantasy)은 의식적이건 무의식적이건 마치 이야기처럼 전개되는 정신 작용을 일컫는 용어이다. 클라인은 f 대신에 ph를 사용하여 phantasy(불어 phantasme)로 표현했다. 클라인 학파의 이론에서, 환상은 본능의 정신적 표현이라고 정의되며, 따라서 생애 초기부터 대상 관계를 추구하며, 이러한 추구는 환상을 통해 표현된다. 환상은 무의식적 정신생활의 주요 요소로 생각되며, 일차적 과정 즉, 환각적 소원 성취를 직접적으로 반영한다. 환상은 프로이트가 생각한 것보다 훨씬 이전부터 자아와 초자아가 기능하고 있고, 이미 생애 첫날부터 오이디푸스 갈등을 포함한 발달적 갈등이 존재하고 있으며, 그 갈등에 대한 방어, 충동, 정서 등이 작용하고 있음을 보여준다. 이 방어들 중에는 부인, 퇴행, 전능, 통제, 보상이 포함된다. 환상은 형식적 언어가 발달하기 훨씬 이전부터 형성되기 시작하여 성인기 내내 개인의 내적 세계를 지배한다(『정신분석 용어사전』, 533~534).

려고 하는 것이다.

공포증에 사로잡힌 아이가 자신의 환상을 이야기하는 것처럼 성인의 글쓰기도 욕망의 흔적 위에서 일어나는 작업이라고 크리스테바는 말한다. 한스의 경우, 말(馬)은 나름의 논리를 가지고 구체화되면서 나름대로 한스 자신의 공포를 잘 연출하였다. 이와 유사한 방식으로 성인의 경우, 자신의 무 앞의 번민(공포)을 발견하고 연출하기 위해 상징화 작용의 체계를 쉴 새 없이 오가며 자신의 말(言)을 찾는다. 이런 관점에서 공포증 환자의 판타지와 시적 글쓰기는 같은 기원을 가진다고 할 수 있다. 그렇다면 차이는 무엇일까?

먼저, 공포증은 말 그대로 대상 관계의 불안정함을 연출한다met en scène. 그런데 공포증이 드러내는 '대상'의 불확실성은 나르시시즘과 연관되어 있다. 전(前)언어적이고 원시적인 나르시시즘에 직면해서 주체는 분석 불가능의 어려움에 직면한다. 프로이트는 나르시시즘과 관련하여 두 가지 충동 유형 곧, 자기 보존을 위한 자아 충동과 타인을 향한 성적 충동을 전제한다. 억압하는 힘으로서 자아 충동이 성 충동에 대해 지배적인 작용을 한다고 보았다. 말하자면, 한스의 공포증을 분석하면서 프로이트는 바깥 대상을 향한 성적 충동을 넘어서는 어떤 힘의 승리la victoire des forces opposées a la sexualité를 말하였는데, 그것이 자아 충동 곧, 나르시시즘의 힘이다.[20] 크리스테바는 이 넘쳐나는 나르시시즘의 힘을 모종의 상상적이고 생물학적 구성물이라고 말한다. 곧, 이 힘은 대상과 분리되기 전 자기 자신을

---

[20] 프로이트 전집 8, 「다섯 살배기 꼬마 한스의 공포증 분석」, 『꼬마 한스와 도라』, 김재혁 · 권세훈 옮김, 열린책들, 2017, 173. *Pouvoirs de l'horreur*, 55. 『공포의 권력』, 79.

향한 충동이다. 이 힘은 오이디푸스 삼각 구도에서 관계의 실패로 인해 나타나는 나르시시즘이고, 부성적인 은유가 불안정할 때 우세해진다. 이 대상적 충동la pulsion objectale으로 넘쳐나는 나르시시즘의 힘은 오이디푸스 삼각형 속에 자리 잡으려는 주체와 대항하여 모든 동일성을 위협한다.[21]

5. 공포증 환자가 욕망하는 '대상' : 기호

그런데 크리스테바는 공포증이 상징 활동과 모종의 관계가 있음을 지적한다. 예를 들어 조숙하고 말수가 많았던 어린 한스처럼, 안나 프로이트의 세미나에서 인용된 어린 소녀[22]도 매우 수다스러웠다는 사실을 통해 이점을 확인시킨다. 그리고 그러한 상징 활동이 1차 나르시시즘의 힘과 연관성이 있음도 지적한다. 꼬마 한스의 말(馬) 공포증에서 은유적 환각은 부재하는 어떤 '대상'을 겨냥하므로, 그것을 대체하는 은유라는 상징적 작용으로 나타난다. 이때 부재하는 대상은 성적인 충동의 대상도 어머니도 아니고, 더욱이 어머니의 표상이나 어머니의 한 부분도 아니다. 또한 어떤 중립적인 지시 대상도 아니다. 여기서 놀랍게도 발견할 수 있는 사실은 부재하는 대상이 상징 활동 그 자체라는 점이다. 다시 말하면 그 대상

---

21) *Pouvoirs de l'horreur*, 55. 『공포의 권력』, 80.

22) 프로이트의 딸이면서, 멜라니 클라인과 함께 아동정신분석의 창시자인 안나 프로이트 (1895-1982), Anneliese Schnurmann, 「Observation of a phobia」(안나 프로이트가 세미나에서 발표한 부분, 1946), in Psychoanalytic Study of the Child, vol., III/IV, 253-270 참조. (『공포의 권력』, 331, 각주 18 재인용).

은 이미 무(無)이므로, 환각을 통해서 발견하고자 하는 것은 은유라는 상징 활동인 것이다. 즉, 꼬마 한스는 어른처럼 말을 쏟아내면서 무를 대체하는 상징 활동을 하는 것이다. 이 힘은 어떤 바깥 대상을 향하는 성적 충동이 아니라 대상과 분리되지 않은 자신을 향한 나르시시즘과 관련이 있다. 이 때문에 공포증 환자가 욕망하는 것은 무를 대체해 줄 기호들les signes이라고 크리스테바는 말한다.[23]

이처럼 충동이나 욕망이 상징성으로 투사되면서 주체가 자아 충동을 보존하고자 한다면, 거울 이미지를 보면서 대상과 분리된 주체로서 자기를 발견한다는 라캉의 주장은 빗나간 것이다. 다시 말하면 남근기에 접어들어서 결핍된 어머니라는 대상의 자리는 아버지 상징이 차지하게 된다는 설명은 겉으로 보기에만 그런 것이고, 실제로는 그렇지 않다. 최초 대상과의 분리에서 일어나는 공포와 은유적 환각이 분리로 인한 결핍을 채우는 상징 활동을 하면서 주체가 만들어지는 것이다. 그러나 이때 사용되는 언어와 상징은 역시 부성적인 것이다. 단지 상징계의 논리를 따르지 않고 본능 충동에 따라 그것을 사용한다. 말하자면 주체는 부성적인 기능이 결여된 반대편에서, 부성적인 은유와 관계하면서 기이하게 만들어지는 것이다. 이런 맥락에서 주체는 '타자'Autre의 상관요소이다. 이것은 '타자'의 질서가 주체를 만드는 것이 아니라는 뜻을 함축한다. 하지만 결국 부성적인 기능을 대표하는 것이 결핍된 어머니라는 좋은 대상의 자리를 차지한다. 즉, 언어가 어머니의 좋은 가슴을 대체하고, 어머니의 정성이 차지했던 자리는 담론이 차지하게 된다.

---

23) *Pouvoirs de l'horreur*, 56. 『공포의 권력』, 81.

정리하면, 주체의 생성 구조가 생애 초기 1차 나르시시즘의 단계에서 형성된다. 초기 자아는 환각적 은유를 통해서 대상과의 분리를 시도한다. 이때의 상징 활동은 공포와 매혹이라는 정서를 동반하는 아브젝시옹과 함께 일어난다. 그런데 아브젝시옹에서 나타나는 혐오는 자아를 포기하고 게워내는 히스테리 증상으로 전환되지 않고, 상징계의 언어를 파괴하고 다시 세우는 방향으로 전환한다. 그런 의미에서, 아브젝시옹의 증상은 언어를 파기하고 난 이후의 재구축이고, 아브젝시옹의 주체는 발군의 문화적 생산자가 되는 것이다.[24]

초기 자아의 대상에 대한 공포는 환각으로 투사되는 신경증으로 이어질 수도 있고, 다른 한편으로는 견고한 상징성의 힘으로 연결될 수도 있다. 그러므로 신경증과 상징성은 대상과의 관계에서 서로 상반되는 양끝에 위치해 있다고 할 수 있다. 어느 쪽이든 대상과 분리되면서 '말하는 존재'를 낳는다.[25] 크리스테바는 공포와 공격성 같은 충동과 환각으로 이루어진 공포증에서 상징성이 출현하기까지의 복잡한 과정을 추적하였다. 앞서 살펴보았듯이, 공포증을 일으키는 대상은 결핍 자체이고 그것을 메우기 위해 은유적 환각이 그 자리를 대신한다. 결국 대상 자체는 잡을 수 없고 대상의 그림자만 쫓아서 자아는 끊임없는 은유적 환각과 기호를 만들어낸다. 아브젝시옹의 혐오는 나르키소스적 환각에 머물러 신경증이 될 수도 있지만, 새로운 기호로 대체되는 상징성으로 나타날 수도 있다.

---

24) 앞의 책, 57. 『공포의 권력』, 82.

25) 앞의 책, 58. 『공포의 권력』, 84.

이때 아브젝시옹은 타자와 세상을 향한 최초의 통로 역할을 한다.

　지금까지 개인이 하나의 주체로 세워지기 위한 과정을 살펴보았다. 아브젝시옹은 여기서 피할 수 없는 자리이자 지울 수 없는 정동이다. 이제 보다 집단적인 차원에서 아브젝시옹을 살펴보려고 한다. 그렇다고 해도 그 기원은 여전히 최초 대상 관계에 기반하고 있다는 것은 분명하다.

3장 더러움에서 오염까지

1. 어머니에 대한 공포증과 아버지 살해

프로이트는 「토템과 터부」(1913)에서 인간의 도덕은 "두 종류의 터부와 토테미즘"으로 시작된다고 했다. 두 종류의 터부는 곧, 아버지 살해와 근친상간이다. 그 책에서 프로이트는 터부와 토테미즘을 성스러움과 연결해서 이해하고자 했다. 그런데 크리스테바에 따르면, 프로이트는 아버지 살해라는 첫 번째 터부와 연관된 주제에 결론의 초점을 맞추려고 두 번째 터부 즉, 근친상간에 대해서는 충분한 성찰과 해명을 하지 않았다. 여기에 초점을 맞추어 크리스테바는 프로이트를 수정하고 재해석한다.

크리스테바에 따르면, 프로이트의 텍스트에서 발견되는 성스러움은 두 얼굴을 지니고 있다. 한 면은 살해 행위와 속죄 행위와 연관된 사회적 관계이다. 다른 한 면은 안쪽의 좀 더 내밀하고 눈에 보이지 않으며 드러나지도 않는 곳이다. 이 내면은 취약하고 불안정한 동일성을 가진 불확실한 공간을 형성하는 부분이다. 이러한 성스러움의 내면은 성스러움의 사회적 관계가 만드는 구분과 분리와는 거리가 먼, 주체/대상의 비분리를 겨냥하고 있다. 말하자면, 방어 기제와 사회화 과정이라는 한 면과 공포와 무관심의 과정이라는 다른 면으로 성스러움의 양면을 나누어 볼 수 있다. 프로이트가 집중한 종교와 강박신경증 사이의 닮은 점으로 지적한 면은 성스러움의 방어적인 얼굴로 간주된다. 이 방어적인 얼굴은 성스러움을 구성하는 데 필요한 중요한 의식이나 담론들을 포함한다. 그중에서도 특히 중요한 것은 여러 종교들 속에서 발견되는 더러움이나 그것의 부산물들에 대한 것이다. 이러한 것들은 사회가 구축되기 전에 존재한다고 간주되는 터부의 측면을 아우르는 역할을 한다.[1] 크리스테바가 집중하고 밝히려는 것은 성스러움의 방어적인 얼굴 이면에 가려진 각종 금기, 죽음, 근친상간 등과 관련된 불안정한 부분이다.

2. 근친상간 금지, 명명할 수 없는 것과의 대면

성스러움의 두 번째 얼굴은 근친상간의 금지와 명명할 수 없는 것과 대면한다. 레비 스트로스를 포함해서 인류학적 관찰에 따르면, 원시사회에서 발견되는 어머니-아들 간의 근친상간 금지는 사

---

1) *Pouvoirs de l'horreur*, 71~3. 『공포의 권력』, 97~99.

회 유지를 위한 생산적인 가치에 중요성이 있었다. 즉, 족외혼이라는 근친상간 금지법은 모든 원시사회가 생존하기 위해 따라야 하는 보편적인 법이라고 이해되었다. 그러나 크리스테바가 보기에 그 금지는 그보다 앞서 사회 구성원들이 자신들의 내부를 구성하는 상징적인 능력에 더 깊이 연루되어 있다. 여기에는 여성성과의 대면이라는 상징적인 의미도 포함된다. 여기서 '여성성'은 본질과는 거리가 먼 주관적인 경험이 대면하는 이름 없는 '타자'로서 간주될 수 있다. 크리스테바는 이 이질적인 국면으로서 여성성을 공포와 아브젝시옹으로 연결한다.[2] 이것은 생후 초기 자아에게 일어나는 과정과 마찬가지로 인류 문화의 분화 과정에서도 비슷한 아브젝시옹이 일어난다는 것을 함축한다. 아브젝시옹은 금지되는 여성성 즉, 이질적인 것으로서 이름 없는 타자를 분리하는 과정이다. 드러난 금지와 분리는 모두 이 원초적인 아브젝시옹 위에서 이루어진다. 개인의 무의식이나 인류의 무의식은 같은 궤적을 그리고 있다.

프로이트는 「토템과 터부」 서두에서 '인간이 이전에 자신의 근친상간적인 욕망에 대해 느끼는 깊은 혐오감'에 대해 역설한 바 있다. 그는 '부정할' 뿐만 아니라 '불안을 야기시키고', '위험하며', '금지된' 존재로서의 '성스러움'의 성질을 상기시켰다. 그리고 '대개의 경우 음식물'이나 '부정한 것'에 대해 품는 터부의 성질 역시 언급하고 있다. 터부 대상과의 접촉을 회피하는 강박관념이나 의식(儀式)에 의해, 아이와 엄마와의 친밀한 밀착 관계는 금지되고 이후 근친상간에 대한 혐오로 바뀐다. 최초 유목 사회로부터 문명화된 사회

2) 앞의 책, 73. 『공포의 권력』, 100.

로의 이동에 대한 프로이트의 가설은 근친상간에 대한 혐오감으로 이어지는 이 같은 밀착 관계를 통해 세워진다. 곧, 원시 유목 사회에서 문명사회로의 이동을 통해, 아들은 최초 어머니의 사랑을 경험한 후에 동성애적 감정을 느끼거나 실행하면서 어머니를 포기하게 된다. 이에 따라 초기의 모권적인 법칙으로 이루어진 조직은 부권적인 조직으로 대체된다.[3]

그런데 크리스테바가 보기에 프로이트는 다른 방향으로도 이론을 전개하면서 결론을 유보한 채, 최초 나르시시즘과 연관된 제2의 가능성을 열어놓고 있다. 프로이트가 「나르시시즘의 도입에 관하여」(1914)에서 나르시시즘 개념을 발전시키기 시작했을 때, 생의 초기에 나타나는 '자가성애'auto-érotisme에 대해 서술했다. 자가성애는 충동의 무정부적 자기만족이다. 자가성애는 자아 자체가 사랑 대상으로 간주되는 상태인 '나르시시즘'과 연결된다. 나르시시즘은 대상으로부터 자아 속으로 철회해 들어가는 동일화 때문에 자아에 리비도 투여가 발생한다는 관점에서 정의되었다. 그런데, 프로이트의 '두 번째 위상학'(이드, 자아, 초자아)이 도입된 이후로 이 나르시시즘은 '이차적 나르시시즘'으로 설명되었다. 반면 '일차적(원초적) 나르시시즘'이란 용어는 타인과의 관계가 완전히 부재하며 자아와 이드 간의 어떤 분화도 없다는 특징을 갖는 대상 부재의 상태를 설명하기 위해 사용되었다. 그러니까 자아를 향한 리비도 투여조차도 없는 상태라고 볼 수 있다. 앞서 언급되었듯이, 자궁 내의 상태는 이러한 대상 없는 이 나르시시즘적 상태와 가장 가깝다고 할 수 있다.

---

3) 앞의 책, 74. 『공포의 권력』, 101~102.

1차적 나르시시즘과 관련한 프로이트의 가정에 따르면, 생후 몇 개월에 걸쳐 대상 관계에 선행하는 어떤 단계가 지속된다. 이 시기에는 유아 자신의 몸으로부터 나오는 리비도를 제외하면 충동, 환상, 불안 그리고 방어는 아기에게 존재하지도 않고 대상과 관련되어 있지도 않다는 것을 함축한다. 달리 말하면, 그것은 진공 속에서 작동한다는 것이다. 요약하면, 프로이트의 유아 분석은 생후 초기 몇 개월간은 본능적 충동urge, 불안 상황 그리고 정신적 과정은 없다는 것을 보여주었다. 그러나 크리스테바가 인용하고 있는 멜라니 클라인의 입장은 다르다. 클라인은 프로이트가 설명한 어린아이의 최초의 (대상 없는) 나르시시즘 상태를 출생 때부터 작동하는 대상 관계로 설명한다.[4] 크리스테바도 같은 입장에서 생후 초기부터 부정 또는 공포에 찬 상태로, 적대감으로 가득 찬 채 한계를 드러내지 않는 최초의 나르시시즘적 단계를 이야기한다.[5] 프로이트와 클라인의 차이를 부각시키면서, 크리스테바는 언어 습득에 앞서는 '시작'commencement에 대해 이야기한다. 이러한 무의식 세계에 대한 이해는 문화 형성에 대한 설명을 위한 기반을 제공한다.

성스러움의 두 얼굴에 대해 논의하기 위해 지각perception 작용이 어떤 메커니즘으로 이루어지는지 잠시 짚어볼 필요가 있다. 요점을 미리 말하자면, 개인의 의식 속에서 감각적 이미지가 개념적 사고로 이어지는 과정은 꿈을 꾸는 과정과 반대 방향으로 일어난다. 이러한 사실은 언어와 사고 작용에 앞서고 그것의 기반이 되는 정서

---

4) 『정신병, 모친살해, 그리고 창조성: 멜라니 클라인』, 122~125.

5) *Pouvoirs de l'horreur*, 75. 『공포의 권력』, 102.

와 감각의 단계가 작용하고 있음을 알게 한다. 이러한 논의를 통해서 크리스테바는 언어에 앞서고 성스러움의 두 번째 얼굴과 연관되는 시작commencemen에 대한 생각을 강화한다.

맨 처음 무엇이 의식화된다고 할 때는 보통 지각이라는 과정을 거친다. 지각은 두 가지로 구분할 수 있는데, 시각 · 청각 등 감각 기관을 통해 외부에서 들어오는 자극에 의한 외부 지각과 정신 내부에서 일어나는 쾌와 불쾌의 감정과 사고 등으로 내부 지각이 있다.[6] 그런데 내부의 지각은 외부로 투사될 수 있다. 예를 들어, 배가 고프면 화장실 팻말이 식당을 가리키는 것으로 잘못 보일 수 있다. 이와 같은 내적 지각의 외부로의 투사는 감각 지각이 구성되는 원초적 매커니즘이다. 투사는 이렇게 해서 외적 세계를 형상화하는 데 이용된다. 이러한 내 · 외적 지각을 통해서 사물 표상(대상 표상)이 만들어지는데, 이러한 사물 표상과 감각 지각에서 언어 표상이 파생된다. 어린아이가 언어를 습득하는 과정은 이러한 순서를 따라 일어나는 것을 관찰할 수 있다. 아이는 먼저 사물이나 대상을 만나고 경험함으로써 그것의 이미지와 기억을 가지게 된다. 이때 사물 표상이 만들어지면서 동시에 내부에서 느끼는 쾌 · 불쾌의 감정 등이 바깥 대상에 투사되어 그 대상의 상(이미지)을 형성하게 된다. 이 과정을 거치면서 사물의 이름을 익히게 되고 개념적 사고로 나아가게 된다. 예를 들면, 뭔가 물컹하고 냄새나는 물질을 경험하고 나서 몇 차례 쾌 · 불쾌한 감정이 사물에 투사되어 똥이라는 개념이 형성된다. 그런데 프로이트의 꿈 해석에 따르면, 꿈은 이 과정이

---

6) 프로이트 전집 11,『정신분석학의 근본 개념』, 윤희기 · 박찬부 옮김, 열린책들, 2017, 292.

거꾸로 일어난다. 퇴행이라고 할 수 있는 이 과정은 낮 동안의 사고 작용이 주로 시각적인 이미지로 변형되어 꿈속에 나타난다. 그리고 낮에 사용된 단어 표현들은 그에 상응하는 사물 표현으로 되돌려진다. 이러한 퇴행 과정의 끝에서는 사물의 기억에 대한 리비도 집중이 남게 된다. 즉, 꿈-과정Traumvorgang은 사고 내용Gedankeninhalt이 감각 지각으로 의식화되어 나타난다. 그때 사고 내용은 퇴행적으로 변형되고 소원 환상으로 탈바꿈된 것이다. 이렇게 되면 꿈-소망은 '환각으로 변하고', 그 꿈-소망의 성취가 현실인 듯한 믿음을 갖게 된다.[7] 이러한 프로이트의 주장을 통해서 확인할 수 있는 것은 언어적 분별과 사고 작용에 앞서는 지각적 체험의 영역이 있다는 것이다. 언어 표현은 이러한 체험의 영역으로부터 파생된 것이다. 이렇게 만들어진 언어는 다시 체험의 영역을 나누고 명명하는 기능을 한다.

이것을 프로이트는 「토템과 터부」에서 이렇게 논한다. "우리의 정서나 지성의 과정에 대한 내부적인 지각들은 감각 지각들과 마찬가지로 외부로 투사될 수 있으며, … 외부 세계를 형상화하는 데 활

---

7) 앞의 책, 227~230. 이러한 과정에서 보면, 사고라는 것이 형성되는 과정에서 최초 지각의 잔재들과 너무 멀리 떨어져 있다. 그래서 만약 지각된 것이 다시 의식화되기 위해서는 새로운 특기할 만한 것들로 더 강화될 필요가 있다고 한 프로이트의 주장은 일리가 있다. 그런데 그 사이에서 연결고리를 하는 것이 단어들이다. 특히, 프로이트는 대상 표상들이 '나름의' 지각의 잔재들을 매개로 의식화될 수 없다는 점에 대해 의문을 품었다. 말하자면 어떤 대상에 대한 의식은 지각적인 기억들과 간극이 있다는 점을 지적한 것이다. 간단한 예를 들면, 어디서 본 듯한 사람을 우연히 길에서 마주쳤을 때, 그 사람에 대해 생각해내려고 해도 도무지 아무 기억도 떠오르지 않는 경우가 있다. 그런데 그 사람과 관련된 단어들을 찾게 되면, 그에 대한 기억이 의식 전면에 떠오른다. 이처럼 언어는 대상 표상들 간의 '관계'를 형성하고 그 연결을 통해 새로운 특질을 부여할 수 있다. 한마디로, 단어를 통해서 이해 가능한 관계들이 우리 사고 과정의 주요 부분을 구성할 수 있다(『정신분석학의 근본 개념』, 211~212).

용된다."[8] 그리고 이어 내적 심리 과정이 차차 지각의 대상이 되기 시작한 것은 추상적인 사유 언어가 발달한 뒤의 일이라고 말한다. 즉, 언어적 표상이 내부 과정에 연결될 때에 내적인 느낌이 지각의 대상이 된다는 말이다. 다시 말하면 쾌, 불쾌 등의 정서나 감정을 언어로 표현할 수 있을 때 내적 지각이 일어난 것으로 말할 수 있다는 것이다. 만약 그것을 언어로 표현할 수 없다면, 그것은 무언지 알 수 없는 정서적 상태로 남게 될 것이다. 이러한 과정에서 언어는 대상 표상들 간의 관계를 형성하고 그 연결을 통해 우리 사고의 주요 부분을 구성한다. 추상 언어가 발달하기 전에는 예컨대, 야생의 원주민들이나 어린아이가 내부 지각들을 외부로 투사함을 통하여 외부 세계에 대한 상(이미지)을 발전시키는 것을 볼 수 있다. 이처럼 내적 지각이 외부로 투사되어 외부 세계의 상을 형성하는 것은 정상적인 과정이라고 볼 수 있지만, 이렇게 만들어진 세계에 대한 이미지는 다시 심리학 속에서 해석하지 않으면 안 되는 것이라고 프로이트는 말한다.[9] 그리고 다음과 같은 주석을 덧붙였다. "원시인들이 투사를 통해 새로운 존재를 만들어내는 것은, 시인이 자신의 영혼 안에서 싸우며 대립하고 있는 여러 경향들을 … 외재화시키는 인격화와 유사하다." 즉, 시인들의 세계관과 애니미즘 같은 신앙 형태는 내적 지각의 외부 투사라고 보았다. 그러니까 이러한 것들은 심리학 속에서 해석해야 한다고 프로이트는 주장한다. 이러한 차원에서 언어에 앞서는 '시작'이 있었다고 프로이트는 말한다.[10] 그것

---

8) 「토템과 터부」, 『종교의 기원』, 프로이트 전집 13, 열린책들, 117.

9) 앞의 책, 117.

10) 『공포의 권력』, 101~102. 재인용.

은 바로 세계에 대한 상(이미지)을 만드는 단계 즉, 지각을 통해서 표상을 만드는 단계이다. 다시 말하면 개념적 언어와 추상적 사고가 지각된 것과 연결되기 이전 단계이다. 같은 맥락에서, 프로이트는 「토템과 터부」 마지막 부분에서 괴테를 따라 이렇게 말한다. "태초에 행동이 있었다."[11]

요약하면, 우리가 내부적으로 느끼는 기쁨(쾌)과 고통(불쾌)이 바깥으로 투사되어서 대상 표상이 형성되고 이어서 언어 표상이 만들어진다. 그리고 그 언어가 다시 기쁨과 고통을 구분 짓고 명명한다. 따라서 기쁨과 고통을 지각한다는 것은 언어를 개입시키는 것이다. 여기서 언어는 안/밖의 분리를 수립하는 모든 다른 대립들과 마찬가지로 쾌·불쾌를 구별한다. 이때 명명할 수 없는 것은 쾌·불쾌의 느낌에 따라 구별할 수 없는 안팎의 모호성으로 남게 된다.

이렇게 본다면 앞서 언급된 성스러움의 두 차원 즉, 드러난 사회적인 관계 자체와 불안정한 내면에 대해서 다음과 같은 설명이 가능할 것이다. 살해 행위와 속죄 행위에 의해 드러나는 성스러움의 방어적인 얼굴은 명명 가능한 것으로 언어화된 것이다. 그런데 이미 살펴보았듯이 두 번째 성스러움의 얼굴은 이러한 언어에 의한 내부/외부의 분리가 분명하지 않은 불확실한 공간을 선회하는 부분이다. 성스러움의 첫 번째 얼굴인 (아버지) 살해 행위가 상징 수단을 교환하는 사회적 약호를 구성하는 역사 밖의 사건이라면, 그것이 개개인의 주관적 역사에 영향을 행사하는 것은 기호들의 교환이라는 언어의 출현 이후이다. 이 언어는 혼돈을 정리하고 이름을 붙

---

11) 「토템과 터부」, 『종교의 기원』, 프로이트 전집13, 열린책들, 240.

인다. 그렇다면 이 언어의 반대편에 있는 '시적 언어'는 시작을 상징화하려는 시도이자 동시에 터부의 다른 면 즉, 기쁨이나 고통을 드러내려는 시도가 될 것이다.[12]

　프로이트의 설명에 따르면, 언어 이전의 '최초 시작'은 '성적인 경향들이 외부 대상을 향하지 않는' 자가성애Autoerotismus 단계이다. 이 단계에서는 성적 충동의 표시가 처음부터 그 주체에 의해 인식되는 것은 아니지만 그렇다고 해서 외부의 대상을 향하고 있는 것도 아니다. 여기서는 성욕이 지니는 개개의 충동 인자가 서로 독립적으로 쾌락의 획득을 겨냥하고, 자기 육체를 통해 만족을 얻으려고 하는 경향을 보인다. 여기에 이어지는 것이 대상 선택의 단계이다. 그런데 자가성애와 대상 선택 사이의 매개적인 단계가 나르시시즘이다. 나르시시즘 단계에서는 그 이전까지 분리되어 있던 성충동이 하나의 통일체를 이루고 대상을 찾게 된다. 그러나 그 대상은 외적인 것이 아니라 자기 자신의 자아이다.[13] 이 단계는 외부 대상이 형성된 시기가 아니므로 앞서 나르시시즘을 두 단계로 구분할 때 1차적(원초적) 나르시시즘에 해당된다.

　이 나르시시즘은 자아 존재는 전제하지만 바깥 대상은 전제하지 않는다. 말하자면 하나의 개체(자아)와 아직 형성되지 않은 대상이 상호 간의 불명료한 관계 속에 있다고 볼 수 있다. 즉, 비대상non-objet과 연결된 자아만 있는 것이다. 이 구조로부터 크리스테바는 두 가지 결론이 도출될 수 있다고 한다. 첫째는 외부 대상의 비(非)구

---

12) *Pouvoirs de l'horreur*, 76. 『공포의 권력』, 103~104.

13) 「토템과 터부」, 『종교의 기원』, 147~148.

조non-constitution가 자아의 동일성을 불안정하게 만든다는 것이다. 이 최초의 나르시시즘적 자아는 자기의 비대상과의 공간적 양가성(내부/외부가 불확실)과 지각의 모호함(고통/기쁨)으로 인해 나약하며 위협받는 불확실한 존재이다. 두 번째는 이 나르시시즘의 지형학적 구조가 정신-신체 의학에서도, 어머니-아이라는 이자 관계에 의해서도 증명될 수 없다는 것이다. 왜냐하면 이 나르시시즘 단계에서는 아이와 어머니가 분리되어 있지 않고, 어떤 타자의 개입도 일어나지 않기 때문이다. 미래의 주체가 될 이 초기 자아가 기표를 사용하는 것은 오이디푸스 삼각관계를 거친 이후이다. 그러므로 언어의 내재성을 강조한다거나 기표를 통해 주체가 탄생한다는 주장은 여기에 맞지 않는다. 그렇다고 해서 크리스테바가 나르시시즘의 경제학이나 상징 기능의 실제적 효과를 주장하고자 하는 것은 아니다. 그가 강조하고자 하는 것은 개인이든 집단이든 상징체계로 진입하기 전 단계가 의미화의 중요한 기점이 된다는 사실이다.

이상의 논의에서 알 수 있듯이, 초기 자아가 기표의 세계로 들어가기 전에 갖는 어머니와의 관계는 나르시시즘적이라고 할 수 있다. 이때 아이와 대상(어머니) 사이의 경계가 불확실하고 비대상적으로 나타났기 때문에 이것은 유아에게는 모종의 휴식처가 되지 못한다. 오히려 모성이 유아의 도착성이나 신경증으로 문을 열어놓는다. 그러니 최초의 나르시시즘적 낙원의 이미지는 아버지의 이름에 의해 유발될 수 있는 신경증을 방어하는 일종의 부인dénégation이라고 크리스테바는 지적한다.[14] 말하자면 사회가 아버지의 이름으로

---

14) *Pouvoirs de l'horreur*, 77~78. 『공포의 권력』, 103~106.

억압한 욕망이, 잃어버린 낙원이라는 위장된 최초 어머니와의 관계로 도피할 수 있도록 만들어놓은 도피처이다. 그러나 실상 그곳은 그렇게 안정적인 휴식처가 아니다. 오히려 최초 모성과의 관계는 신경증 환자들의 공포의 배경이 되기도 한다.

3. 공포증과 신경증 의식^{rite}으로서 오염

정신분석학은 아브젝시옹이 신경증과 공포증 상태에서 벗어나게 하는 계기가 된다는 것을 보여준다. 문화적으로는 오염 의식이 이런 역할을 한다는 것을 인류학은 밝히고 있다. 나와 대상이 분리되지 않은 최초 나르시시즘은 부정 또는 공포에 찬 상태로, 적대감에 싸여 있다. 아브젝시옹은 1차적 나르시시즘의 불확실성과 함께 나(moi)를 위협하며 두드러진다. 프로이트는 이것을 근친상간에 대한 공포로 설명한다. 그런데 크리스테바는 프로이트의 설명에 동조하면서도 멜라니 클라인의 이론에 기대어서, 초기 나르시시즘 단계에서 아이는 이미 내부와 외부를 구별하기 시작한다고 주장했다. 언급했듯이 이러한 구별은 아브젝시옹과 함께 일어난다.

그런데 인류학자 레비 스트로스에 따르면, 근친상간 금지는 사회 제도나 상징체계를 세울 수 있게 하는 논리적인 가치를 가지고 있다. 정신분석학적으로도, 상징계의 법과 질서는 주체의 리비도(성적 충동)가 쇠퇴함에 따라 성취된다는 사실을 알 수 있다. 말하자면, 근친상간에 대한 금지는 1차적 나르시시즘이 지닌 안과 밖 사이, 기쁨과 고통 사이, 행위와 언어 사이를 떠다니면서 희열^{jouissance}

과 죽음을 발견하는 양가성을 종결짓는다. 아브젝시옹은 이 양가성을 끝내려고 하는 움직임이다. 이 과정이 순탄하게 일어나지 않는다는 것을 공포증이 드러낸다. 즉, 어머니와의 접촉을 가로막는 터부에 의해 1차적 나르시시즘이 갑자기 찢기는 위험스런 공간이 공포증을 유발한다.

　앞서 제시된 성스러움의 두 얼굴 중에서 사회적 관계와 관련된 첫 번째 측면은 근친상간의 위험을 몰아내는 기능을 한다. 그 첫 번째 얼굴은 구체적으로는 오염 의식rites de la souillure이나 거기서 파생된 것에서 찾아볼 수 있다. 그것은 아브젝시옹의 감정에 기대면서 그리고 모든 모성적인 것을 향해 집중하면서 주체를 향한 위협을 상징화하려 한다. 그 위협은 단지 거세에 대한 위협이 아니라 존재 전체를 상실할 수도 있는 위협이다. 크리스테바에 따르면, 종교의식들rites은 어머니 안에 매몰된 주체로 하여금 공포를 극복케 하는 기능을 한다. 곧, 종교의식은 더러움souillure이나 터부tabou · 죄péché 같은 것에 대한 아브젝시옹을 통해 최초 대상 관계로부터 오는 공포를 넘어서게 하는 기능을 한다.[15)]

4. 오염에 대한 인류학적 접근

　크리스테바는 영국의 인류학자 메리 더글러스의 연구를 통해서 아브젝트를 만드는 배제의 논리를 파헤친다. 더글러스는 『순수

---

15) 앞의 책, 78~79. 『공포의 권력』, 106~7.

와 위험: 오염과 금기 개념의 분석』[16]에서 아프리카 원시 여러 부족 및 문화의 오염 신앙과 오염 규율을 분석하였다. 그에 따르면 오물이 있는 곳에는 반드시 체계가 존재한다. 다시 말하면, 오물이라고 하는 것은 결코 절대적으로 유일하고 분리된 결과가 아니다. 질서의 의미 속에 부적절한 요소를 거부하는 것이 있는 한, 오물은 사물의 체계적 질서와 분류의 부산물이다. 즉, 오물에 대한 사고는 상징체계의 영역과 연결되어 있어서, 청결의 상징체계와의 관계를 분명히 드러낸다. 한마디로, 오염에 관한 행동 반응은 일반적으로 존중되어 온 분류를 혼란시키는 관념이나, 그 분류와 모순되는 일체의 대상에 대한 관념을 걸러내는 것이다.[17] 요약하면, 오염은 정신의 식별 작용에 의하여 창조되어, 질서 창출의 부산물이 된다. 따라서 오물은 식별 작용의 이전의 상태에서 단초를 가지기 시작하여 식별 작용을 통하여, 어떠한 질서를 위협하는 임무를 맡는다. 그리고 임무가 끝나면 종국에는 구별할 수 없는 본래의 특성으로 돌아간다. 이어서 살펴볼 내용이지만, 오물이 지닌 무정형의 혼돈은, 붕괴의 시작이면서 동시에 발단과 성장의 상징이다.

상술하면, 정신 내부나 외적 세계에나 질서를 확립하는 절차에는, 질서 정연한 분류 체계에서 거부된 잡동사니에 대한 태도의 두 단계를 볼 수 있다. 첫째 그 잡동사니들은 알아볼 수 있으며, 부적격하고 올바른 질서에 위협이 되며, 그래서 불쾌하게 여겨지고 결과적으로 난폭하게 밀어 내쳐진다. 이 단계에서 그것들은 어느 정

---

16) Douglas, M, *Purity and Danger: An Analysis for the Concepts of Pollution and Taboo*, Rougledge & Kegan Paul, 1979. 『순수와 위험』, 유제분 · 이훈상 옮김, 현대미학사, 2005.

17) 메리 더글러스, 『순수와 위험』, 69.

도 본래의 의미를 유지한다. 예를 들어 머리카락이나 음식, 혹은 껍질 등과 같은 것들이 어디에서 왔든지 간에 원하지 않는 조각으로 여겨진다. 이것들은 위험하다. 왜냐하면 그 불충분한 자기 동질성으로 전체의 선명도를 떨어뜨리기 때문이다. 그러나 오염으로 인식된 어떤 물리적 사물은 오랜 과정을 거치면서 분쇄되고, 분해되고, 부패하여 최후에는 모든 동질성이 소멸된다. 이로써 다양한 잡동사니의 기원은 잊혀지고 그것들은 흔해 빠진 가치 없는 것으로 돌아간다. 그런데 거기서 무엇인가를 되찾으려고 쓰레기더미를 뒤지는 것은 불쾌할 뿐만 아니라 위험스럽다. 왜냐하면 이러한 행동은 조각들의 자기 동질성을 되살리기 때문이다. 어떤 것도 자기 동질성이 없는 한 위험하지 않다. 그러한 것들은 명백히 규정된 장소에, 쓰레기더미에 속하기 때문에 애매한 지각 작용도 일으키지 않는다. 즉, 구별이 없는 곳에는 부정defilement도 없다. 두 번째 단계에서 오염은 완전히 명확한 형태를 잃어버린다. 이렇게 해서 한 주기가 완성된다.[18]

더글러스는 오염이 우주의 구조든, 사회의 구조든, 구조의 경계가 명확히 규정되는 곳에서만 일어날 수 있는 유형의 위험이라고 주장한다. 즉, 강한 공동질서는 집단의 현실을 재강화하기 위한 제의와 오염 신앙을 수반한다는 것이다. 언급되었듯이, 오염 개념은 위협당한 사회질서의 동요를 막기 위한 것도 된다. 그러므로 사회의 질서와 구조의 경계를 확고히 하기 위해, 사회의 주변적 상황뿐 아니라, 사회경험을 정돈하기 위해 사용되는 모든 경계가 위험

---

18) 앞의 책, 248~249.

하며 오염시키는 것으로 취급된다.[19] 그렇기 때문에 역설적으로 문화적 분류와 사회질서의 가장 기초가 되는 것은, 영역의 경계를 상징하는 존재들이다. 이 상징적 존재들이 한 집단을 다른 집단으로부터 구별하는 방식이 될 뿐만 아니라 분류하거나 정화하거나 또는 정돈함으로써, 사회 현실의 구조뿐 아니라 도덕 감정도 강화되는 것이다.[20]

다시 말하면, 사회의 분류 체계에서 경계선상에 존재한다는 것은 위험과 접촉하는 것이고 능력의 근원에 존재하는 것이다.[21] 모든 주변부(가장자리)는 위험을 감추고 있다. 이것은 인간 육체에도 적용되는 가설이다. 인간 육체는 모든 상징체계에 기본적 도식을 제공한다. 오염에 대한 상징도 마찬가지인데, 어떤 육체의 부분과 관련을 갖지 않은 오염은 거의 없다.[22] 즉, 더글러스에 따르면, 육체가 집단의 경계에 대한 관심의 상징으로 작용한다. 사회가 입구와 출구에 대해 관심을 갖는 것과 마찬가지로 육체의 경계를 가로지르는 타액, 피, 젖, 소변, 눈물 그리고 똥 같은 배설물은 사회 집단이 출입에 대하여 갖는 관심의 상징으로 작용할 수 있다. 예를 들어, 원시인이 인간의 구멍과 배설물에 크게 관심을 보이는 것은 이것이 사회의 주변부를 상징하기 때문이고, 그 취약한 주변부가 사회를 붕괴시키는 위력이 있음을 암시하기 때문이다.[23]

---

19) 앞의 책, 289.

20) 앞의 책, 286.

21) 앞의 책, 157.

22) 앞의 책, 253.

23) 앞의 책, 290.

결과적으로 질서는 무질서를 가능하게 만든다. 왜냐하면 규율이나 경계, 범주, 그리고 모든 종류의 인식론과 도덕의 분류 체계는 예외가 있는 경계를 만들어내기 때문이다. 이 분류 체계에 맞지 않는 것은, 이상하고 어긋나는 것이며 경우에 따라서는 범죄가 되는 것이다. 이러한 관점에서 볼 때 범죄와 오물은 같은 현상이다. 둘 다 모두 제자리에서 벗어난 그 무엇을 나타낸다. 범죄는 규정적인 법질서를 위반하는 것이며, 오물은 올바른 자리에 있지 않은 것이다. 사물이 제자리를 벗어날 때, 정상적 질서는 도전을 받고 사회는 제의 행위를 취함으로써 그 질서를 재구축한다.[24]

인간은 질서와 실재의 감각을 이해하고 귀속시키기 위해 종교적 체계에 의하여 사회 범주를 개발한다. 그리고 이 범주들에서 빠지는 것은 무엇이든지 간에 불결한 것으로 간주한다. 원시사회에서 종교의식은 더럽거나 오염된 것을 금지한다는 이유로, 한 집단을 다른 집단과 분리하는 정화의식이다. 이때 떨어져 나온 집단은 더러운 것의 배제라는 논리에 입각해서 사회의 일부로서 고유성을 가진다. 어떤 질서를 가져오는 모든 행위는 넓은 의미에서 볼 때 사회적 제의가 된다. 왜냐하면 질서를 재구축하는 행위는 사회를 재구축하는 수단이며, 사회는 그 자체가 단지 정렬된 관계에 지나지 않기 때문이다. 한마디로, 더러운 것을 배제하는 것은 사회의 질서를 구축하기 위한 하나의 정화의식이자 종교적 제의이다.

본질적으로 정화의식에서는 더러운 것을 금하고, 그것을 세속 질서로부터 추방하여 성스러움의 차원에 고정시키는 것이 강조된

---

24) 앞의 책, 287.

다. 따라서 더러움은 밖으로부터 오는 오염이 되고 그것을 근간으로 하여 성스러운 질서를 세우게 된다. 이후 있을 수 있는 대상으로서 더러움은 욕망의 대상도 아니며, 아브-젝트ab-jec로서 혐오시되고, 아브젝시옹으로 배제된다. 그러므로 오염이란 '상징체계'의 부산물이다. 즉, 그것은 사회적인 합리성에서 벗어나는 것이다. 이때의 사회적 합리성이란 사회적인 총체가 만들어지는 기초이다. 따라서 그것은 개인의 일시적인 집적물과 구별되고, 하나의 분류 체계나 구조를 이루기 위한 것이다.

이러한 메리 더글러스의 인류학적 연구는 크리스테바가 볼 때, 레비 스트로스의 구조 인류학이 주관성의 영역을 무시했던 한계를 뛰어넘는다. 다시 말하면, 레비 스트로스는 언어의 질서를 상징체계와 연결하는 분류 체계의 장점을 택함으로써 보편적인 진실을 주장함에도, 언어의 보편적인 법칙 속에서 '말하는 주체'sujet parlant의 공시성과 통시성을 적용하는 데에 무관심하였다. 이와 달리, 더글러스의 시각은 통사론적으로 상징체계 같은 사회 기관을 구성함에 있어, 그것의 같은 편과 다른 편을 구분하는 주관적인 가치에 관심을 기울였다. 이를테면 더러움이라는 것은 그 자체의 성질이 아니라 경계와 관련된 것이라는 점이다. 그리고 그것은 생명처럼 생성되고 소멸되는 주기를 가지는데, 이러한 설명은 더러움의 의미론적 문제로 연결된다. 크리스테바는 더글러스의 인류학적 시각을 심리학적이거나 경제적인 체계에 적용하여 경계선적인 요소가 지니는 의미는 무엇인지 탐색한다.

정리하면, 사회의 가장자리에서 질서를 위협하면서 질서를 구축하는 역할을 하는 오염 의식rite은 아브젝시옹이 제도화된 것 중의 하나이다. 이러한 의미에서 아브젝시옹은 집단에서와 같이 개인에서도 상징적이고 사회적인 질서에 기여한다. 그러므로 각종 경계로 이루어진 사회에서 아브젝시옹은 근친상간의 금지와 마찬가지로 보편적인 현상이다. 여기서부터 상징적이고 사회적인 체계, 문명이 구성된다. 아브젝시옹은 사회의 '다양한 상징체계'에 따라 서로 다른 약호codages와 특성을 지닌다. 예를 들어, 더러움souillure, 음식물의 터부tabou alimentaire, 죄péché와 같은 아브젝시옹은 사회 체계에 맞게 다양하게 변형되어 나타난다. 그러나 개인이든 집단이든 아브젝시옹은 모두 집단과 주체의 생존이라는 목적에 봉사한다고 할 수 있다.[25]

더글러스의 인류학적 연구가 말해주듯이, 더러움은 그 자체의 성질이 아니라 경계와 관련된 것이다. 이와 관련해서 인간의 육체는 사회적 상징체계의 은유métaphore이다. 따라서 사회에서 질서의 경계나 가장자리에 대한 사유는 육체의 경계를 넘나드는 것에 대한 사유와 연결된다. 그러한 은유로서 상징 질서의 취약함을 드러내는 것은 월경수나 신체의 분비물과 그와 유사한 것들, 잘려나간 손톱에서부터 썩은 살에 이르기까지의 육체의 폐기물 등이다. 더글러스의 표현에 따르면, 육체의 구멍들로부터 야기된 물질은 모두가 가장자리를 증명한다. 이러한 오염의 힘은 금지의 능력에 비례한다. 그리고 이러한 오염은 우주적이고 사회적인 구조에서 일종의 위험으로 나타난다. 오염의 위험스러운 힘은 인간의 능력이라기보다는

---

25) *Pouvoirs de l'horreur*, 80~83. 『공포의 권력』, 109~112.

'이념들의 구조에 내재하는' 힘이다. 다시 말하면, 더러운 것이 내포한 위험은 상징체계 자체가 구별과 차이의 세계인 한에서 주체가 언제까지나 짊어져야 하는 위험을 표상한다. 곧, 말하는 주체가 내부 혹은 외부 경계를 통해 스스로 동일성을 형성해 나가는 과정에서 접하게 되는 상징 질서의 취약성으로부터 오는 위험이다. 그 경계들은 의미(기의)를 만드는 음성적인 차이(기표)를 확정하고, 언어의 통사 구조를 정하는 의미론적 차이를 결정짓는다.[26] 덧붙이면, 소쉬르 언어학 이래 기의(의미)를 결정하는 것은 기표(소리)라고 보는 구조주의자들을 넘어 크리스테바는 이 청각적인 차이를 결정하는 것이 사회의 경계들이라고 말한다. 즉, 의미 결정의 종결자는 체계의 저변에 깔린 경계들이다.

5. 두 힘 사이에서 : 남성과 여성

예나 지금이나 공동체가 외부로부터 공격받는 경우, 적어도 외부의 위험은 내부의 단결을 촉진시킨다. 그러나 무질서한 개인에 의해 공동체 내부에서 문제가 발생할 경우, 그 개인은 처벌받음으로써 사회 전체적 입장에서 그 구조를 새롭게 확정할 수 있지만 최악의 상황에서는 사회 구조 자체가 그로 인해 파괴될 가능성도 있다. 성(性)과 관련해서 살펴보면, 대부분 사회에서 남녀 이성 사이의 제휴는 본질적으로 풍요롭고, 건설적이며, 사회생활의 일반 기초가 된다. 그러나 때로는 성에 관계되는 법도가 종종 상호의존적

---

26) 앞의 책, 84~5. 『공포의 권력』, 114~115.

관계나 조화 대신, 엄격한 분리와 강렬한 적의를 표현하는 것을 발견한다. 더글러스는 사회 조직체의 붕괴를 막기 위해 요구되는 성 오염에 주목했다. 그 같은 종류의 요구로부터 생겨나는 규범은 입구와 출구를 관리하는 유형의 것으로 표현되었다. 또 다른 종류의 성 오염은 사회체제의 내부 경계를 정연하게 하려는 요구에서 일어난다. 간음이나 근친상간같이 그러한 종류의 경계를 개개 구성원이 파괴하는 접촉은 규범에 의해 금지된다.

원시 문화에서는 거의 당연히 남녀 양성의 구분이 기본적인 사회 구분이다. 이는 어떤 중요한 제도가 항상 양성의 차이를 기초로 삼는다는 것을 의미한다. 만약 사회 구조가 약하게 구성되면, 남녀는 배우자를 선택하고 버리는 데 있어서 사회 전체에 대한 결과를 염두에 두지 않은 채 그들 자신의 환상을 따르고자 할 것이다. 반면에 원시사회 구조가 엄밀하게 세워져 있으면, 그 같은 행위가 거의 반드시 남녀관계에 심각하게 영향을 주기 마련이다. 여기에서 오염의 관념은 남녀 양성에게 제각기 정해진 의무를 지키도록 한 것을 볼 수 있다.[27]

그런데 성 오염에 대한 한 가지 예외를 더글러스는 지적한다. 그것은 남녀가 그 의무를 준수하도록 강요되는 사회에서는, 성은 오염의 관념을 수반하지 않는 경향을 보여준다는 사실이다. 오스트레일리아 왈비리족[28]의 경우인데, 이 종족은 가혹한 사막 지대에 거주하면서 사회체제의 상당 부분이 결혼의 규범에 의존하여 산

---

27) 『순수와 위험』, 221~222.

28) 왈비리족(Walbiri): 오스트레일리아 중앙 사막의 북부에 거주하는 원주민

다. 그들은 척박한 환경에서 자신들이 속한 공동체 및 문화의 존속이 어렵다는 것을 인지하고 공동체의 모든 구성원이 일하고 그 능력과 필요에 따라 대우받는 것을 받아들인다. 이는 병자와 노인이 건강한 이의 책임이 되는 것을 의미한다. 이처럼 공동체 전체가 엄격히 통제되며, 젊은이는 연장자에게 예속되며, 무엇보다도 여성은 남성에게 예속된다. 왈바리족의 여성은, 최소한 불평을 털어놓거나 의무를 태만하게 해도 매질 당하거나 창에 찔린다. 남편에게 죽임당한 아내를 위해 어떠한 피해 보상도 요구할 수 없고, 어느 누구도 부부간에 간섭할 권리를 가지지 않는다. 처에 대한 남편의 권위를 내세우는 것이 폭력의 형태로 나타나는 경우는 말할 것도 없고 심지어 처의 생명과 관련된 경우라 하더라도 남자에 대하여 공동체는 결코 나무라지 않는다. 그 같은 상황에서 여자가 어떤 남자를 유혹하면서 다른 남자와 나쁜 일을 한다는 것은 불가능하다. 이 종족은 성 오염에 관한 어떤 믿음도 가지지 않는다. 심지어 월경의 피도 피하지 않고, 그것과의 접촉이 위험을 가져온다는 믿음도 없다. 이 사회는 남성 지배에 관해 불안정하거나 모순되는 것은 아무 것도 없다.[29]

조금만 살펴보아도 다양한 사회적 종교적 금지들은 여성, 특히 어머니의 상징적이며 사회적인 중요성과 연관되어 있다는 사실을 알 수 있다. 사회 속에서 오염이 종교의식화되는 과정은 성별의 엄격한 구별에 대한 강박관념적 관심을 드러낸다. 즉, 남성을 여성보다 우위에 두는 것에 대한 강한 주의를 동반한다. 확연히 남성보다

---

29) 『순수와 위험』, 222~223.

수동적인 위치에 있는 여성들은 왠지 '불길한 음모를 꾸미는 듯한' 교활한 힘을 가진 것처럼 느껴져서, 기득권층은 그 불가사의한 힘으로부터 스스로를 보호해야 한다고 느낀 것 같다. 남성이 성에 대한 결정적인 지배권을 행사하는 중심축으로서의 권력이 결핍되어서 그런지, 아니면 남녀 두 성의 특권을 균등화시키는 합법적 기관이 없어서 그런지 이 두 힘은 사회를 서로 더 가지겠다고 기를 쓰는 양상을 보인다. 겉으로 보기에 정복자인 듯한 남성의 힘은, 여성의 제어할 수 없고 교활하며 비이성적이고 비대상적인 능력으로부터 위협받기 때문에 남성들은 여성들을 향한 집요한 증오를 숨기고 있다. 성적 차이에 대한 그와 같은 기준의 기원이 무엇인가는 다른 논의가 필요하고 아직 완전히 해결되지 않은 문제이다. 그러나 인도나 아프리카 레레족[30]의 경우와 같이 아무리 사회가 극단적으로 계층화되었다 하더라도, 남성의 남근적인 힘을 수립하려는 시도가 억압받는 다른 성의 유독한 힘에 의해 강하게 위협받는 것을 언제나 관찰할 수 있다. 언제나 이 다른 성 즉, 여성은 사회가 억압하려는 근본적인 악과 동의어가 되었다.[31]

　　육체의 경계를 넘쳐나는 것으로서 오염의 대상은 두 종류로 나눠질 수 있다. 하나는 배설물과 관련된 것과 다른 하나는 월경수이

---

30) 레레족(Lele): 자이레국의 서방 카사이주에 거주하는 중앙 반투(Bantu)계의 농경민. 카사이주와 그 지류에 있는 로안게천에 위치한 열대 우림의 주변부에 거주한다(『순수와 위험』, 144). 레레족의 사회생활 전체는, 여성에 대한 권리를 양도함으로써 보상을 지불하는 제도로 지배되었다. 그 결과 여성은 어떤 관점에서 남성이 빚을 요구하고 갚는 일종의 통화로서 취급되었다. 남성 상호 간의 빚이 쌓이면 이들은 수십 년에 앞서 태어나지도 않은 소녀에 대한 소유권을 주장한다(『순수와 위험』, 234).

31) *Pouvoirs de l'horreur*, 85~6. 『공포의 권력』, 115~116.

다. 육체의 한계를 넘쳐나는 것 중에서 정액이나 눈물 같은 것들은 배설물이 아니므로 오염이라는 가치는 지니고 있지 않다. 배설물과 그에 비견할 만한 것들 예컨대, 부패·감염·질병·시체 등은 동일성 바깥에서 온 위험을 표상한다. 이러한 것들은 비자아non-moi로부터 위협당하는 자아moi, 외부 환경으로부터 위협받는 사회, 죽음으로부터 위협받는 삶을 표상한다. 그러나 월경수는 좀 다르다. 그것은 밖으로부터 온 위험이 아니라 동일성의(사회적이거나 성적인) 내부로부터 온 위험을 표상한다. 말하자면 사회적 총체 속에서 성적인 차이에 따른 남성과 여성의 동일화 과정에서 주체에게 위협으로 작용하는 것이다.[32]

이 두 종류의 오염 사이의 공통점은 모성이나 여성성을 밝혀주는 것이다. 우선, 월경수가 성적 차이를 의미하는 것은 당연하다. 그런데 배설물에 대해서는 정신분석학적인 설명이 약간 필요하다. 그 설명에 따르면, 항문기[33]의 어린아이는 똥을 여성 성기에 품은 남근으로 상상한다. 다시 말하면, 어린아이는 젖가슴의 부재에 따른 구강기의 욕구 불만 이후에 항문괄약근의 조절로부터 어머니의 권위를 남근적 형태로 체험한다. 즉, 아이는 항문기에 경험하

---

32) 앞의 책, 86.『공포의 권력』, 116.

33) 생후 세 살에 시작하는 항문기 단계(anal stage)에서 아동은 항문괄약근을 통제하는 능력을 갖게 되면서 그의 관심은 구강 영역으로부터 항문 영역(anal zone)으로 주의를 옮기게 된다. 이 영역은 항문 성애를 의미하는 리비도 만족을 위한 출구가 되고 새롭게 나타나는 항문 가학증(anal sadism)적 특성을 지닌 공격 충동을 위한 출구가 된다. 항문-가학적 단계(anal-sadistic stage)는 배출과 보유 기능과 관련된 충동뿐만 아니라 배설물을 향한 충동들이 나타나는 단계를 말한다. 따라서 성애/가학성, 배출/보유, 항문 기능/항문 산물 등의 양극성이 나타나며, 이것은 능동성/수동성, 남성성/여성성 등 양가성과 관련된 갈등을 발생시킨다(『정신분석 용어사전』, 566).

는 모성적 힘에 의해서 자기와 자기 아닌 것, 가능과 불가능을 나누는 법을 익힌다. 언어를 받아들이기 전에 아이가 형성하는 이 육체의 지형도는 모성적 힘이 작용하는 영역으로서, 크리스테바가 말하는 전(前)언어적 기호계le sémiotique[34]라고 부르는 것이다. 곧, 상징계le symbolique의 반대편에 있는 기호계라고 부른 이 육체 위에 새겨진 지형도는, 언어 이전에 이루어지지만 언어적 의미의 지류를 형성한다. 말하자면, 상징 질서의 방법을 통한 언어적 기호가 아니라 언어적 기호가 수립하는 언어 너머의 어떤 것을 말한다. 예를 들면, 얼굴의 찡그림, 소리의 높낮이, 운율, 몸짓이나 자기도 모르게 내뱉는 기침소리 같은 것인데 여기에도 의미가 들어있다. 그러므로 기호계에 작용하는 모성적 힘은 상징계에서 언어의 습득이 이루어지는 부성적 법칙과는 구별되지만, 상징계의 남근적 운명 속에 스며들어 있는 모성적인 것이다. 요약하면, 언어와 인접한 이 모성적 힘과 육체의 지형학은 언어가 수립되는 과정에서 억압된다. 합법적이

---

34) 크리스테바가 말하는 기호계는 보통 학문분과로서 기호학과는 다르다. 기호학은 여성명사로서 여성관사가 붙어서 la sémiotique인데 크리스테바는 기호계를 남성관사를 붙여서 le sémiotuque로 표기한다. 이것은 상징계(le symbolique)와 대비되는 개념으로 육체적이고 충동적인 전(前)오이디푸스 단계라고 할 수 있다. 참고로, 현대 기호학의 흐름을 볼 때 기호학(la sémiotique)은 아직도 동질성을 구비한 단일한 학술 분야라고 말하기는 어렵다. 크게 두 부류로 나눌 수 있는데 먼저 퍼스(pierce)와 더불어서 기호학은 기호들을 다루는 과학으로 자리 잡았으며 다양한 종류들의 기호들을 분류하고 그 속성을 연구하는 작업을 기호학의 탐구 영역으로 간주한다. 반면, 소쉬르(Saussure)는 언어를 하나의 기호 체계로 보면서 관심을 자연 언어의 문제에 집중시켰다. 소쉬르와 더불어 수립된 구조기호학에서는 더 이상 기호라는 단일 단위의 본질에 대한 물음은 필요치 않게 되었고, 오히려 자연 언어의 발화 생산을 가능케 하는 심층부에 존재하는 체계, 또는 구조적으로 비교될 수 있는 언어 현상들의 발현 기저에 있는 내적 조직화가 핵심적인 요소로 부각되었다(김성도, 『구조에서 감성으로: 그레마스 기호학 및 일반 의미론의 연구』, 고려대학교 출판문화원, 2020, 187).

고 남근적이며 언어적인 상징 제도는 이러한 모권과 육체를 분리하면서 상징 질서를 구축하지만 그 기반이 되는 육체와 연결된 모성적 힘은 여전히 활동한다.[35]

6. 오염 의식과 모권

레비 스트로스를 비롯한 구조주의자들은 희생제의나 신화 같은 상징적인 제도들을 언어의 내재적인 논리 작용이 확장된 것으로 보았다. 즉, 음성적인 이항대립구조가 신화들에게도 적용된다고 보았다.[36] 그렇게 본다면 희생제의에서 죽는 제물은 말이나 기호 영역의 수직 구도에서 버려진 것이나 사라진 것에 해당된다고 할 수 있다. 그런데 이러한 논지를 따른다면 오염의 주변, 좀 더 구체적으

---

35) *Pouvoirs de l'horreur*, 87. 『공포의 권력』, 117~118.

36) 구조주의적 기호학자들에 따르면, 소리이미지(청각영상, 기표)와 개념(기의)의 종합이 랑그(언어체계) 차원의 기호를 만든다. 예를 들어서, 닭과 소 등의 기호는 자음, 모음 등의 철자와 발음으로 이루어진 기표와 바깥에 있는 대상을 뜻하는 기의가 합쳐져서 만들어진다. 이렇게 만들어진 기호는 또 다른 하나의 기표로 작용할 수 있다. 즉, 쇠고기와 닭고기는 가격의 차이로 인해 계층의 차이를 가리키는 기호로서 사용될 수 있다. 이 기호들 사이의 대립구조에서 파롤 즉 말의 의미가 생성된다. 그러므로 말의 의미란 단지 소리 사이의 차이들의 단순한 결과가 아니라, 기호들 사이의 대립구조에서 말하는 주체가 해석을 매개로 해서만 만들어진다. 신화도 소통체계로서 의미작용을 하는 차원은 기호학적 종합을 통해서 이루어지는 말의 차원이다(김성도, 『로고스에서 뮈토스까지: 소쉬르 사상의 새로운 지평』, 한길사, 1999, 206~7). 말(발화작용)은 언어(랑그)의 뿌리에 있으며 담화의 뿌리에 있다. 그리고 말은 의미작용과 문법, 소통의 뿌리에 있다. 그것은 주체를 성립하며, 생물학적인 것과 사회적인 것을 봉합하고, 객관적인 것과 주관적인 것의 토대를 이룬다. 이 같은 사실에서 상징 제도들이 근본적으로 공동체에서 '말하는 주체'를 역사적으로 또 논리적으로 구성한다는 것을 알 수 있다(김성도, 『구조에서 감성으로: 그레마스 기호학 및 일반 의미론의 연구』, 고려대학교출판문화원, 2020, 177).

로 여러 종류의 배설물 또는 월경수와 관련된 의식은 의미 작용의 고리인 육체의 영역을 분리하는 가장자리의 순위를 뒤집는다는 것을 함축한다. 이를테면 더럽고 전염되고 위험한 것은 사회가 만든 질서 속에서 불경한 것으로 남아 있다가 오염 의식을 통해 '성스러운 더러움'이 되며, 동시에 어떤 집단의 '고유성'을 형성한다.[37] 오염이 종교적 제의를 통해 더러움의 차원을 넘어 신성한 오염으로 금기시되는 것처럼, 상징계와 기호계의 경계에서 억압된 모성적 권한이 살아있는 기호계는 금기시된다. 종교 제도들에서 볼 수 있는 오염 의식은 육체를 성적으로 구분해온 증거이고, 언어를 넘어서 육체의 가장자리에 대한 가장 오래된 흔적을 갖고 있다. 이러한 맥락에서 오염은 어머니로부터 유래된 오염이라고 할 수 있을 것이다. 오염은 그 속에 어머니와 '말하는 주체'의 경험을 흡수한다. 종국적으로 아브젝트로서 분화되지 않은 모든 종류의 비대상성의 경험을 흡수한다. 마치 정화의식이 언어를 가로질러 고대의 경험으로 복귀하거나, 전(前)대상이나 오래전 흔적으로서의 부분적인 대상을 의식rites 자체로 끌어모으는 것처럼 말이다. 이른바 배제의 체계인 상징체계를 지나면서 의식rites은 문자 곧, 글쓰기écriture[38]로 형상

---

37) 『여성과 성스러움』, 179.

38) Écriture(에크리튀르)는 글(writing) 혹은 문자언어에 대응하는 프랑스어이다. 이것은 문학 비평에서 여러 방식으로 쓰인다. 첫 번째로 꼽을 수 있는 것은 롤랑 바르트(Roland Barthes, 1915~1980)의 『글쓰기의 영도』에서 사용된 맥락이다. 바르트는 이 용어를 사용하여 공백의 글 혹은 중립적인 글은 환상이라는 주장을 폈다. 두 번째 맥락은 바르트의 자동사적(intransitive) 활동으로서의 글쓰기를 가리킨다. 세 번째는 자크 데리다(Jacques Derrida, 1930~2004)의 『그라마톨로지』에서 사용된 맥락으로 데리다는 의미 작용의 관행으로서 글(문자언어, writing)보다 말(음성언어, speech)을 우위에 두는 전통적인 서열을 역전시킨다. 네 번째 맥락은 엘렌 식수(Hélène Cixous, 1937~)의 여성적 글쓰기로, (여성의) 몸으

화된다. 글쓰기는 풀어서 말하자면 플라톤 이래 서양철학이 말$_{logos}$ 중심주의로서 억압해온 문자의 차원이라고 할 수 있다. 여기서는 부성적인 법칙인 상징계에 의해서 경계가 만들어지는 것이 아니라 기표 자체의 질서를 가로지르는 모성적인 권력이 경계를 세운다.[39]

모든 의식$_{rite}$의 전형인 오염 의식들은 의미 작용의 층위라기보다는 물질적인 행위에 가까운 초언어적이고도 마술적인 힘에 근거하고 있다. 그런데 이러한 의식들은 말로써 오염에 관련된 경험을 형상화할 때 나타날 수 있는 기호적이거나 전(前)기호적인 충격을 완화하는 역할을 한다. 인도의 카스트 제도는 이에 대한 예시가 될 수 있다. 인도에서는 누구도 그들의 배설 행위에 관심을 기울이지 않는다. 그곳 힌두교도들은 아무 곳에서나 배설하는 것에 대해 누구 하나 언급하지 않고 아무도 다른 사람이 배설하는 것을 보지 않는다. 이로부터 크리스테바는 모종의 분열을 발견하는데, 그것은 한편 죄의식 없는 권한이 통치하는 육체의 영역(일종의 어머니와 자연의 융합이라 할 수 있는 영역)과 다른 한편은, 답답함·수치·죄의식·욕망이 작용하기 시작하는 남근 상징의 질서 세계 사이의 분열이다. 이와 비슷한 분열은 다른 문화권에서 신경증을 만들어낼지도 모르고, 다른 한편에서는 완전한 사회화를 이루기도 한다. 그런데 힌두교도들은 오염의 세계와 금지의 세계가 큰 무리 없이 서로를 동일시하거나, 서로 접촉하도록 하면서 느슨한 연결선을 가

로부터의/몸에 의한 글이며 가부장제(partriarchy)의 이항대립적 제한을 초월하는 글이라고 한다(참고, 조셉 칠더즈 외 엮음, 『현대문학·문화비평 용어사전』, 황종연 옮김, 문학동네, 2000, 164)

39) *Pouvoirs de l'horreur*, 88~89. 『공포의 권력』, 118~119.

지고 있다. 오염 의식 속에 작용하는 이와 같은 인접성(순응) 때문에, 오염 의식 속에 내포된 '말하는 존재'의 주관적 체제는 명명할 수 없는 것(비대상, 한계 너머)과 절대자(바꿀 수 없는 금지의 논리, 의미의 유일한 담지자)라는 양극단에 모두 닿아있다. 결국 글쓰기(écriture , 문자)가 없는 사회에서 오염 의식이 빈번한 것은, 이러한 오염 의식의 정화 작용이 '실재의 글쓰기' 역할을 하고 있다는 것을 보여준다고 크리스테바는 말한다. 달리 설명하자면, 인간은 말을 함으로써 인간이 되며 말과 동시에 질서를 만든다. 이 질서란 개체의 고유 표식을 없애고 어떤 범주로 묶는 일 그리고 이 범주에 들지 않는 것을 배제하는 일을 통해 성립된다.[40] 오염 의식들은 조각조각 자르고, 표식을 떼어내며, 규칙·범주·사회성을 그리는 글쓰기의 기능을 수행한다. 그러면서 그것이 연루된, 그리고 그것 자체의 절단에 내재하고 있는 것 외의 다른 의미 작용은 가지지 않는다. 이로써 크리스테바는 모든 글쓰기가 언어가 인식되는 제2단계의 의식$_{rite}$이라고 조심스럽게 주장한다. 다시 말해서 오염 의식은 언어 기호의 전(前)조건이 되고, 언어 기호들을 넘쳐난다. 이러한 맥락에서 볼 때, 글쓰기란 사실상 자신의 고유한 이름 저편에 있는 오랜 권한(어머니성)과 마주친 주체와 대면하고 있다 이 권한이 내포하고 있는 어머니성은 우리가 아브젝시옹이라 부른 것과도 맞대면한다. 이 아브젝트와 대면한 글쓰기는 음악과 춤, 혹은 무(無, rien)와 통하고 통사$_{syntaxe}$의 규칙을 따르지 않는 글쓰기이다.[41]

---

40) 『여성과 성스러움』, 179.

41) *Pouvoirs de l'horreur*, 90. 『공포의 권력』, 120~121.

7. 음식물과 오염

음식물은 여러 문화권에서 자연과 문화의 영역, 인간 세계와 그 바깥의 경계를 표시하기 위한 대표적인 아브젝트로 활용되어왔다. 예를 들어, 익힌 음식은 위험하다고 생각한 인도와 폴리네시아에서는 조리된 음식물을 뭔가가 혼합된 부정한 것으로 여겼고, 그것은 배설물과 관련된 아브젝트에 가까운 것이었다. 그들에게 저절로 익은 과일은 위험하지 않다고 생각되는 데 반해, 불을 가한 음식물은 오염되어 있고 일련의 터부로 둘러싸여 있다. 불은 음식물을 깨끗하게 만들기는커녕 조리된 음식물로 가족이나 사회에 개입한다고 그들은 생각한다. 그와 같이 조리된 음식물과 사회성과의 혼합에 대한 잠재적인 부정함은 배설물과 관련된 아브젝시옹과 유사하다. 배설물과 관련된 아브젝시옹이야말로 사회 현상 속에서 접촉된 혼합물에 대한 가장 극명한 예이다. 브라만교도들은 식사나 음식물에 대해 매우 엄격한 규칙을 적용하고, 음식을 먹기 전보다 먹은 후에 더 더러워진다고 생각한다. 이러한 맥락에서 크리스테바는 음식물이 위협적이고 치명적인 능력을 보유한 타자로서의 인간 즉, 어머니와의 오랜 관계가 근거가 되는 구순 대상l'objet oral(ab-ject)이라고 말한다.[42]

이러한 맥락에서 볼 때, 브라만교에서 남은 음식물에 대한 혐오감은 그 의미가 각별하다. 음식물을 혼합된 것으로 보면서 오염된 것으로 여기는 태도와는 별도로, 그들은 남은 음식물은 더욱 오

---

42) 앞의 책, 90~91. 『공포의 권력』, 121~122.

염되어 있다고 보았다. 남은 음식물은 누군가가 남긴 잉여물이다. 그것은 충족적이지 않은 것이어서 다른 것까지 더럽힐 수 있다. 그런데 한편으로 잔여물에 대한 또 다른 시각도 있다. 어떤 경우에 남은 음식물을 먹는 사람은 오염 대신 여행을 완수할 수 있거나 특별한 기능, 성직에 관련된 기능을 한다. 이것은 남은 음식물이 오염과 동시에 재생의 능력이 있다는 것을 보여준다. 오염과 재생의 능력을 동시에 가진 남은 음식물의 양가성은 다른 영역에서도 발견할 수 있다. 예를 들면, 대홍수 후 인도의 신 비슈누의 받침대가 된 뱀의 형태로 잔여물을 재현해서 세계의 재생을 보장한다는 천지개벽설이 있다. 이처럼 희생제의의 잔여물이 꺼려야 할 것이라 말해지더라도, 반대로 그 잔여물을 거론하는 것은 다시 태어나는 행운이 되며, 나아가 천국에 이르는 것까지도 가능케 한다. 여기서 보듯이, 힌두교에서 잔여물은 극도로 양가성을 지닌 개념이다. 더러움이 동시에 재생이라는 양가성은 아브젝시옹이 고귀한 순수함이 되는 것이나 난관이 성스러움에 대한 충동이 되는 것과 마찬가지라고 크리스테바는 말한다. 핵심은 잔여물이 통합되지 않은 이와 같은 사유의 구조와 공존한다는 것이다. 완전한 사실도 철저한 사상도 없이 모든 체계에는 잉여만이 있다.

잔여물이 지닌 이러한 양가성은 유일신적이고 일원론적인 세계의 일면적인 상징체계와 대조를 이룬다. 힌두교에서는 잉여물의 양가성을 통해 오염과 창조를 언제나 새로이 제기할 수 있다. 베다의 한 구절은 이점을 잘 보여준다. "나머지를 기초로 하여 이론과 형태가 있고, 세상이 있느니라… 존재와 비존재 · 죽음 · 활기, 이 모든 양면성은 나머지 속에 있느니라…."[43)]

8. 여성들의 출산 능력에 대한 공포 : 인류학적 연구

무의식적 어머니에 대한 공포는 곧바로 어머니의 출산 능력에 대한 공포를 의미한다. 인류학적 관찰에서 볼 수 있듯이, 부계적인 계보가 억누르려 한 것이 바로 이 두려운 힘이다. 즉, 야생의 사회에서 번식을 오염으로 간주하는 것을 관찰할 수 있는데, 그것은 부권이 확립되지 않은 사회에서 지나친 모계 성향에 대항하기 위해 정화의식을 통해 그 지지 기반을 찾는 싸움으로 볼 수 있다.

현대 사회에도 남성 우위의 힘을 보장하고 남녀의 성차를 구분하는 종교적인 금지들이 있다. 하물며 야생의 사회는 말할 것도 없다. 누에르족과 같이 남성 우위의 사회에서는 재생산에 필수적인 여성들이 남성 집단의 규범을 위험에 빠뜨릴 수 있기 때문에 분리되어야 한다. 그리고 근친상간을 금지하는 것과 같은 맥락에서, 월경수로 인한 오염은 모든 이들에게 가장 위험한 것으로 간주되어서 충돌에 대한 상징으로 해석되기조차 한다. 이것은 구약성서에서 삼손을 유혹하여 그의 막대한 힘이 머리칼에서 나오는 것을 알아내고는 머리칼을 잘라 버린 여인 들릴라Delilah의 이름에서 따온 들릴라 콤플렉스를 생각나게 한다. 이처럼 여성은 남성을 약화시키거나 배반한다는 신념을 뉴기니아의 마에엥가족, 콩고의 레레족, 캘리포니아 북부의 유록 인디언에게서 다양하고 극한적인 형태로 발견할

---

43) 앞의 책, 91~92.『공포의 권력』, 122~123.

수 있다. 이러한 여성에 대한 공포가 일어나는 곳에서, 여성의 행동에 관하여 남성이 불안해하는 것은 당연하며, 또한 남성/여성 관계의 상황이 왜곡되어 여성이 처음부터 배반자로 만들어진다는 것도 알 수 있다. 이러한 공포는 성과 관련된 것인데, 반드시 남성만 느끼는 것은 아니다. 여성에게도 성행위가 매우 위험한 것처럼 행동하는 사례가 뱀바족에게서 발견된다.[44]

　뱀바족의 예에서는 어머니에 대한 방어로서의 더러움에 대한 혐오가 분명하게 드러난다. 의식적으로rituel 부정해지고 오염된 월경의 더러움은 뱀바족에게는 거의 대재난과도 맞바꿀 만한 힘을 가진 것이어서, 이 경우 의식적인 부정함을 넘어 오염의 힘까지도 말할 수 있다. 이를테면 남성이나 부계의 상징인 불을 다룸에 있어서, 나름의 금기 사항을 지켜야 할 여성이 불을 만지면, 음식물을 익히는 불은 그녀를 병들게 하거나 심지어는 죽게까지 한다. 즉, 불과 피의 접촉으로 생긴 오염이 불러오는 질병과 죽음의 위협을 볼 수 있다. 그런데 뱀바족에게 권력은 남성들의 손아귀에 있지만, 혈통은 모계 중심적이고 결혼 후의 거주지도 모계 쪽으로 결정된다. 남성 지배 사회에 모계적 거주 형태라는 커다란 모순이 있는 것이다. 그러므로 신혼의 신랑은 신부 가족의 권위에 복종해야 하고, 그가 성숙할 동안 자신의 개인적인 장점들을 이용하여 모계적 권한을 능가해야만 한다. 이 때문에 이후에는 모계제로 인해 어린아이들이 성장할 때까지의 법적인 수호자인 외삼촌과의 충돌을 피할 수 없게 된다. 오염의 힘은 사회 제도의 층위에서 남성의 힘과 여성의 힘의

---

44) 『순수와 위험』, 240.

불분명한 분리로부터 야기된 영원한 충돌을 상징적으로 보여준다. 이러한 비분리는 사회 전체를 위태롭게 할 수도 있다.[45)]

한편 성과 관련된 오염에 대한 공포는 사회질서 속에 현실적 제재가 적절히 주어지는 경우, 발생하지 않는 것으로 관찰된다. 누어족은 오염에 대한 공포를 도덕적 판단의 기능으로 사용한다. 즉, 오염 규율은 사회적으로 도덕적 비판이 이완되었을 때, 이것을 정비하는 것과 같은 기능을 한다. 누어족의 남편은 아내가 간통을 하면, 그로 인해 오염되어 불구가 되거나 심지어 죽어가는 희생자가 된다. 만약 간통한 아내가 벌금을 지불하지 않고 희생 제물을 제공하지 않으면, 남편의 죽음은 아내의 책임으로 도덕적 비난의 대상이 된다. 누어족의 사례는 오염 신앙이 도덕 문법을 뒷받침할 수 있는 다음과 같은 방식을 제시한다. 1) 어떠한 상황이 도덕적으로 분명히 잘못이라고 규정될 때, 오염 신앙은 침범이 행하여지든 아니하든 간에, 그 후 결정하는 규율을 제공할 수 있다. 2) 도덕 원리들이 모순을 일으킬 때, 오염 규율은 그 문제에 단순한 초점을 제공함으로써 혼동을 줄일 수 있다. 3) 도덕적으로 잘못되었다고 간주되는 행위가 도덕적 의분을 촉발하지 않을 때, 오염으로부터 위험한 결과를 가져온다는 확신은 그 죄의 중요성을 강조하는 효과를 갖고 이에 의하여 세상의 공론을 정의의 편으로 인도하는 효과를 가질 수 있다. 4) 도덕적 의분이 현실 제재로 인하여 강화되지 않을 때, 오염의 신앙은 잘못을 저지른 사람들에게 억제책이 될 수 있

---

45) *Pouvoirs de l'horreur*, 93~94.

다.[46] 이와 같이 성과 관련된 오염의 관념은, 대부분 결혼 생활을 뒷받침하고 오염된 인간에 대한 처벌 요구를 강화한다. 이러한 위험이 미치는 갖가지 범위는 여러 개인들에 대한 도덕적 판단을 보여준다. 메리 더글러스에 따르면, 결혼 관계가 안정되고 아내가 통제받는 사회는, 간통의 위험이 피해자인 남편에게 떨어질 수 있는 사회이다. 그럼으로써 남편에게 아내를 매질할 수 있는 구실을 더 안겨주거나 적어도 아내의 방종한 행위를 비난하는 공동체의 비난을 환기시킬 수 있다.

살펴본 바와 같이 오염 신앙은 도덕적 가치를 뒷받침한다. 여기에서 오염은 도덕적 결함보다 소멸되기 쉽다는 사실로부터 우리에게 또 하나의 상황을 제시한다. 대부분의 오염은 그 영향으로부터 벗어나기 위해 약간의 시간과 노력을 들여 만족스럽게 지워 버릴 수 있는 의식들이 있다. 그러나 도덕적 죄과의 경우, 이것을 소멸할 수 있는지의 여부는 피해자의 마음 상태와 복수 여부에 달려 있다. 사악한 것을 매장하여 화해하는 의식은, 모든 의식과 마찬가지로 창조적 효과를 갖는다. 이것은 사악한 것에 대한 기억을 말소하는 것을 돕고 올바른 감정이 육성되도록 격려할 수 있다. 제의로 즉각 닦아서 없앨 수 있는 오염 범죄로 도덕적 죄과를 변형하고자 하는 데에는, 공동체 전체에 유리한 점이 반드시 있게 마련이다.[47] 사람들은 자신들의 사회 환경을 형성하는 경계선이 있고 그 경계선에 의하여 자신과 결합하거나 분리하여 타인과 사회적 환경이 성

---

46) 『순수와 위험』, 208~210.

47) 앞의 책, 212~214.

립된다고 믿는다. 그 경계선은, 엄격한 물리적 제재에 의해 보호받는다. 예를 들어, 어느 교회의 긴 의자에서 부랑자들이 몰려와 잠을 잔다면 경찰을 불러 내보낼 것이다. 그러나 경계선이 확실하지 않은 곳에서는 오염 관념이 출현하여 경계선을 뒷받침한다. 사회적 경계선을 넘나드는 것은 위험한 오염으로 여겨진다. 그러므로 부정(不淨)한 자는 어떤 경계를 넘었기 때문이며, 그럼으로써 타인을 위험에 빠뜨렸기 때문에 이중으로 사악한 자로서 비난의 대상이 된다.[48] 이러한 논의를 통해서 오염이 모계 사회를 억압하려는 도덕관념과 엮이어 있다는 사실을 추론해낼 수 있다. 어머니의 두려운 출산 능력에 대한 공포는 어머니와 관련된 육체를 아브젝트로 만들고, 어머니의 아브젝시옹은 나를 다른 곳 즉, 사회적 관계로 인도한다.[49] 그러나 남성의 힘이 사회에서 강하게 지배하고 있거나, 여성의 힘과 분리할 필요가 없는 사회에서는 이러한 성과 관련된 오염 신앙이 자리 잡지 않는다는 것을 인도의 카스트 제도를 통해서 알 수 있다.

인도의 카스트 제도는 혈통을 중심으로 한 족내혼을 원칙으로 하고 있다. 이것은 양쪽 부모로부터 사회 구성원의 자질을 양도받는다는 것이다. 이와 같은 규칙은 양성 간의 상징적이거나 현실적인 역할이 균등하다는 것을 보여준다. 인도 사회의 계급화는, 적어도 사회 내에서 권력을 재는 가장 중요한 잣대인 혈통에 관해서는 양성 사이에 개입하지 않는다. 말하자면 카스트란 사회 구성원의

---

48) 앞의 책, 218~219.
49) 『공포의 권력』, 124~126.

자질을 이양하는 데 있어 어머니와 아버지의 역할이 동등하다는 것을 확인시켜주는 신분제라 할 수 있다.

카스트의 족내혼 규칙을 따르던 인도 사회와는 달리, 고전적인 의미의 족외혼을 따르던 대부분 야생의 사회에서는 성별, 씨족 등이 '같거나' '다른' 체계 구분이 생기고, '고유한' 남성과 '이질적인' 여성이라는 확연한 대립 구도가 마련되었음을 알 수 있다. 따라서 족외혼 체계의 이원론은 혐오와 분리에 대한 세심한 법칙들과 차이의 부재를 보충하기 위한 것에 주의를 기울인다. 그런데 언급되었듯이 족외혼 체계가 아닌 족내혼 규칙에 따른다면, 남녀 성별이나 주체와 대상들 간의 경계선 역할을 하는 아브젝시옹을 증가시키지 않는다는 것을 발견할 수 있다. 그러므로 인도 카스트 제도에서는 혼인 제도의 층위나 의식적인rituel 층위에서 남성/여성, 아버지/어머니의 이질적인 이원론을 피하고, 대신 카스트 계급 간의 아브젝시옹을 증가시키는 것을 볼 수 있다.

결론적으로 모든 사회의 구성이 필연적으로 차이와 대립·분리로 만들어진다면, 족내혼은 남녀 양성이 함께 만들어나가고 양성의 균형 속에서 이루어짐으로써 카스트 제도를 돈독히 해준다. 족내혼을 통한 두 성의 권력 균형이 유지될수록 더욱 다른 차이점들을 통제하려는 욕망이 감지된다. 족내혼 계급에 내재된 비분리성은, 왜 그 사회에서 결혼이 '어떤 유의 부정함도 포함하지 않는' 유일한 통과의례인지를 설명해준다. 다시 말하면 힌두교에서 결혼은 그것이 더러움과 깨끗함의 경계선의 조건으로부터 분리된 통과의

례라는 점을 알 수 있다.[50)]

인도 카스트 제도에서 볼 수 있듯이, 더러움과 깨끗함의 구별은 일종의 원형이라기보다는 희생제의나 그와 같은 종교 관습, 결혼에 따른 규칙과 상관관계를 가지고 있다. 이런 관계 속에서 주체는 자기를 변별해나가기 위해 타자를 향해 자신의 혐오를 코드화codage한다. 다시 말하면, 정/부정(pur/impur)의 대립은 하나의 동일성을 위해, 차이를 만들고자 하는 열망을 드러낸다. 그리고 그것은 남녀의 성적 차이의 자리를 차지한다. 이로써 인도 사회에서 정/부정의 대립은 가치를 분리하는 역할을 하게 된다. 그것은 정화의식을 통한 희생제의의 폭력성을 대체한다.

힌두교에서는 정/부정의 대립과 남/녀 양성의 대립을 폭력에 호소하지 않고 해결한다는 것을 알 수 있었다. 말하자면 힌두교도는 계급에 따라 철저히 구성되어 있지만, 그것은 두 가지의 중요한 분리의 원칙에 뿌리를 두고 있다. 그것은 기호와 성적인 차이이다. 즉, 희생제의의 기호와 결혼을 규칙화하는 성적인 차이는 사회-상징적인 영역을 분할하고 재배치하여, 자율적인 주관성과 사회 현실을 동일화시키고 규정한다. 요컨대, 인도는 분리의 아브젝트 논리를 가식 없이 드러낸다. 그것이 성적인 것일 때는 차이점들을 균등화시키고, 사회 상징적인 것일 때는 분리를 극한까지 증가시켜 성(性)과 상징주의의 문제를 비폭력적으로 해결하는 이점을 가지고 있다.[51)]

---

50) *Pouvoirs de l'horreur*, 96~97. 『공포의 권력』, 127~129.

51) 앞의 책, 98~99. 『공포의 권력』, 130~132.

9. 오이디푸스 아브젝시옹과 정화작용

우리가 알다시피 오이디푸스 신화는 오이디푸스 콤플렉스로 알려진 이야기이고 이와 별도로 죽음을 앞둔 늙은 오이디푸스 왕의 이야기가 있다. 첫 번째 이야기에서 오이디푸스의 비극적인 숙명은 육체의 경계에서 발생한다. 이를테면 육신을 낳아준 어머니인 여성에게서 그 비극은 발생한다. 즉, 오이디푸스 신화는 여성에 대한 부정의 신화를 통해 오염을 요약하고, 비극의 위치를 다시 남성에게로 전복시킨다. 신화 속에 나타나는 부정과 그것의 전복 논리를 납득하려면 『오이디푸스 왕』과 특히 두 번째 신화인 『콜로노스의 오이디푸스』를 이해해야 한다.

오이디푸스 왕은 스핑크스의 수수께끼를 풀 만큼 논리적 함수 체계를 알고 있는 군주였지만, 자신의 욕망에 대해서는 전혀 무지하였다. 즉, 자신이 아버지 라이오스를 죽이고, 어머니 이오카스테와 결혼하게 되리라는 사실을 몰랐다. 굳건하고 논리적인 정권이라는 권력의 이면은 욕망의 살해자를 은폐하고 있었다. 그러나 군주의 위치에서 자신의 욕망과 죽음을 발견할 때, 비로소 아브젝시옹은 폭발한다. 다른 신화나 의식 체계의 논리처럼 아브젝시옹은 배제의 논리를 편다. 먼저 오이디푸스는 공간적으로 배제된다. 오이디푸스는 추방되어야 하고, 자기가 다스리던 영역에서 떠나야 하며, 사회의 경계를 지키기 위해 테베에서 더러움을 분리해야 한다.

공간적 배제에 이어 시각의 배제라는 관점에서, 오이디푸스는 눈이 먼다. 이 눈멂은 거세와 같다. 사실상 거세도 죽음도 아닌 눈멂은 거세나 죽음과 비교해볼 때, 경계를 강화하고 벽을 세우는 상징적 대체물임을 알 수 있다. 이 눈멂으로 인한 균열은 자기의 육체가 더럽혀졌다는 것을 보여주는 것이 아니라 아브젝시옹의 자리를 대신하는 상처 자국이다. 즉, 눈멂이라는 아브젝시옹의 상처를 통해 도시 국가와 앎은 유지될 수 있는 것이다.[52]

눈먼 오이디푸스는 부정한impur 도시 국가에서 부정agos을 정화katharmos하기 위해 스스로 부정agos, souillure이 되어 추방된다. 오이디푸스의 아브젝시옹은 그가 안다고 믿는 사이에 자신도 모르게 맡고만 숙명적 역할에 대한 풀리지 않는 모호성ambiguïté에서 생긴다. 바로 이와 같은 역동적 뒤바뀜이 오이디푸스를 아브젝시옹, 혹은 희생제물(pharmakos)로 만든다.[53] 파르마코스란 더러움으로 오염된 국가를 더러움으로부터 해방시키기 위해 추방된 속죄양과도 같은 것이다. 이러한 파르마코스의 모호함이 오이디푸스 비극의 배경이다. 즉, 금지된 것과 이상적인 것이 하나의 인물에서 맞부딪힌다. 그것은 '말하는 존재'로서 오이디푸스가 고유의 공간을 가지지 못한 것이라기보다는 불안정한 경계에 자리 잡고 있다는 것을 의미한다. 그것이 오이디푸스의 희생제물pharmakos이자 정화katharmos의 논리이다. 이것을 받아들인다면, 소포클레스의 희곡 작품의 힘은 단지 모호한 보편성에만 있는 것이 아니라, 대립되는 양 끝에 주어지는 의미론적 가치에 있다고 크리스테바는 말한다.

---

52) 앞의 책, 99~100. 『공포의 권력』, 132~133.

53) 파르마코스(pharmakos)는 속죄양을 의미하는 그리스어이다. 전통적으로 이 말은 특정 유형의 평범한 작중인물 즉, 임의로 선택되어 희생을 당함으로써 공동체에 정화를 가져오는 인물을 가리킨다(참고, 『현대문학·문화비평 용어사전』, 327).

오이디푸스 신화의 배경이 되는 테베는 불임 · 질병 · 죽음으로 인해 불결한 도시 국가이다. 오이디푸스는 아버지를 살해하고 어머니와 근친상간함으로써 재생산의 고리를 끊고 교란시켰으므로 부정 그 자체(agos)이다. 실제로 비극 속에서 오이디푸스의 두 아들과 두 딸 중 안티고네는 비극적 죽음을 맞는다. 오염은 삶을 정지시킨다. 오이디푸스 신화에서 보면 오염은 근친상간이다. 그것은 실제적으로 어머니와 맞닿아 있기 때문에 고유한 경계에 대한 위반으로써 오염이다. 이로부터 크리스테바는 말하는 존재나 사회적 존재의 고유성을 수립하는 최초의 경계선은 여성과 어머니 사이를 지난다고 추론한다. 왜냐하면 오이디푸스-파르마코스에 대응하는 여성은 아내이자 어머니인 이오카스테이기 때문이다. 이오카스테야말로 야누스 자체이다. 그녀는 유일하다고 믿어지는 존재와 역할에 대해 모호성을 불러일으키고 심지어 전복시킨다. 크리스테바가 보기에, 모든 여성들은 어떤 의미에서 야누스이다. 왜냐하면 여성은 자신의 아이를 자기 몸으로부터 분리시키며 재생산하는 존재인 동시에, 말하는 주체로서 욕망하는 존재이기 때문이다. 오이디푸스는 여성적 신비나 수수께끼인 이오카스테의 그러한 분열 자체와 결혼했다고 볼 수 있다. 경계선에서 정화 작용 없이 아브젝시옹을 구현하는 존재가 있다면, 그것은 여성이다. 반면에 남성은 같은 경우 아브젝시옹을 인식하고 폭로함으로써 그것을 정화시킨다. 그러므로 이오카스테가 부정한 미아스마(miasma, 나쁜 공기)이며 아고스agos임은 당연하다. 결국 오이디푸스만이 파르마코스(희생제물)인 것이다. 오이디푸스는 남성/여성의 두 힘이 분리되어 있는 세계를 종결짓는다. 즉, 그는 불가피하게 희생제물이 되는 각 개인의 특수성 속에 보편적인 비극을 도입함으로써 신화적인 세계를 완성한다. 그러나 이와 같은 내재화 작용이 가능하려면 테베에서 콜로노스로의 이행이 있어야 한다. 차이의 모호성과 반전은 계약이 되어야 한다고 크리스테바는 말한다.[54] 오이디푸스 왕의 비극적 운명은 콜로노스의 오이디푸스에 나타나는 상징적 계약에 의해 정화되는 것을 볼 수 있다.

『콜로노스의 오이디푸스』의 배경과 분위기는『오이디푸스 왕』과는 사뭇 달라진다. 이 작품은 오이디푸스 왕을 다룬 소포클레스(Sophocles, BC 496~406)의 세 작품 가운데 마지막에 집필된 것으로『오이디푸스 왕』이후의 사건을 다루고 있다.『오이디푸스 왕』의 결말은 눈먼 오이디푸스가 크레온에게 어린 두 딸을 맡기고 유배 생활을 자청하면서 종결된다.『콜로노스의 오이디푸스』는 방랑의 길을 떠난 오이디푸스와 그가 떠나고 난 뒤 집안에서 벌어지는 반목과 질시를 다루고 있다. 오이디푸스의 딸 안티고네는 아버지를 따라 유랑 생활을 하고, 작은 딸 이스메네는 집에 머물며 상황이 호전되기를 기다리는데, 두 아들 사이의 불화로 집안은 더욱 혼란에 빠진다. 두 딸은 아버지에게 충실한 반면, 아들 폴리네이케스와 삼촌이자 처남인 크레온은 자신의 목적을 위해 오이디푸스를 이용하려고 한다. 그들은 오이디푸스의 시신을 확보하는 쪽이 앞으로 일어날 전쟁에서 승리할 것이라는 신탁 때문에 오이디푸스에게 도움을 바랐고, 오이디푸스가 사망한 후에는 그의 유해를 서로 차지

---

54) *Pouvoirs de l'horreur*, 100~102.『공포의 권력』, 133~135.

하려고 하였다. 고통과 절망에 빠진 오이디푸스는 그들의 이기적인 행동과 거짓 참회를 비난하면서 그들의 제의를 거절하고, 아테네의 왕 테세우스의 도움으로 조용히 죽음을 맞이한다. 오이디푸스는 평화로운 임종을 맞이했고, 그의 영혼은 축복받은 성소에 받아들여진다. 테세우스는 오이디푸스의 유해를 아무도 모르는 장소에 비밀리에 안치한다.[55]

『오이디푸스 왕』에서 오이디푸스는 자신에게 가해진 운명의 부당성을 느끼면서도 자신을 변호하려고 하지 않았다. 자신의 행동에 고의성이 없었다고 해도 그 책임이 타인이 아니라 자신에게 있다고 생각하면서 자신의 운명을 담담하게 받아들이고, 자신의 손으로 두 눈을 찔러 눈이 멺으로써 스스로 대가를 치렀다. 그러나 『콜로노스의 오이디푸스』에서는 조금 다르게 재현된다. 오이디푸스는 모르고 저지른 범죄와 정당방위는 죄가 아니라고 강변한다. 과거 비극적 운명의 희생자에서 이제는 자신의 무고함을 주장하는 주체로 바뀐 모습을 볼 수 있다. 즉, 고통에 짓눌려 폐인이 된 군주 오이디푸스와는 반대로 이제 왕이 아닌 오이디푸스는 주체로서 자신의 결백을 주장한다.

오이디푸스 왕의 아브젝시옹은 인간 존재 속에서 강력한 힘을 발휘하는 앎과 욕망의 양립 불가능성을 드러낸다. 오이디푸스는 그의 욕망을 알지 못했다. 그것이 그의 운명을 죽음으로 결정했다. 그런데 콜로노스에서 아브젝시옹은 운명을 바꾸었다. 즉, 배제되지도 맹목적이지도 않은 아브젝시옹은 '죽을 운명의 주체' 속에 자리 잡

---

55) 소포클레스, 『콜로노스의 오이디푸스』, 김종환 옮김, 지식을 만드는 지식, 2017, 171~173.

는다. 오이디푸스 왕의 운명은 앎과 법칙 사이의 불일치로부터 기인한 죽음이었지만, 콜로노스에서는 운명적인 법칙에 대한 오이디푸스의 말 속에서 앎 속의 균열인 아브젝시옹은 정화된다. 여기서 아브젝시옹은 또 다른 경계와 만난다. 즉, 아브젝시옹의 반대편에 있는 성스러움의 경계이다. 성스러움은 오염의 가장자리뿐만 아니라 법칙 위반의 가장자리도 넘어선다. 그러므로 콜로노스에서 오이디푸스의 말은 오염과 함께 법칙의 오인이나 위반을 아브젝트로 만들고 정화한다. 이때 그의 말은 일종의 정화의식의 역할을 한다.

　죽음을 앞두고 있는 콜로노스의 오이디푸스는 죽음과 사회, 욕망과 앎, 아브젝시옹과 성스러움의 경계에 있으면서 말하는 존재이다. 콜로노스의 오이디푸스는 죽음의 문턱에서 복수의 여신들이 거하는 아테네의 성스러운 숲에서 삶의 종착지를 발견한다. 그가 그곳에 머묾으로써 테베와의 전투에서 아테네를 구원하게 된다. 신탁에 의해 오이디푸스가 머물 자리와 그의 매장 위치의 중요성이 제기되었기 때문이다. 『콜로노스의 오이디푸스』의 종막은 오이디푸스의 죽음을 전하는 사자(使者)의 언급으로 시작된다. 사자는 오이디푸스의 신비로운 죽음을 두고 이승과 저승, 삶과 죽음에 가로놓인 신비한 경계를 언급하고, 오이디푸스가 정화의식을 통해 자신의 삶의 굴레를 벗어나 마침내 신들에게 구원을 받았다고 언급한다.[56] 삶과 죽음의 경계에서 오이디푸스는 운명을 지배하고자 하는 인간의 의지와 운명을 결정짓는 외부적인 힘의 대립을 넘어선다. 즉, 죽을 운명을 가진 말하는 주체인 아브젝트로서 오이디푸스에게서 비

---

56) 『콜로노스의 오이디푸스』, 176.

천함과 성스러움을 동시에 볼 수 있다. 크리스테바는 이러한 아브젝시옹/성스러움의 이중의 진실을 향유하는 길은 언어의 시니피앙(signifiant, 기표)을 넘어서는 것이라고 말한다. 그리고 여기에 승화sublimation와 도착perversion을 향한 두 갈래 길이 열려 있다고 덧붙인다. 그런데 크리스테바에 따르면, 이 두 길의 교차점은 종교이다.

  풀어서 말하면, 프로이트는 『오이디푸스 왕』을 통해, 근친상간에 대한 욕망과 아버지 살해라는 잠재된 욕망을 일깨웠다. 이것들은 개인과 사회의 동일성을 깨는 욕망이라는 아브젝트이다. 그러나 『콜로노스의 오이디푸스』에서는 죽음과 맞먹는 저주스런 행위를 저지하는 무엇이 있다. 이를테면 죽음을 앞둔 콜로노스의 오이디푸스에게는 욕망과 앎, 아브젝시옹과 성스러움의 경계를 넘어서는 무언가가 있다. 그는 거짓 없이 자신의 운명에 대해 스스로 바라볼 수 있고 말할 수 있다. 즉, 다음과 같이 말하는 것과 같다. "나는 아브젝트이다. 말하자면 죽을 운명에 처한 말하는 존재이다." 모르고서 어머니를 욕망하고 아버지를 살해한 오이디푸스에게 무죄를 언도하는 대신, 그 운명의 극적인 분열을 허용한다. 몰랐다는 것이 운명의 회피가 될 수 없는 것처럼 진실의 결과에 대해 결정하기 어려운 가능성을 열어두면서, 영웅의 운명이 우리의 운명을 대변하고 있다. 우리의 눈은 언제나 상징계 즉, 언어로 전환된 우리 자신만을 알아본다는 조건으로 열려 있다. 그러므로 우리가 볼 수 있는 것은 분명히 한계가 있다. 타자도, 이성(異性)도 아닌 언어 속에서만 본다는 것은 결과적으로 실명 후에야 자신의 욕망과 타자의 의미를 발견하게 된다는 뜻이기도 하다. 육체의 눈이 가려진 후에야

시니피앙들의 연결고리에 대한 정의될 수 없는 탐색을 시작하게 된다. 그것은 '아브젝시옹/성스러움'이라는 중복된 진실을 탐색할 것을 요구한다. 이것이 크리스테바가 말하는 아브젝시옹/성스러움의 두 갈래 길이다. 이것은 다른 말로 승화 작용과 도착성이라고 할 수 있는데, 그 교차점은 종교이다. 말하자면 성스러움으로 향한 승화나 아브젝트로의 도착은 정/부정의 양면처럼 같이 있는 것이다. 종교는 이 두 양면을 다 가지고 있다. 프로이트는 이 양면성에 접근하기 위해 콜로노스 오이디푸스에 대한 분석을 필요로 하지 않았다. 그는 모세를 앞세워 상징적인 법칙에 대한 종속으로 더러움을 전복하는 데 전념했다. 크리스테바가 보기에, 『콜로노스의 오이디푸스』는 그리스 문화의 또 다른 운동을 통해, 헬레니즘이 성서와 만날 수 있는 길로 인도한다.[57] 말하자면, 앎과 운명, 로고스와 파토스 사이의 근원적 불일치를 딛고 등장하는 '말하는 주체'는 육체를 가진, (어머니와의) 원초적 기억을 지닌 주체이다. 크리스테바는 이 점을 줄곧 이야기하려고 한다. 이것은 육화(현현, incarnation)된 신이라는 성서의 메시지와 같이 읽힐 수 있다.

---

57) *Pouvoirs de l'horreur*, 104~105. 『공포의 권력』, 138~9.

4장   성서 속 혐오의 기호학

1. 정/부정의 대립 : 여성

학자들은 더러움을 대하는 두 가지 관점이 성서에 나타난다
고 말한다. 더러움에 대한 성서의 첫 번째 관점은 부정(不淨)을 신
의 뜻에 위반하는 것으로 보는 것이다.[1] 두 번째 관점은 부정이 성
스러움을 위협하는 악마적인 힘을 나타낸다는 것이다.[2] 이 해석에
따르면, 부정함은 성스러움과 독립해서 작용하는 것으로써 사탄적
인 힘 같은 것으로 이해된다. 이 두 해석을 대비하면서 크리스테바

---

[1] cf. Jacob Neusner, *The Idea of Purity in Ancient Judaism*, Leiden, E. J. Brill, 1973, p.9(*Pouvoirs de l'horreur*, 109 재인용).

[2] Baruch A. Levine, *In the Presence of the Lord Aspects of Ritual on Ancient Israel*, E. J. Brill, 1974(*Pouvoirs de l'horreur*, 109 재인용).

는 성서에 나타난 부정에 대한 사유의 복잡한 역동성을 들춰낸다.

크리스테바에 따르면, 성서 속에 나타나는 더러움의 전통은 어머니나 여성의 재생산하는 모성적인 기능이 종교사적으로 주체의 동일화 과정 속에 뿌리 내린 것이다. 다시 말하면 영원히 타자인 여성과 여성의 수태 능력이 위협적인 힘으로 감지되면서 그 힘을 부정에 집중시켜 동일시했다는 것이다. 성서는 여성이 가진 자연적인 힘을 사회질서의 상징체계 속에 강제적으로 복속시켰다. 인류학적 연구에 따르면, 부정이 사회적 상징체계 속에 들어오지 않을 때 공포를 불러일으킨다. 그러므로 여성의 출산과 생리 현상을 부정하게 본 것은 자연의 재생산 능력에 대한 공포와 무관하지 않다는 것을 알 수 있다. 성서에서는 여성의 힘이 자율적인 악으로 작용하지 못하게 항상 상징 질서 안에 가두었다.

성전 예배의식과 관련된 율법이 정결하거나 부정하다고 하는 것은 사회적 질서 관계에서 결정된다. 즉, 정결성과 부정성은 성전 예배의식과의 관계 속에서 자리 잡게 되는데, 그것은 율법을 통해 정/부정의 논리를 상징적 공동체가 이용하는 동시에 재현하기 때문이다. 메리 더글러스가 부정을 상징 질서를 어기는 것이라고 정의하거나, 노이스너가 부정을 '성전' 예배의식과 양립할 수 없는 것이라고 정의할 때, 그들은 서로 같은 것을 다른 관점에서 말한 것이다.

한마디로 성서의 논리를 따르면, 그 자체로 '혐오스럽다는 것은' 주어진 상징체계의 질서에 복종하지 않기 때문에 혐오스러운 것이다. 그러나 크리스테바는 상징체계의 논리를 넘어서, 정/부정의 체계를 담지할 수 있는 주관성 또는 사회적 유형들을 재현하는

주관적인 구조화 과정에 대해 집중한다.[3]

　성서에서 최초 정/부정(히브리어 tôhar/tâmê)의 구별은 창세기의 대홍수 사건 이후 여호와께 바친 노아의 희생제의에서 나타난다. "노아가 여호와를 위하여 단을 쌓고, 모든 정결한 짐승 중에서와 모든 정결한 새 중에서 취하여 번제(燔祭)로 단에 드렸더니." (창세기 8:20) 성서는 그전에 살인을 저지른 카인도, 하나님의 명령을 거역한 아담에게도 부정하다는 표현을 쓰고 있지 않다. 크리스테바에 따르면, 정/부정의 대립은 노아 홍수 이후 신과의 약속에 의거하여 질서 지우기 위한 특별한 수단이다. 그러므로 성서의 정/부정의 대립은 절대적인 것이 아니다. 이 대립을 통해 섞임이 없는 엄밀한 동일성이 구축되기도 하고 분리되기도 하면서 이 대립은 성서 텍스트의 근본적인 관심 속에 자리 잡는다. 그런데 신학적 구성에서 문제가 되는 것은 바로 인간과 신의 차이이다. 야훼 문서와 엘로힘 문서[4] 속에서, 신과 인간의 근본적인 차이는 삶과 죽음, 식물과 동물, 육체와 피, 건강과 질병, 이질성과 근친상간 같은 내용을 모두 포괄하는 것을 볼 수 있다. 크리스테바에 따르면, 이러한 대립이 지닌 의미론적 가치에 입각해서 대략 세 가지 혐오스러운 것의 범주를 도출할 수 있다. 1) 음식물에 대한 터부, 2) 육체의 노쇠와 그것의 절정인 죽음, 3) 여성의 육체와 근친상간이다. 요약하면, 지형학적인 관점에서 거룩한 성전이라는 장소에 부합하는 것은 용인되고, 그렇지 않은 것은 거부되었다. 논리적인 관점에서 율법과 관련

---

3) *Pouvoirs de l'horreur*, 109~111. 『공포의 권력』, 143~145.

4) 엘로힘 문서(Elohist source): E 문서라고도 한다. 모세 오경의 원본을 구성하는 자료들 가운데 하나.

하여 정한 것과 부정한 것이 구별되었다. 특히 정결함이나 성스러움에 대한 율법은 레위기 11~16장과 17~26장에 기록되어 있다.[5]

성서에 등장하는 부정은 주로 음식물 · 월경수 · 나병 · 임질 등과 같은 물질적인 것과 관계가 있다. 이것들은 성전 예배의식에서 배제되기 때문에, 결국 부정은 종교적 예배와 관련된 것이다. 그런데 부정이 우상을 숭배하는 종교의식과 관련되어 결국 배제된다는 사실은 부정을 직설적으로 나타내기보다 부정과 관련된 진실을 은유적으로 드러낸다는 것을 보여준다. 사실상 정/부정의 구별이 이스라엘의 종교 생활에서 근본이 된 것은 제2의 성전 즉, 바빌론 포로기 이후 시대, 에스겔 특히 이사야(55~66장) 이후부터이다. 그전에 종교의식의 중심에는 우상숭배라든가, 성욕 혹은 비도덕 같은 부정보다는 정결함이 더욱 강조되었다. 따라서 이후 정/부정의 대립은 물질적인 것을 직접적으로 드러내기보다는 우의적allégorique이고 은유적으로 나타난다. 이처럼 은유적인 방법으로 깨끗함과 부정함을 가르는 중심에는 성전이 자리 잡고 있다.

크리스테바가 보기에, 성전의 기능은 모종의 대립이다. 성전이 파괴되었을 때조차 성전의 기능은 유대인들에게 '은유적인' 방법으로 지속되는데, 말하자면 유일신에 대한 동일성의 전략으로써 성전은 의미론적이고 논리적으로 대립을 만드는 기능을 했다. '구순성 · 죽음 · 근친상간'과 같이 분리 작용을 하는 의미소들은 유일신의 장소와 법을 보증하는 논리적 재현과 떼려야 뗄 수 없는 이면들이다. 달리 말하면, 유일신의 장소와 법은 일련의 구순적인 성질, 육

---

5) *Pouvoirs de l'horreur*, 112. 『공포의 권력』, 145~147.

체적인 혹은 물질적인, 마침내는 어머니와의 융합에 버금가는 일련의 분리 작용 없이는 존재할 수 없다는 말이다. 그러므로 정/부정의 배치는 유대교가 스스로를 정립하기 위해 이교도와 모성 숭배적인 제사 의식에 대항하여 치러야 했던 치열한 싸움을 증언한다.[6]

개인적인 차원에서 정/부정의 배치는 각 개인이 '말하는 주체'로서 법칙에 따르는 주체가 되기 위해 각자의 역사 속에서 내내 벌여야 하는 투쟁을 종결짓는다. 이런 의미에서 정/부정 대립을 드러내는 '물질적인' 의미소는 터부에서 볼 수 있는 신성한 금지의 은유뿐만 아니라, 동일성이라는 주체의 경제économie를 설명할 수 있는 논리라고 크리스테바는 덧붙인다. 풀어 말해, 정/부정의 대립은 개인적으로나 집단적으로 터부가 지켜지지 않았을 때 발생할 수 있는 혼란을 접고 질서를 다시 세우는 희생제의의 역할을 할 수 있다. 그리고 정/부정의 대립을 전제하는 터부는 그 대립의 차이와 형태를 결정한다.[7]

'터부'는 폴리네시아어인데, 이 말은 라틴어 '사케르'sacer, 고대그리스어 '아고스'agos 히브리어 '카데쉬'Kadesh로 번역 가능하다. 프로이트에 따르면, '터부'의 의미는 서로 상반되는 두 방향을 지향한다. 한편으로는 '신성한'heilig, '성별(聖別)된'geweiht이라는 의미를

---

6) 이러한 현상은 현대 신학자들에게 새로운 해석으로 나타나기도 하는데, 예컨대 "땅이 혼돈하고 공허하며 흑암이 깊음 위에 있고 하나님의 영은 수면 위에 운행하시니라"(창세기 1:2)를 칼 바르트는 이방 종교의 어머니-여신 형상에 대한 풍자로 읽었다. 즉, 우주적 시초들에 대한 존엄한 예배의식 속에 담지된 하나의 신비한 접층(fold)으로서 해석했다(Catherine Keller, *On the Mystery: Discerning Divinity in Process*, Fortress Press, 2007. 『길 위의 신학』, 박일준 옮김, 동연, 2020, 148).

7) *Pouvoirs de l'horreur*, 113~114. 『공포의 권력』, 147~148.

지니고 다른 한편으로는 '기분 나쁜'unheimlich, '위험한'gefährlich, '금지된'verboten, '부정한'unrein이라는 의미를 지니고 있기도 하다. 프로이트는 터부를 공평하게 설명하기 위해, 『브리태니커백과사전』Encyclopedia Britannica을 인용한다. "엄밀하게 보자면 터부에 포함되는 것은 (a) 사람 혹은 사물의 신령한(혹은 부정한) 성격, (b) 이 성격으로부터 발생한 일종의 금제, (c) 그 금제를 범할 경우에 발생하는 신성(혹은 부정)뿐이다. 폴리네시아어에서 터부의 반대말은 '노아'인데, 이 말은 '일반적인' 혹은 '평범한'의 의미를 지닌다."[8]

크리스테바에 따르면, 터부는 정/부정을 구별하고 그 대립의 여러 형태와 차이들을 만든다. 부정한 것과 정결한 것을 나누는 터부를 통해 인간은 성스러운 법칙에 참여하고, 또 그 법칙을 유지시킨다. 일반적으로 터부는 인접하거나 유사한 속성을 차용해 전체를 표현하는 환유적인 방식으로 만들어진다. 예를 들어, 방과 마루의 경계인 문지방은 삶과 죽음의 경계를 표시하는 것으로 생각되어서 밟으면 안 된다는 사고방식이다. 이때 문지방에 대한 터부는 경계라는 속성이 환유적으로 차용된 것이다. 터부의 환유적인 질서가 교란되었을 때 그로 인해 부정해진 것을 정화하는 것이 희생제의이다. 여기서 희생제의는 결코 양립할 수 없는 두 개의 이질적인 의미 사이에서 작용하면서 서로를 결합시킨다. 이러한 희생제의는 은유적 방식으로 작용한다. 은유는 부재를 표현하는 비유법인데 가령, '내 마음은 호수'라고 할 때 내 마음은 호수가 아니지만 내 마음속에 없는 호수를 통해 마음 상태를 표현한다. 희생 제물이 되는 대상은

---

8) 「토템과 터부」, 『종교의 기원』, 54~55.

인간이 아니지만 인간을 대신해서 희생되기 때문에 부재를 이용한 은유적 작용을 한다고 볼 수 있다. 결과적으로, 터부가 강하게 자리 잡고 있어서 정/부정의 질서가 교란되지 않는다면, 정화의식인 희생제의는 필요하지 않다.[9]

2. 인간/신의 구별 : 음식물

터부는 부정한 것과 신성한 것의 대립을 많이 함축하고 있지만, 그중에서도 음식물에 대한 터부는 인간과 신 사이를 최초로 분할하는 수단으로 작용한다. 구약성서 창세기에 보면, 창조 후 하나님은 인간들에게 선악을 알게 하는 나무 열매는 먹지 말라고 하셨다. 그런데 그 열매를 인간들이 따 먹은 후에, "여호와 하나님이 이르시되 보라 이 사람이 선악을 아는 일에 우리 중 하나 같이 되었으니 그가 그의 손을 들어 생명 나무 열매도 따 먹고 영생할까 하노라 하시고"(창세기 3:22)라는 구절이 나온다. 영원한 신과 피조물인 인간이 동화되는 혼돈 상태를 막기 위해 신은 또 다른 음식물을 금지하였다. 이러한 음식물 금지 위반 사건에는 여성과 뱀의 유혹이 주역을 한다. 구약성서 레위기에서 가증하게 치부되는 것들 중에 여성에 대한 언급이 있는 것은 우연이 아닐 것이다. 천지창조 후 신에게는 동물을 잡아서 희생제의를 드리고, 인간은 살생 금지의 법에 따라 채식이 주어졌다. "하나님이 이르시되 내가 온 지면의 씨 맺는 모든 채소와 씨 가진 열매 맺는 모든 나무를 너희에게 주노니 너희

---

9) *Pouvoirs de l'horreur*, 114. 『공포의 권력』, 148~149.

의 먹을거리가 되리라"(창세기 1:29) 그런데 인간이 하나님의 명령을 어기고 세상에 죄악이 가득하므로 홍수 심판이 일어났고, 노아 홍수 이후에는 인간에게 육식이 허락되었다. 크리스테바에 따르면, 홍수 심판 이후에 인간에게 육식이 허가된 것은, 인간의 관점에서 필수적으로 동반되는 악을 비난코자 하는 부정적인 의미가 포함되어 있다. "사람의 마음이 계획하는 바가 어려서부터 악함이라."(창세기 8:21) 그것은 인간에게는 살해의 경향이 필수적으로 내재해 있다는 증명이 된다. 또한 신이 인간에게 육식을 허용한다는 것 자체는 인간에게 가장 원초적이고 오래된, 뿌리 뽑을 수 없는 탐식과 같은 '죽음의 충동'을 승인한다는 것으로 볼 수 있다.[10)]

크리스테바에 따르면, 대홍수 이후에 육식/채식 구별은 살/피 대립의 형태로 재형성된다. 말하자면, 한편은 창백한 삶(인간의 운명), 다른 한편은 피(신의 운명)로 갈라진다. 부정을 나타내는 피는 '동물'의 의미소를 다시 취하고 인간이 없애버려야 할 살해 경향을 보여준다. 그러나 피라는 이 생명의 구성 요소는 동시에 여성들과 풍요와 다산(多産)에 대한 약속을 암시한다. 그 요소는 매혹적인 의미의 교차점이 된다. 즉, 피는 죽음과 여성성, 살해와 출산, 삶의 정지와 생명력이 서로 만나는 아브젝시옹에 적합한 자리이다. "그러나 고기를 그 생명 되는 피째 먹지 말 것이니라."(창세기 9:4)

이러한 홍수 이후의 하나님과 노아 사이의 계약은 모세와 유일신 하나님의 계약으로 더 정교해지고 세분화된다. "내가 전에 너희에게 이르기를, 너희가 그들의 땅을 기업으로 얻을 것이라. 내가 그

---

10) 앞의 책, 115. 『공포의 권력』, 150.

땅 곧, 젖과 꿀이 흐르는 땅으로 너희에게 주어 유업으로 삼게 하리라 하였노라. 나는 너희를 만민 중에서 구별한 너희 하나님 여호와라. 너희는 짐승의 정(淨)하고 부정(不淨)함과 새의 정하고 부정함을 구별하고 내가 너희를 위하여 부정한 것으로 구별한 짐승이나 새나 땅에 기는 곤충으로 인하여 너희 몸을 더럽히지 말라."(레위기 20:24-25) 음식물의 영역은 신적인 터부에 결부되지만 더 수정되고 확대되어서 도덕이나 아니면 더 추상적인 율법으로 발전하는 것을 볼 수 있다. 이러한 내용은 레위기 11장에서 18장 사이에 상세하게 나열되어 있다.[11]

레위기 10장에서는 제사장 아론의 아들들이 여호와가 명하지 않은 '다른 불'을 향로에 담아 여호와 앞에 가져갔다가 여호와 앞에서 나온 불에 삼켜져 죽는 일이 일어난다. 이후 여호와가 아론에게 말씀하셨다. "너나 네 자손들이 회막(會幕)에 들어갈 때는 포도주나 독주를 마시지 말아서 너희 사망을 면하라. 이는 너희 대대로 영영한 규례(規例)라. 그리하여야 너희가 거룩하고 속된 것을 분별하며 부정하고 정한 것을 분별하고, 또 여호와가 모세로 명한 모든 규례를 이스라엘 자손에게 가르치리라."(레위기 10:9~11) 성소는 거룩하게 구별된 장소이기 때문에 희생제의를 드릴 때도 분리나 차이를 두어야 한다. 그런데 이어서 속죄제를 드린 염소를 거룩한 곳에서 먹지 않고 모두 태워버린 아론의 다른 두 아들에 대해 모세가 화를 낸 일이 일어난다. "그 피는 성소에 들여오지 아니하는 것이었으니 그 제물은 너희가 내가 명령한 대로 거룩한 곳에서 먹었어야

---

11) 앞의 책, 116. 『공포의 권력』, 150~151.

했을 것이니라"(레위기 10:18) 하고 모세가 그들을 책망한다. 그러나 바로 다음 장에서 성결pureté에 대한 규정이 거룩한 장소에 국한되지 않고 음식물의 구별로 확대된다. "여호와께서 모세와 아론에게 고하여 그들에게 이르시되, 이스라엘 자손에게 고하여 이르라. 육지 모든 짐승 중 너희의 먹을 만한 생물은 이러하니, 짐승 중 무릇 굽이 갈라져 쪽발이 되고 새김질하는 것은 너희가 먹되, 새김질하는 것이나 굽이 갈라진 짐승 중에도 너희가 먹지 못할 것은 이러하니 약대는 새김질은 하되 굽이 갈라지지 아니하였으므로 너희에게 부정하고."(레위기 11:1-4) 신명기 14장에서도 인간이 먹을 수 있는 것과 먹어서는 안 되는 동물에 대한 논리가 전개된다. 육식 생활은 하지만 낙타처럼 몇몇 초식 동물들은 굽이 갈라져 쪽발이고 새김질도 하는 일반적인 법칙에 어긋나기 때문에 그것들은 멀리해야 한다. 이와 같이 정결한 것은 수립된 분류 질서에 부합하는 것이다. 도덕적 죄, 출산, 나병 등을 부정한 것으로 본 것에서 이제 부정은 그 분류 질서를 교란시키고 섞거나 뒤바꿔 놓는 것으로 확대되었다. 하늘·바다·땅이라는 세 장소적 요소에 하나씩 정상적으로 부합하는 새·물고기·곤충과 같이, 한 가지 요소에만 속하지 않는 종류는 혼합이나 혼란과 같은 것으로 부정하게 치부되었다.[12]

결과적으로 '살생하지 말지니라'라는 인간과 신 사이의 최초 계약에 뒤이어 나타난 근본적인 대립(식물/동물, 살/피)이 이후에 논리적 대립체계 전체가 되었다고 크리스테바는 말한다. 이러한 대립체계는 대홍수 후에 노아가 정결한 것과 부정한 것을 구분해서

12) 앞의 책, 117.『공포의 권력』, 153.

번제로 드리는 것과는 구분되는 혐오체계를 형성한다. 처음에 의미론적으로 삶/죽음의 이분법으로 지배되던 체계는 마침내 차이의 약호code 체계로 바뀐다. 정/부정의 대립으로 인한 차이점들이 여러 동물들의 기능을 설명해줄 수 있는 실용적인 가치가 있다고 할지라도, 그 실용적 가치는 진정한 분류 체계로서 터부 체계에 아무런 영향력을 행사하지 못한다. 그만큼 차이에 기초한 혐오 논리는 집단에서 강력한 힘으로 분류 체계를 형성한다는 것을 알 수 있다. 메리 더글러스에 따르면, 레위기에 나타나는 혐오의 논리는 '개인적 통합'과 '분리'에 초점을 맞추지 않으면 그 체계를 이해할 수 없다.[13]

덧붙이면, 메리 더글러스는 유대인의 음식물에 대한 금기들이 배제의 보편법칙에 따라 지배되고 있음을 증명하였다. 그 법칙에 의하면 부정한 사람은 상징적 질서 밖으로 떨어진다. 정결에 대한 이 성서적 강박관념은 신성의 근본처럼 나타난다. 그러나 크리스테바의 기호학적 관점에서, 그 강박관념은 모든 정화의식에 기초한 정체성 혹은 그 자체로서 사회와 문화의 총체를 구성하기 위한 분리의 필요성에 대한 의미론의 변형일 뿐이다.[14]

3. 육체의 경계 : 할례와 나병

음식물에 대한 금지에 이어, 레위기 12장에서는 병든 육체에 대한 언급 사이에 산후 여성에 대한 언급이 있다. 분만과 그에 따르

---

13) 앞의 책, 118.『공포의 권력』, 154.

14) 줄리아 크리스테바,『새로운 영혼의 병』, 유재명 옮김, 시각과언어, 2001, 151.

는 피로써 여인은 "경도(經度, 월경)할 때와 같이 '부정'할 것이며"(레위기 12:2) 또한 여인이 잉태하여 여자아이를 낳으면, "그는 이 칠일 동안 부정하리니 경도할 때와 같을 것이다"(레위기 12:5). 그 몸을 정결케 하기 위해 산후의 어머니는 번제와 속죄제를 위한 희생을 드리지 않으면 안 된다. 한편에는 여인이 출산 후 부정과 오물·피에 대한 정화 작용으로서의 희생제의를 드리게 되어 있고, 또 다른 한편에는 여인이 잉태하여 남자아이를 낳으면, "여덟째 날에는 그 아이의 포피를 벨 것이요"(레위기 12:3)라는 규례에 따라 할례를 해야 한다. 이 할례 의식은 부정을 분리시키는 동시에, 어머니의 입장에서는 자신의 불결함을 아이에게서 분리하는 수단이 된다. 이때 할례는 희생제의를 대신하는데, 단순히 대체하는 의미를 넘어서 희생제의와 동등한 것으로, 신과의 계약 의미를 가진다. 할례는 음식물에 대한 터부와 같이 분리를 각인하는 동시에, 분리를 나타내는 희생제의를 대신한다. 즉, 여성의 불결함, 특히 모성의 불결함에 관련해서 할례를 강조하면서, 이 의식의 근본적인 의미가 선택받은 자와 신이 동맹 관계를 맺는 데 있다는 것을 보여준다. 할례 의식은 아들이 그 자신의 성으로부터 다른 성을 잘라내는 것이며, 이때의 다른 성(여성)은 부정하고 오염되어 있다는 것이다. 모태로부터 출생 시 탯줄을 잘라내는 자연적인 절단을 반복하면서, 유대교는 할례를 어머니와 상징적인 분리 의식으로 대체한다. 이렇게 함으로써 '자연적'인 것과는 반대로, 신과 계약 맺는 '말하는 존재'l'être parlant는 아들과 어머니의 분리에 근거해서 이루어진다. 요컨대, 상징적인 자기 동일성은 양성 간의 강력한 차이에서 기인한다는 것을 보여준다고 크리스테바는 말한다.

이러한 추론에 따르면, 레위기에서 성스러운 법칙에 부합하지 않는 음식물이나 부정, 오물 같은 것들은 여성이나 어머니의 특징을 나타내는 것에 귀속된다. 음식물에 대한 혐오는 풍요한 여성의 육체나 출산능력에 뒤따르는 혐오와 유사하다. 음식물에 대한 금지는 분리의 과정에서 가장 근본적인 차폐막을 제공한다. 따라서 장소-피lieu-sang라는 장치와 차이들의 말-논리parole-logique라는 장치가 '말하는 존재'를 신과 분리되게 할 수 있는 근원은 이 풍요의 어머니일 것이다. 이런 경우 분리란 어머니의 환상적인 힘으로부터의 분리와 같다. 다시 말하면 자연의 힘으로부터 분리되어, 말하는 주체로 서는 것이다. 이 시원적인 대모신(代母神)은 종교사에서 실제로 주위를 둘러싸고 있는 다신교와 싸우는 한 민족의 상상 속에 나타난다. 그리고 각자의 개인사 속에서 환상적인 어머니에게 속하는 이 심연은 말하는 것을 배우기 위해 의미화할 수 있는 독립된 장소lieu와 다른 대상objet을 구축해야 한다. 풀어 말해, '말하는 주체'가 되기 위해서는 어머니와의 비분리 상태로부터 벗어나 어머니를 대체할 다른 대상을 찾아야 한다.

정리하면, 음식물에 대한 혐오는 더럽혀진 모성을 상기시킨다. 나아가 그 혐오는 여성과 남성이라는 양성 사이의 경계를 설정한다. 이러한 분리는 '고유한' '개인의' 조직화의 근간으로써 의미작용이 되고 합법화된다. 한마디로, 법과 도덕에 종속하는 남성/여성의 경계에 대한 논리 속에 음식물에 대한 혐오의 논리가 새겨진다. 그 근저에는 오염된 어머니의 육체에 대한 환상이 자리 잡고 있

다.[15)]

　레위기 13~14장은 문둥병의 부정을 다루고 있다. 우리가 알다시피 문둥병은 육체의 경계를 이루는 피부에 발생하는 병이다. 크리스테바가 보기에, 문둥병에 대한 혐오는 경계가 분명하지 않은 것 즉, 혼합된 것, 동일성을 교란하는 것들에 대한 부정과 같은 논리를 취한다. 나아가 출산과 월경을 경험하는 모성적 육체의 오염과 연결된다. 출산의 경험과 관련해서, 육체 내에서 생명을 배태해서 밖으로 내보내는 행위는 마치 피부에 물질적인 흔적이 계속되는 것과 같이 불결하다. 기한이 차서 몸 밖으로 강제적으로 내보내는 출산 행위에서 태아는 문둥병의 현실과 만난다. 즉, 태아가 모체 속에 더 머물고 싶어도 태아를 더 이상 품을 수 없는 모체가 혐오스러움을 가지고 태아를 아브젝트로 만들기 때문이다. 육체적인 자기 동일성에는 이렇게 육체의 파열이라는 손상이 아로새겨져 있다. 달리 말하면, 문둥병에 걸려 오염된 육체에 대한 강박관념은 주체가 어머니로부터 벗어나 스스로 다시 태어나는 환상 속에 자리 잡고 있는지도 모른다. 크리스테바에 따르면, 레위기의 혐오체계가 떨어내고 없애버리려는 곳이 바로 이 환상의 자리이다.[16)] "무릇 흠이 있는 자는 가까이 못할지니 곧, 소경이나 절뚝발이나 코가 불완전한 자나 지체가 더한 자나, 발이 부러진 자나 손이 부러진 자나 … 그는 흠이 있은즉 나아와 하나님의 식물(食物)을 드리지 못하느니라."(레위기 21:18-21)

---

15) *Pouvoirs de l'horreur*, 118~119. 『공포의 권력』, 154~156.

16) 앞의 책, 120~121. 『공포의 권력』, 157.

그러므로 말하는 주체 즉, 상징적인 존재가 되기 위해서 육체는 자연에 빚지고 있는 바에 대한 어떠한 흔적도 지니고 있어서는 안 된다. 그것을 확인하기 위해 육체는 성적인 분리, 혹은 어머니와의 분리를 의미하는 할례를 견뎌야만 한다. 할례 외의 모든 다른 흔적은 부정·미분리·비상징성·비성스러움에 속한 기호이다. 레위기 15장은 이와 같은 관점을 확인시켜준다. 여기서 부정한 것은 유출병(流出病)으로 인한 모든 분비물이나, 남성이나 여성의 몸 밖으로 유출된 오물들이다. 레위기 16장에서는 희생제의를 상기시킨 후, 다시 피의 부정함을 지적하고 있다. "모든 생물은 그 피가 생명과 일체라, 그러므로 내가 이스라엘 자손에게 이르기를 너희는 어느 육체의 피든지 먹지 말라 하였나니, 모든 육체의 생명은 그 피인즉 무릇 피를 먹는 자는 끊어지리라."(레위기 17:14)

여기서 피와 관련된 부정함의 속뜻을 엿볼 수 있다. 피는 신과 인간 사이의 경계를 침범하는 것으로, 인간 육체의 경계를 넘쳐나는 각종 유출물처럼 동일성을 위협하는 힘을 가지고 있다. 다시 말하면, 인간에게 살생을 금지한 결과로 나타나는 육식에 대한 금지와 경계를 침범하는 모든 것을 배제하는 것에 이르기까지, 처음부터 분리에 대해서는 같은 논리 선상에 있었다. 크리스테바는 피와 음식물에 대한 금기가 내포한 논리 기저에, 피와 관련된 '자연의' 모성적인 차원이 있었다고 지적한다.[17]

덧붙이면, 최초 인류가 범죄하고 하나님으로부터 저주를 받은 후에 아담은 자기 아내에게 '하와'(Eve)라는 이름을 붙인다. 그 이

---

17) 앞의 책, 121~122. 『공포의 권력』, 156~158.

름의 뜻은 '생명(living)'으로, "그가 모든 산 자의 어머니가 됨이더라"(창세기 3:20)라고 성경은 기록하고 있다. 타락 전 낙원에서의 영원한 삶에는 이름이 필요 없었는지도 모른다. 역설적이게도 죽음의 저주를 받고 추방되면서 하와는 생명이라는 이름을 얻었다.

4. 성적인 동일성에서 언어로, 혐오에서 도덕으로

크리스테바에 의하면, 이 '자연의' 모성의 논리는 피나 음식물에 대한 혐오와는 다른 차원이다. 레위기 18장에서는 성적인 동일성의 범위가 정해지는데, 이 성적 동일성을 위해 동일한 것끼리의 관계는 금지된다. 이를테면 가족 간의 관계와 동성애는 물론이고, 자연적이거나 인륜적이거나 법도로 정한 (신성한) 집단이 아닌 집단과의 접촉은 더더욱 안 되면, 간통이나 수간도 마찬가지로 금지된다. "너희는 내 규례를 지킬지어다. 네 육축을 다른 종류와 교합시키지 말며, 네 밭에 두 종자를 섞어 뿌리지 말며, 두 재료로 직조한 옷을 입지 말지며"(레위기 19:19)라고 못 박는다. 중간적 존재물이나 혼합된 것에 대해 이처럼 금지하는 것은 빵에서도 어김없이 나타난다. 때에 따라서 족장들의 음식물 중 누룩을 넣은 빵을 금지한 것은, 누룩을 제거한 이 빵의 성분에는 그 고유의 성질만이 함유되어 있기 때문이다. 이 모든 논리의 핵심은 유일신이라고 크리스테바는 말한다. "그러므로 너희는 내 명령을 지키고, 너희 있기 전에 행하던 가증한 풍속을 하나라도 좋음으로 스스로 더럽히지 말라. 나는 너희 하나님 여호와니라."(레위기18:30) 이처럼 모든 금지들 속에는 언제나 이미 앞서 있는 성스러운 말parole이 있다. 이 말을 강조함으로써, "여호와께서 모세에게 일러 가라사대 너는 이스라엘 자손의 온 회중에게 고하여 이르라. 너희는 거룩하라. 나 여호화 너희 하나님이 거룩함이니라."(레위기 19:1-2)

이로부터 부정은 더 이상 혼합이나 유출, 혹은 살아 있는 모성이라는 장소를 향해 집중되는 비일치 · 유사성만은 아니다. 이제 오염은 상징적 단일성을 깨뜨린 것 즉, 흉내 낸 것, 모조품, 복제, 우상들이다. "너희는 헛것을 위하지 말며 너희를 위하여 신상들을 부어 만들지 말라. 나는 너희 하나님 여호와니라."(레위기 19:4) 마찬가지로 "너희는 자기를 위하여 우상을 만들지 말지니 목상(木像)이나 주상(柱像)을 세우지 말며, 너희 땅에 조각한 석상을 세우고 그에게 경배하지 말라. 나는 너희 하나님 여호와임이니라."(레위기 26:1)

즉, 모세를 통해 모든 백성이 복종하는 '나'Je의 이름으로, 동일한 것을 분리시키는 논리 속에 정의, 정직, 진리에 대한 도덕상 금지가 이어지게 된다.(레위기 19장 이하)[18] "원수를 갚지 말며 동포를 원망하지 말며 네 이웃 사랑하기를 네 자신과 같이 하라 나는 여호와이니라"(레위기 19:18)

신명기는 레위기(14, 22, 32장)에 나타나는 혐오를 다시 다루고 다양화시킨다. 이것은 성서 텍스트 전체 기저에 깔려있다. 크리스테바는 그러한 분리를 확인시켜주는 논리 가운데 다음과 같은 말에 주목한다. "너는 염소 새끼를 그 어미의 젖으로 삶지 말지니라." (출애굽기 23:19, 34:26. 신명기 14:21) 젖은 본래 어머니와 아이의

---

18) 앞의 책, 122~123. 『공포의 권력』, 159~161.

공통분모이며 그 둘을 분리한다기보다 연결시키고 생명을 유지하는 데 필수적이므로 금지의 대상이 아니다. 젖은 음식물과 같이 취급되지 않고 상징적인 가치로 간주된다. 그런데 젖을 영양 공급하는 데 쓰지 않고, 염소 새끼를 삶을 때 그 어미 젖을 사용하면 가증한 것이 된다. 다시 말해서 젖을 어떻게 이용하느냐에 따라 즉, 생존을 위한 필요에 의해서가 아니라 문화적인 요리의 소재로서 어머니와 그 아이와의 비정상적인 관계를 구축하는 것은 가증한 것이다. 어미 새가 그 새끼나 알을 품고 있는 보금자리에서 그 어미 새와 새끼를 아울러 취하지 말고(신명기 22:6-7), 또한 암소나 암양도 어미와 새끼를 같은 날에 잡지 말도록 한 것(레위기 22:28)은 근친상간의 금지와 같은 선상에서 이해될 수 있다고 크리스테바는 말한다.

그에 따르면, 성서에 나타나는 음식물의 금지를 비롯하여 각종 차이들을 분리하는 논리에서, 가장 기본적인 의미 단위로서 신화소 mythème는 어머니를 터부시하는 것이다. 어머니에 대한 터부를 성서의 가장 기본적인 의미소라고 보는 이유는 정신분석이나 구조인류학이 상징체계의 가장 근본적인 요소로 근친상간을 들고 있기 때문만은 아니다. 오히려 성서 텍스트는 어머니와의 시원적인 관계라는 신화소로 매번 회귀하기 때문이라고 크리스테바는 말한다. 다시 말하면, 성서의 아브젝시옹(혐오 체계)은 단일성을 교란하는 음식물을 이용하는데 이때 음식물은 배제되고 위협적이며 제거해야 할 오염의 위력으로서 어머니성과 혼합된 것이기 때문이다. 즉, 융합되어 고유성을 갖지 못한 장소로서의 어머니성과 음식물이 뒤섞이면서, 성서의 아브젝시옹의 의미론이 결정된다.[19] 그러므로 성서에서 볼 수 있는 각종 차이와 혐오의 논리 속에는 근원적으로 어머니에 대한 터부가 있다는 것을 알 수 있다.

5. 가증스러움의 아브젝시옹

이사야서를 비롯한 예언서[20]에서도 레위기의 율법적 입장을 계승하여 정/부정의 대립이 지속적으로 나타난다. "너희 손이 피에 / 너희 손가락이 죄악에 더러웠으며"(이사야 59:3), "대저 우리는 다 부정한 자 같아서 / 우리의 의(義)는 다 더러운 옷 같으며"(이사야 64:6), "곧 동산에서 제사하며 / 벽돌 위에서 분향하여 / 내 앞에서 항상 내 노(怒)를 일으키는 백성이라 / 그들이 무덤 사이에 앉으며 / 은밀한 처소에서 지내며 / 돼지고기를 먹으며 / 가증한 물건의 국을 그릇에 담으면서"(이사야 65:3-4).

그런데 예언서에서는 음식물이나 피·도덕적 죄에 관련된 아브젝시옹이 선민들의 의식 속에 내면화되는 경향이 나타난다. 이러한 아브젝시옹의 주관적인 내면화는 이후 신약성서에 더 잘 구체화되어 나타난다. 이사야서에는 부정을 지칭한 용어가 금지와 동시에 '가증히 여김'을 의미하는 용어로 쓰이는 것을 볼 수 있다. 이를테면 레위기 11장에 나타나는 '부정'(7, 8, 10, 20절)은 이제 정결한 것과의 대립을 통하지 않고, 여호와에게 가증스러운 것이기 때문에

---

19) 앞의 책, 123~124. 『공포의 권력』, 161~162.

20) 예언서는 구약성서 39권 중 율법서(모세 오경), 역사서(12권), 시가서(문학서 5권) 뒤에 '이사야'서부터 '말라기'서까지 17권을 말한다.

부정한 것으로 칭해진다. 그러므로 레위기 이후 '정/부정'tôhar/tâmê 의 진정한 대립은 존재하지 않는다는 사실을 지적할 수 있다. "여호 와에 충성스러운 너희에게 부정하나니"라든가, "그것이 여호와에게 가증스러우므로 너희를 부정케 할 것이니라". "헛된 제물을 다시 가 져오지 말라 분향은 내가 가증히 여기는 바요 월삭과 안식일과 대 회로 모이는 것도 그러하니 성회와 아울러 악을 행하는 것을 내가 견디지 못하겠노라"(이사야 1:13).

여기서 볼 수 있듯이 부정한 것은 말씀 자체로부터 나온다. 즉, 고유한 자기 동일성과 떼려야 뗄 수 없는 한 면인 부정은 말씀을 거역하는 마음이다. 크리스테바에 따르면 예언서에 나타나는 혐오는, '말하는 존재'l'être parlant의 악마적인 내면성을 가리키는 것으로 해석할 수 있다. 앞서 언급했듯이 성서에 나타나는 부정을 사탄적인 힘이 현실화된 것이라는 해석이 있지만 크리스테바는 이에 동의하지 않는다. 실제로 현실화된 악마적인 힘이 아니라 신과의 계약 관계를 깨뜨린 내면성에서 부정의 힘을 발견한다. 즉, 예언자들이 음식물에 대한 혐오를 신과의 계약과 상징적 조건에 내재하는 분리 불가능한 이면으로 옮기고 있다는 점에서 더욱 그러하다. 그러므로 부정의 악마적인 것은 자율적인 힘이 아니고, 오직 신의 말씀 속에 내재하는 것으로 보아야 할 것이다. 크리스테바는 이 악마적인 것이 오래된 힘에 대한 환상으로, 무의식적이며, 우리에게 있는 차이, 말, 삶을 잃어버리게 하고 그럼으로써 부패, 타락, 결국 죽음에까지 이르게 하는 교양 섞인 가증스러움일 것이라고 말한다.[21] 이 부분

---

21) *Pouvoirs de l'horreur*, 125~126. 『공포의 권력』, 163~164.

에 대한 설명은 이어지는 다음 장의 신약시대 바리새파 사람들에 대한 정신분석에서 자세히 다루어진다.

입속으로 들어오는 음식물과 관련된 것과는 반대로, 몸의 여러 구멍을 통해 몸 바깥으로 나가는 것은 아브젝시옹을 야기시킨다. 특히 똥은 오물이나 부패물·혼합물과는 구분되는 것으로, 항구적으로 몸과 분리되는 것을 의미한다. 육체가 정결하고 고유한 상태가 되는 것은 이와 같은 상실을 치른 후에야 가능하다. 정신분석학은 배설물이야말로 인간이 최초로 제어할 수 있는 물질적인 분리 작용이라는 사실을 숙지하고 있다. 정신분석학은 또한 이 중요한 파기 행위 속에서 인간의 가장 오래된 분리 작용 즉 어머니 몸과의 분리를 지배하는 어떤 것이 존재함을 밝혀낸다.

예언서에서도 배설물과 관련된 아브젝시옹을 발견할 수 있다. 이사야서에서 가증스러운 것들은 구순적인 것이나 음식물에 뿌리 내리고 있다. "나는 입술이 부정한 사람이오."(이사야 6:5) 그러나 한편에서는 배설물과 관련된 아브젝시옹이 예언자들에게서 암시된다. 예컨대 스가랴서에는 "더러운 옷을 입고 서 있는"(스가랴 3:3) 대제사장 여호수아가 나온다. 여호와께서 여호수아에게 "네 죄과를 제하여버렸으니" 그 더러운 옷을 벗으라고 명한다(스가랴 3:4). 이 때 '더러운'을 뜻하는 히브리어 용어$_{sáim}$는 배설물과 관련된 것이다. 그리고 에스겔서에서는 "너는 그것을 보리떡처럼 만들어 먹되, 그들의 목전에서 인분 불을 피워 구울지니라"(에스겔 4:12)라고 실려 있다. 인분 불에 구운 떡은 항문과 배설물 위에 세워진 입을 상징하고, 이것은 내부에서 끊임없이 뱉어내고 투쟁해야 할 육체에 대한 암시라고 크리스테바는 말한다. 그 육체는 영양을 공급하는 어머니와 융합되어있는 육체라고 할 수 있을 것이다. 제사장들은 백성들이 여호와의 말씀을 듣지 않았을 때, "너희 절기의 희생犧牲의 똥을 너희 얼굴에 바를 것이라. 너희가 그것과 함께 제하여 버림을 당하리라"(말라기 2:3)라고 합법적으로 명한다. 요약하면 예언서에서 볼 수 있는 아브젝시옹은 음식물과 배설물 등의 오물에서 여호와의 말씀 속으로 옮겨간 듯하다. 그러나 레위기서부터 줄곧 부정한 것으로 취급되는 아브젝트들의 핵심에는 분리되지 않은 모성적 육체에 대한 혐오가 자리 잡고 있음을 볼 수 있다.

그런데 성서에서 아브젝시옹의 절정은 시체이다. 시체는 생명 없는 부패한 육체, 생물과 무기물의 경계에 있다. 생명과 상징계가 섞여 있는 인간성과는 떼려야 뗄 수 없는 분신으로서 시체는 가장 근본적인 오염물이다. 영혼 없는 육체로서 불안정한 물질인 시체는 하나님 말씀의 영역에서 배제되어야 할 존재이다. 언제나 부정한 것은 아닐지라도, 시체는 "하나님께 저주를 받았음"(신명기 21:23)이다. 그러므로 시체는 신성한 땅을 더럽히지 않도록 즉시 장사지내야 한다. 그러나 이처럼 배설물이나 부정이라는 주제와 연관된 시체를 통해, 부정의 개념은 다시 한번 가증한 것 내지 금지의 개념으로 미끄러져 들어간다. 크리스테바는 시체가 가진 양면성에 주목한다. 즉, 시체가 쓰레기나 과정 중의 물질 곧, 혼합물로 나타나지 않을 때에는 상징성이나 영혼, 신성한 법칙의 이면으로 드러난다. 예를 들어 희생 제물의 신성함과 그리스도의 죽음을 생각해볼 수 있다. 하지만 부정한 동물들은 죽으면 더욱 부정해진다(레위기

11:20-40). 그래서 그 주검과의 접촉을 피해야 한다. 인간의 시체도 부정의 원천이므로 건드리면 안 된다(민수기 19:14). 매장은 땅을 정화시키는 방법 중의 하나이다. "이스라엘 족속이 일곱 달 동안에 그들을 매장하여 그 땅을 정결하게 할 것이라"(에스겔 39:12)고 성서는 명하고 있다.

성서의 정/부정 대립에 대한 논의를 거쳐, 크리스테바는 도덕적이거나 성적인 금지의 단계를 끌어내는, 금지 고리의 양극이면서 성스러운 저주를 가져오는 두 가지의 혐오체계에 대해 고찰한다.[22]

6. 시체의 가증스러움은 죽음에 대한 욕망을 쫓아낸다

시체에 대한 터부와 성서에 나오는 여러 가지 금지는 살펴본 대로 음식물에 대한 터부에 뿌리를 내리고 있다. 음식물에 대한 터부는 노아가 하나님에게 바친 번제(燔祭)로부터 시작한다. 레위기는 금지들을 범하면 정화를 위해 희생제의를 요구한다. 크리스테바에 따르면, 성서에는 번제(燔祭) 동안 희생제의와 혐오스러운 것 사이를 벌려 놓기도 하고, 서로 결합시키기도 하는 두 기류가 존재한다. 여기서 혐오스러움과 성스러움, 살생과 희생제의가 함께 공존하는 것을 볼 수 있다. 예컨대, 산 짐승을 잡아서 번제로 드리는 의식 행위는 시체가 지닌 양면성을 드러낸다. 성스러운 제사의 제물로서 바쳐지는 것은 죽은 짐승이다. 즉, 금지들은 희생제의를 요구하는데 죽은 짐승의 시체는 희생제의에서 숭배의 대상이었다가

---

22) 앞의 책, 127~128. 『공포의 권력』, 165~167.

가증스러운 대상으로 뒤바뀌면서 그것의 상호 의존성을 드러낸다. 이때 터부 즉, 금기는 희생제의와 균형을 이루게 된다. 따라서 음식물이나 여타의 것들에 대한 금지의 체계들은 희생제의를 축소시킬 수 있다. 즉, 금지를 강화할수록 신과의 진정한 상징적 계약을 구축하기 위한 영적인 장 곧, 희생제의의 장은 침식당한다. 말하자면, 죽이는 희생제의보다 차라리 터부로 금지하는 것은 혐오스러움과 성스러움의 장을 축소시키는 것이다. 바로 이것이 성서가 혐오스러운 것을 자꾸 증식시키는 이유이다. 결과적으로, 혐오스러운 것을 금기시하는 것은 성서의 상징 질서를 수립하는 것이다. 금기시되는 터부와 희생제의는 상징 질서를 수립하면서 공생하는 동시에 분리하는 논리에 참여한다.[23] 그런데 앞서도 언급되었지만, 성서에 나타나는 성결에 대한 강박관념은 신성의 근본처럼 보이지만, 실상 그것은 본질에 대비되는 문화의 특징을 드러내는 의미론의 변형이라고 크리스테바는 주장한다.

정리하면, 우리는 희생제물의 죽음에서 성스러움과 가증스러움이 교차하는 것을 발견할 수 있다. 하지만 차이점도 분명히 있는데, 희생제물이 죽임을 당하면서 나를 신과 연결시킨다면 그 살해 행위 자체는 욕망하는 바가 되고, 매혹적인 성스러운 것이 될 수 있다. 죽임당한 것은 나를 성스러움으로 사로잡는다. 반면에 혐오로 분리되는 아브젝트(희생제물)가 내게 순수하고 신성한 율법을 확신시킨다면 그것은 나를 우회하면서 나를 제거하고 추방한다. 아브젝트는 나를 아브젝트와 미분리 상태에서 뽑아내어 하나의 체계

---

23) 앞의 책, 129. 『공포의 권력』, 168.

에 예속시킨다. 이런 면에서 혐오의 대상l'abominé은 결국 성스러움에 대한 맞장구이며, 동시에 성스러움의 고갈이자 종료라고 크리스테바는 말한다.

금지들의 체계는 성스러움의 영역을 상쇄하게 되는데 그것은 유일신과의 수직적이고 은유적인 관계를 보여주기 위한 제사 의식인 희생제의를 환유적이고 수평적인 금기들의 연결고리가 대체하면서 이루어진다. 혐오와 가증스러움의 체계가 성스러움을 감추어버리는 양상이다. 이렇게 되면 종교는 없어지고 도덕만이 전개되는 결과를 가져온다. 즉, 혐오와 가증스러움을 나로부터 분리하는 의식의 성스러움에 의해서가 아니라, 논리와 추상적 관념, 체계나 판단의 법칙 속에서 분리하고 통합하는 일이 일어난다. 이것은 종교가 수립한 배치이고 유일신 사상의 연장이다.

중요한 것은 성스러운 희생물이 혐오스러운 것으로 변형될 때 저 깊은 곳으로부터 질적인 변화가 일어나는데, 그것은 바로 죽이고 싶은 욕망을 잠재운다는 것이다. 이때 종교는 더 이상 희생제의의 종교가 아니다. 왜냐하면 희생제의의 성스러움을 혐오의 체계가 대신하기 때문이다. 다시 말하면, 혐오스러움을 통해 종교는 파괴와 죽음의 욕망을 우회시킨다. 그러므로 종교 상징체계의 혐오 논리가 감추고 있는 것이 내면의 죽음 충동이라고 할 수 있다. 크리스테바에 따르면, 이것은 구강기 유아가 토해내고 동시에 삼켜버리는 내재화(합입, incorporation)[24] 하는 대상으로서의 어머니를 떠올

---

24) 합입(incorporation)은 내재화(internalization)의 방식 중 하나이다. 내재화는 가장 넓은 의미에서, 외부 세계의 측면들과 그것들과의 상호작용이 유기체 내부로 들어와 내적 구조가 되는 과정을 말한다. 이 과정은 심리 내적인 것이며, 보통 대상과 관련되어 있고, 합입,

리게 한다. 즉, 주검의 혐오스러움이 가리고 있는 성스러움의 양태에서, 혐오시되고 버려진 어머니를 발견한다. 이러한 맥락에서 어머니는 상징 관계를 이루는 전(前)텍스트라고 크리스테바는 말한다. 유일신 체계는 이러한 구조를 이용해서 존재한다. 곧, 차이와 분리를 유지시키는 혐오체계는 유일신을 유지시키는 방편이 된다. 그러나 그것 자체가 신성시되면 안 된다. 왜냐하면 유일신의 외부에 존재하는 것은 어떤 것도 성스러울 수 없기 때문이다. 그 밖의 것들과 나머지는 모두 가증스럽다.[25]

이처럼 성서는 혐오의 체계 곧, 금지나 계율을 강조하면서 상징적이거나 또는 사회적인 계약으로서의 희생제의에 대한 개념을 추월하려고 한다. "살생하지 말라"가 아니라 금지나 계율을 준수하지 않으면 어떤 희생(犧牲)도 드릴 수 없는 것이다. 결과적으로 레위기 11장에 등장하는 음식물에 관한 모든 터부의 규칙을 통해, 정결의 법칙에 따르는 것이 희생제의를 올리는 것보다 우선시됨을 알 수 있다. 성스러움과 정결의 법칙은 바로 죽이려는 욕망을 감추고 있는 희생제의를 제약하는 것이다. 그런데 혐오체계가 종교의 성스러움을 대체하고 유일신 체계를 지탱하고 있다고 해도, 내면에 잠재해 있는 죽음 충동이 모두 소진되는가는 또 다른 문제이다. 실상 바빌론 포로기 이후에 살인이 부정한 것으로 율법의 대상이 되었다고 해도, 살인 자체에 대한 용인을 성서 전체에서 볼 수 있다. "무릇 사람의 피를 흘리면 사람이 그 피를 흘릴 것이니"(창세기 9:6),

---

내사(introjection), 동일시(identification)라는 세 가지 양식이 사용된다(『정신분석 용어사전』, 93~94).

25) *Pouvoirs de l'horreur*, 130. 『공포의 권력』, 169.

"너희는 거하는 땅을 더럽히지 말라. 피는 땅을 더럽히나니 피흘림을 받은 땅은 이를 흘리게 한 자의 피가 아니면 속(贖)할 수 없느니라"(민수기 35:33). 크리스테바의 기호학적 분석에 따르면, 죽음의 충동이 이 정결의 법칙 내에서 사라지는 것은 아니다. 다만 그것은 가장하고 자리를 바꾸어 그것의 논리를 구축한다. 만약 혐오스러운 것이 내 상징 존재의 분신이라면, '나'는 이질적인 정/부정으로 언제나 단죄될 수 있는 잠재적인 누구인 것이다. 한마디로, 상징적 주체의 이면은 혐오스러운 대상과 비분리 상태인 아브젝트로서 주체이다. 주체인 나는 단번에 박해받는 주체도, 복수하는 주체도 될 수 있다. 추방과 학대 · 분리와 가증스럽고 가차 없는 복수의 톱니바퀴가 맞물려 있다. 가증스러운 것들의 체계가 박해의 기관에 동력을 부여한다. 이질적인 것으로 박해받는 자리에서 나는 이 자리로부터 나를 분리해낼 정화 작용을 정당화시키려고 희생제의를 실행한다. 내가 아브젝트의 '타자'로서 상징성의 주체가 되는 대가로 희생 제물의 죽음은 가증한 것으로 버려진다. 이것은 상징체계에서 주체로 서기 위해 거부되는 어머니와 같은 위치에 있다. 즉, 가증한 것, 버려진 것인 어머니와 죽음은, 내가 아브젝트의 '타자'로서 상징성의 주체가 되는 대가로 지불되는 것이다. 이로써 "너희는 세상의 나라들과 그들의 가증스러운 것으로부터 분리되어_perûsim_ 성스럽고 신성해지리라."("너희가 내게 대하여 제사장 나라가 되며 거룩한 백성이 되리라." 출애굽기 19:6)[26)]

---

26) 앞의 책, 131.『공포의 권력』, 170~171.

5장   세상 죄를 지고 가는 자QUI TOLLIS PECCATA MUNDI

우리 동네 목사님[1]

읍네에서 그를 본 것은 이번이 처음이었다
철공소 앞에서 자전거를 세우고 그는
양철 홈통을 반듯하게 펴는 대장장이의
망치질을 조용히 보고 있었다
자전거 짐틀 위에는 두껍고 딱딱해 보이는
성경책만 한 송판들이 실려 있었다
교인들은 교회당 꽃밭을 마구 밟고 다녔다, 일주일 전에
목사님은 폐렴으로 둘째 아이를 잃었다, 장마 통에

---

1) 기형도, 『입속의 검은 잎』, 문학과지성사, 2020, 125~126.

교인들은 반으로 줄었다, 더구나 그는

큰소리로 기도하거나 손뼉을 치며

찬송하는 법도 없어

교인들은 주일마다 쑤군거렸다, 학생회 소년들과

목사관 뒤 터에 푸성귀를 심다가

저녁 예배에 늦은 적도 있었다

성경이 아니라 생활에 밑줄을 그어야 한다는

그의 말은 집사들 사이에서

맹렬한 분노를 자아냈다, 폐렴으로 아이를 잃자

마을 전체가 은밀히 눈빛을 주고받으며

고개를 끄덕였다, 다음 주에 그는 우리 마을을 떠나야 한다

어두운 천막교회 천장에 늘어진 작은 전구처럼

하늘에는 어느덧 하나둘 맑은 별들이 켜지고

대장장이도 주섬주섬 공구를 챙겨 들었다

한참 동안 무엇인가 생각하던 목사님은 그제서야

동네를 향해 천천히 페달을 밟았다, 저녁 공기 속에서

그의 친숙한 얼굴은 어딘지 조금 쓸쓸해 보였다.

시 속에 등장하는 우리 동네 목사님은 시인이 보기에 여느 목
사님과 좀 다르다. 대장장이의 망치질을 한가로이 보고 있거나 학
생들과 푸성귀 심다가 예배 시간을 잊기도 하고, 큰소리로 기도하
거나 손뼉 치며 찬양하는 법도 없다. 그에 반해 성도들은 무슨 바쁜
일이나 있는지 꽃밭을 마구 밟고 다니고, 목사님을 보고 매주일 수

군거린다. 그들은 장마철에는 교회에 나오지 않으면서도, 성경에만 밑줄 그을 것이 아니라 생활에서 실천해야 한다는 목사님 말씀에 맹렬한 분노를 느낀다. 마침 목사님의 둘째 아이가 폐렴으로 죽자, 자신들이 옳다는 것을 확인이라도 받은 듯 은밀한 눈길을 주고받으며 고개를 끄덕인다. 목사님이 다음 주에 마을을 떠나야 하는 이유는 알 수 없지만, 아마도 교인들과 목사님 사이에 가로놓인 암묵적인 차이에서 기인하지 않았을까? 시인은 천막교회 안에 늘어진 작은 전구와 하늘의 밝은 별을 대비시킨다. 종교 울타리에 걸쳐 있는 초라한 전구의 빛과 밤하늘의 빛나는 밝은 별빛은 얼마나 극적인 대비인가. 대장장이 망치질이 끝나고 한참을 생각에 잠겼던 목사님도 동네를 향해 페달을 밟는다. 분노하는 교인들과 달리 목사님은 생각에 잠긴다. 그의 친숙한 얼굴에 묻어나는 쓸쓸함은 고향에서 환영받지 못했던 예수의 얼굴이 아닐까. 유대민족의 자기 중심성은 메시아조차 알아보지 못하게 만들었다. 아니 생각해볼 것도 없이 그들은 자기 생각에 맞는 메시아만을 원했다. 이것이 그들을 극렬한 분노와 폭력으로 몰아넣었다. 자신을 죽이고자 하는 유대인들에게 예수는 한마디로 말했다. "다만 하나님을 사랑하는 것이 너희 속에 없음을 알았노라"(요한복음 5:42), "너희가 서로 영광을 취하고 유일하신 하나님께로부터 오는 영광은 구하지 아니하니 어찌 나를 믿을 수 있느냐"(요한복음 5:44). 가장 신을 갈망하던 사람들이 신을 죽이는 모순이 당시 유대민족에게서만 발견되는 걸일까.

1. 안/밖 : 아브젝시옹의 내면화

예수 그리스도의 행적에는 유대 사회가 금한 부정한 것과 연관된 것이 많다. 예를 들어, 음식물에 대한 터부를 범한다든가, 이교도와 같이 식사를 한다거나, 아니면 문둥병 환자에게 말을 붙이거나 몸으로 접촉하는 것이다. 그것은 당시 유대 사회에서 끊임없는 논쟁을 불러일으키고 공격받을 만한 일이었다. 그러나 그와 같은 행적은 한편으로 차이를 새롭게 배치하는 것이었다. 다시 말하면 그리스도는 기존 질서와는 다른 의미의 체계를 마련하려는 것이었다.

그리스도의 행적을 기록하고 있는 복음서는 아브젝시옹이 더 이상 외부가 아님을 드러낸다. 위협적인 아브젝시옹은 제거되는 것이 아니라 그리스도의 행적과 말 속에서 재배치된다. 예수는 유대 사회에서 거부된 아브젝시옹을 내부로 내면화한다. 바리새파 사람들이 겉치레하는 신앙생활에 대해 예수는 이사야의 예언을 인용해 "이 백성이 입술로는 나를 공경하되 마음은 내게서 멀도다"(마가복음 7:6, 이사야 29:13)라고 꾸짖는다. "입으로 들어가는 것이 사람을 더럽게 하는 것이 아니라 입에서 나오는 그것이 사람을 더럽게 하는 것이니라"(마태복음 15:11), 그리고 "무엇이든지 밖에서 사람에게로 들어가는 것은 능히 사람을 더럽게 하지 못하되 사람 안에서 나오는 것이 그 사람을 더럽게 하는 것이니라 하시고"(마가복음 7:15~16).

신약성서에서 보이는 아브젝시옹의 내면화는 레위기의 정/부정의 이분법을 외부/내부의 구분으로 바꾸는 과정과 같다. 덧붙여

복음서는 안/밖의 경계가 중요하다는 점과 위협은 더 이상 밖에서 오는 것이 아니라 안으로부터 온다는 것을 보여주고 있다. "그 안에 있는 것으로 구제하라 그리하면 모든 것이 너희에게 깨끗하리라."(누가복음 11:41) "눈먼 바리새인이여 너는 먼저 안을 깨끗이 하라 그리하면 겉도 깨끗하리라 화 있을진저 외식하는 서기관들과 바리새인들이여 회칠한 무덤 같으니 겉으로는 아름답게 보이나 그 안에는 죽은 사람의 뼈와 모든 더러운 것이 가득하도다 이와 같이 너희도 겉으로는 사람에게 옳게 보이되 안으로는 외식과 불법이 가득하도다."(마태복음 23:26~28)

이러한 바리새파 사람들에 대한 질책은 바리새인들이 신을 지나치게 경외한 나머지, 자신을 낳은 부모에 대한 경외는 사실 충분치 않은 데 대한 질책에 이어 바로 등장한다[2]. "하나님이 이르셨으되 네 부모를 공경하라 하시고 또 아버지나 어머니를 비방하는 자는 반드시 죽임을 당하리라 하셨거늘 너희는 이르되 누구든지 아버지에게나 어머니에게 말하기를 내가 드려 유익하게 할 것이 하나님께 드림이 되었다고 하기만 하면 그 부모를 공경할 것이 없다 하여 너희 전통으로 하나님의 말씀을 폐하는도다."(마태복음 15:4~6) 이같이 부정을 내면화하는 길은 율법에 따르기보다는 좀 더 구체적으로 사회적이고 전통적인 권위에 호소하는 것과 연결된다.[3] 말하

---

2) 고르반(Corban)은 하나님께 바쳐지는 '희생 제물' 또는 '봉헌물'을 의미한다. 이 예물은 다른 목적에 쓰는 것이 금지되었기 때문에 고르반이라는 핑계로 부모에 대한 의무를 게을리하는 자가 생겨나 예수께서 꾸짖으셨다. (마가복음 7:11, 라형택 편찬, 『로고스 성경사전』, 도서출판 로고스, 2011, 100)

3) *Pouvoirs de l'horreur*, 136. 『공포의 권력』, 175~177.

자면 바리새인들에게 위협적인 것은 율법을 지키지 않는 것에 대한 비난이었다. 그러나 그리스도는 그들의 율법주의와 외식하는 행동을 질책했다. 그들이 만약 자신의 부모를 공경하라는 유대 사회의 전통적인 율법을 따른다면, 위협은 밖에서 오는 것이 아니라 공경하지 않는 마음속에서 일어날 것이다. 부정한 것은 이제 마음속에 있는 까닭이다.

마가복음에는 그리스인 수로보니게 출신의 한 여자 이야기가 나온다. 그 여자는 귀신 들린 딸을 예수께 데리고 와서 귀신을 쫓아달라고 간청했다. 그러자 예수는 그 여자에게 "자녀로 먼저 배불리 먹게 할지니 자녀의 떡을 취하여 개들에게 던짐이 마땅치 아니하니라"(마가복음 7:27)라고 말했다. 그런데 그 어머니가 "주여 옳소이다마는 상 아래 개들도 아이들이 먹던 부스러기를 먹나이다"(마가복음 7:28)라고 결연히 말하자, 예수는 이 말로 인하여 비로소 귀신이 그 딸에게서 나갔노라고 하였다. 모멸감을 느낄 수도 있었겠지만 결국에 딸에게서 귀신을 쫓아내게끔 한 것은 어머니였기 때문에 가능했을 것이다. 크리스테바에 따르면, 이렇게 귀신들린 딸이 귀신에게서 풀려나도록 이끈 역할을 한 어머니의 등장과 음식물을 비롯한 이질적인 것들에 대한 금지가 완화되는 내용은 모종의 연관성을 가지고 있다. 철저히 금지된 이방인에게 음식물을 허락하는 것은 곧, 어머니와의 오래된 관계를 허락한다는 의미를 내포한다. 말하자면 유대 사회에서 이교도적인 다산의 어머니는 그리스도교가 새로이 도달하고자 하는 상징 관계를 여는 조건이다. 한마디로, 차이를 새롭게 배치하고 새로운 의미를 도정시키는 체계의 시작이 어머니와 음식물에 대한 개방과 연관이 있다는 것이다. 이 주장에 대해 크리스테바가 제시하는 암시적인 근거는 마가복음의 청각 장애를 가진 사람을 고친 사건이다. 음식물을 매개로, 딸과 그 어머니를 화해시킨 후에 그리스도가 행한 행적은 귀먹고 말 못 하는 사람을 고친 것이었다. "예수께서 그 사람을 따로 데리고 무리를 떠나사 손가락을 그의 양 귀에 넣고 침을 뱉어 그의 혀에 손을 대시며 하늘을 우러러 탄식하시며 그에게 이르시되 '에바다' 하시니 이는 열리라는 뜻이라 그의 귀가 열리고 혀가 맺힌 것이 풀려 말이 분명하여 졌더라."(마가복음 7:33~35) 이 두 사건의 배치가 우연한 것이 아니라면, 그리스도의 거침없는 행적은 분명 이방인과 어머니에 대한 개방을 의미한다고 볼 수 있다.

식사하기 전에 손을 씻지 않는 예수를 보고 바리새인이 이상히 여기자, 예수께서 그에게 "너희 바리새인은 지금 잔과 대접의 겉은 깨끗이 하나 너희 속에는 탐욕과 악독이 가득하도다"(누가복음 11:39-40)라고 책망하였다. 마음속의 더러움 곧, 내면화된 아브젝시옹은 정신분석 과정 중에 있는 환자에게서 볼 수 있는 것과 유사한 데가 있다. 그 핵심은 분열과 투사이다. 이에 대한 정신분석학의 설명을 다시 살펴보면, 생의 초기부터 유아는 대상들을 지각하고 그것을 좋은 것과 나쁜 것으로 경험할 수 있다. '좋은 것'은 자신이 소유하고 그렇게 되기를 시도하는 것이고, '나쁜 것'은 자신의 세계에서 제거하고 자신 바깥에 위치시키기를 시도하는 것이다. 초기 유아에게 '좋은 것'은 '나'와 동일한 것이며, 그것은 좋은 대상/좋은 나로 구성되어 있다. 반면에 '나쁜 것'은 '내가 아닌 것'과 동일하며 그것은 나쁜 대상/나쁜 나로 구성되어 있다. 분열과 투사는 유아가 이러한 양극적 세계를 창조하기 위해 사용하는 메커니즘이다. 분열은 유아뿐 아니라 성인에게서도 볼 수 있는데, 말하자면 대상에 대한 자신의 이미지를, 완전히 다르다고 느껴지는 두 대상 즉, 좋은 것과 나쁜 것으로 분열시키는 방식을 지칭한다. 그리고 투사는 분열을 동반한다. 유아와 성인은 자신의 원치 않는 충동 자극을 분열시키고 그것을 자신의 외부로 투사한다.[4] 그리하여 유아는 위험이 자신의 내부가 아니라 외부에서 오는 것으로 경험한다. 유아는 공격성, 위험, 증오를 타인에게 전가한다. 다시 말하면, 유아는 자신을 사랑하는 자기와 증오하는 자기로 분열시키고, 위험하고 격렬한 자신의 느낌들을 타인에게 전가함으로써, 증오하고 있는 자기를 자신의 지각으로부터 제거한다. 유아는 그 위험한 느낌들을 자신의 대상에게 투사하고, 그 느낌들은 이 대상에서 해당하는 것이지 자신은 아니라고 믿는다. 그리하여 대상은 위험스러운 박해자로 지각되는 것이다.[5]

앞서 살펴보았듯이, 유아가 젖가슴을 깨물고 삼키는 구강기의 가학적 국면에서 자아는 본능적 충동에 대항해서 잔인한 초자아를 분화시켜 내면화(내사, introjection)한다. 이렇게 내사된 잔인한 초자아는 역으로 자아에게 두려움을 불러일으키며, 항문 가학적 단계에 이르러서는 배설물 같은 것과 동일시되어 밖으로 방출된다. 이

---

4) 클라인은 유아가 자신의 죽음충동을 분열시키고 그것을 자신의 외부로 투사하는 이 위치를 망상분열적 위치라고 말했다.

5) 카랄리나 브론스타인 편집, 『현대적 관점의 클라인 정신분석』, 홍준기 옮김, 눈출판그룹, 2019, 89~92.

러한 방출 행위는 공포에 사로잡힌 자아가 초자아에 대항하여 사용한 방어수단이다. 방출 행위는 내면화된 대상들을 내쫓는 동시에 그것들을 외부 세계에 투사한다. 따라서 외부 곧, 바깥은 더럽고 혐오스러운 것이 된다. 유아는 이렇게 내적 위험을 외적 위험으로 변형함으로써 본능적 위험에 대한 참을 수 없는 두려움에 반응한다.[6]

조금 확장해서 생각해보면, 바리새파 사람들이 예수께 책망받은 이유는 그들이 자신들 속에서 일어나는 분열을 밖으로 투사해서 타인을 배척하는 위선적 삶을 살았기 때문일 것이다. 바리새파 사람들이 엄격히 밖으로 배척한 이질적인 것은 자기 분열된 공격성과 두려움이다. 정신분석 과정 중에 있는 환자의 경우, 자아는 공포와 불안에서 벗어나기 위해 스스로 공격적인 초자아를 분화시키고, 이것이 투사된 아브젝트는 외부에서 위협하는 박해자로 작동한다. 그러므로 스스로 구원자가 되기를 원하는 이 내부 투사는 위협하는 악이 없이는 작동하지 못하는 것이다. 이때 악은 더 이상 오염되고 더럽혀진 실체가 아니라, 분리되고 모순된 존재에게 뿌리 뽑을 수 없는 혐오로 작용하는 이면을 말한다. 그리고 이 악은 주체 속에서 다른 것으로 대체됨으로써 내부로부터 끊임없이 작동한다. 율법을 지키고 더러움으로부터 자신을 분리시키기 위해 강박증에 사로잡힌 자아는 끊임없이 초자아를 내세워 율법의 정신이 아닌 그 울타리 안으로 자신을 얽어매고 그 너머에 있는 대상들을 악으로 규정하고 공격한다. 마치 그러한 행위가 자신의 정결함을 보증하고 강박증에서 벗어나게 할 수 있을 것처럼. 그러나 이러한 행위는 그리

---

6) 멜라니 클라인, 『아동정신분석』, 이만우 옮김, 새물결, 2011, 251.

스도에 의해 정확히 지적되고 책망받는다.

분열과 투사의 사례는 누가복음에 나오는 탕자의 비유(누가복음 15:11~32)에서도 찾아볼 수 있다. 아버지의 유산을 미리 챙겨 집 떠나서 허랑방탕하게 다 써버리고 굶어 죽기 직전에 집으로 돌아온 둘째 아들을 보고, 아버지는 죽은 아들이 살아났다고 기뻐하며 살찐 송아지를 잡고 잔치를 벌인다. 이 사실을 전해 듣고 화가 난 맏아들이 집으로 들어가지도 않고 밖에 있는 것을 아버지가 나와서 들어가자고 권할 때 맏아들은 아버지에게 이렇게 말한다. "내가 여러 해 아버지를 섬겨 명을 어김이 없거늘 내게는 염소 새끼라도 주어 나와 내 벗으로 즐기게 하신 일이 없더니 아버지의 살림을 창녀들과 함께 삼켜버린 이 아들이 돌아오매 이를 위하여 살진 송아지를 잡으셨나이다." 맏아들의 말속에는 인색하고 불공평한 아버지에 대한 원망이 들어있다. 그러나 실상은 자기 동생에 대해서는 안중에도 없고 본인은 정작 아버지를 섬겼다고 말하지만, 평소 친구들을 만나는 것조차 아까워하면서 오직 자기 몫 챙기기에 급급했던 맏아들 자신의 인색하고 탐욕스런 모습이 아버지에게 투사된 것으로 보인다. 이것은 화가 난 맏아들에게 아버지가 "너는 항상 나와 함께 있으니 내 것이 다 네 것"이라고 말한 내용으로 미루어 보면 알 수 있다.

그리스도교에서 더러움이 내재화되는 과정에서 물질적인 가증함과 대상 지향적인 탐욕이 융합되면서 하나의 새로운 범주가 만들어지는데 그것은 죄다. 죄는 더 이상 바깥의 실체가 아니라 마음속에 일어나는 온갖 더러운 것이다. 욥바에서 베드로가 환상으로 큰

보자기를 보게 되는데 "그 안에는 땅에 있는 각종 네 발 가진 짐승과 기는 것과 공중에 나는 것들이 있더라"(사도행전 10:12), 그리고 예수는 베드로에게 그것들을 "잡아먹어라"(13절)라고 했다. 속되고 부정한 것들을 절대로 먹을 수 없다고 기겁하는 베드로에게 "하나님께서 깨끗하게 하신 것을 네가 속되다 하지 말라"(사도행전 10:15)고 했다. 이것은 주체로 하여금 더 이상 외부에서 더러움을 발견하려 하지 말고, 자신의 잘못을 자신의 생각과 말에서 찾으라는 메시지라고 크리스테바는 말한다.[7]

마가복음에는 예수께서 빵 다섯 개와 물고기 두 마리로 오천명을 배불리 먹이신 사건이 나온다(마가복음 6:38~44). 이렇게 증식된 빵을 배불리 먹는다는 것은 그리스도의 몸인 성체(聖體)를 먹는 행위와도 연결된다. 이때 빵은 음식물의 의미로만 머물지 않고 의미를 생산하는 의식의 증식으로 연결되면서 여러 의미를 지니게 된다. 증식된 빵을 배불리 먹는 주체는 구강기에 어머니를 삼키는 주체와 섞인다. 즉, 먹는다는 것은 구강기적 만족을 상기시키고 배고픔에 고통받던 주체는 자신의 배고픔에서 벗어나기 위해 빵을 삼킨다. 여기서 주체는 그리스도의 몸을 상징하는 빵을 배불리 먹음으로써 자신의 결핍과 고통으로부터 만족을 얻게 되는데 이 주체는 정신분석에서 말하는 최초 대상의 결핍을 박해로 느껴서 그 대상을 삼키는 사디즘적 주체와 겹친다. 이렇게 함으로써 어머니와의 시원적 관계로부터 기인한 (모친살해에 대한) 죄의식에서 해방되

---

7) *Pouvoirs de l'horreur*, 138~139. 『공포의 권력』, 179~180.

는 결과를 낳는다고 크리스테바는 분석한다.[8] 결과적으로 그리스
도교에서 아브젝시옹의 정신화는 그리스도의 몸을 먹는 성찬식에
서 그 정수를 발견할 수 있다.

2. 아브젝시옹의 정신화와 승화

크리스테바에 따르면, 인간이란 본래 영적이고 지적인 인식의
존재가 아니라 자신의 아브젝시옹(살해에 대한 혐오)을 재인식하
고, 내재화시켜 상징으로 나타내는 한에서 '말하는 존재'이다. 아브
젝트로서 추방된 주체가 아브젝시옹을 내재화시켜 말하는 주체로
서게 되는 메커니즘을 성서에서 찾아 풀어 말하면, 부정한 음식에
대한 두려움의 기원에는 혐오스럽게 여겨지는 최초 대상(나쁜 젖가
슴)에 의한 공포가 있다. 그 최초 대상의 결핍이 불러일으키는 불안
은 그 대상을 삼키고 없애버리려는 구강기 충동과 함께 나타난다.
그러나 좋은 젖가슴에 의한 만족은 자아의 파괴적 본능을 잠재울
수 있다. 원초적 환상의 차원에서 보면, 좋은 젖가슴이라는 구강적
인 만족이 죽음 충동을 극복하게 하는데, 사회적으로는 음식물 대
신 기호가 결핍으로 인한 불안과 공포를 상쇄하는 역할을 할 수 있
다. 이것은 아브젝트의 정신화, 내재화와 연결된다. 종국에는 자아
속의 욕구 불만과 타자를 향한 살해 본능은 그리스도의 몸(성체)을
먹음으로써 그의 죽음을 기념하는 행위(성찬식) 기호 속에 녹아든
다. 찢기고 삼켜지는 그리스도의 몸과 함께 나의 육신도 소멸하면

---

8) 앞의 책, 140.『공포의 권력』, 181.

서 아브젝시옹도 사라진다.

　부연하면, 그리스도교적 의식conscience은 카타르시스적인 환상 속에서 물질과 논리적으로 연결된다. 성찬식을 통해 육체와 정신, 자연과 말, 성스러운 음식물과 그리스도의 육체는 연결된다. 그리스도의 몸은 자연의 음식(빵)을 통해 나누어지는 동시에 이것은 육체의 끝없는 쇠락을 의미한다. 빵이 찢어지는 것처럼 그리스도의 몸이 찢기고 그와 더불어 나뉘고 쇠퇴한 나는 그리스도와의 관계를 통해 존재하게 된다. 그리스도는 증식된 영성체로 내부로 투사되어 나의 불완전함(아브젝시옹)을 상기시켜 나를 성스럽게 한다. 그리스도의 몸을 삼키는 환상의 위치에 아브젝시옹을 놓으면, 그리스도교는 아브젝시옹의 혐오를 외면화해서 해제시킨다. 왜냐하면 아브젝시옹과 화해한 그리스도교의 주체는 상징성 속에서 더 이상 아브젝시옹의 주체가 아닌 육체가 완전히 쇠퇴한 정신적 주체인 까닭이다. 이 주체의 영역이 자리매김하면서부터 판단은 이미 있던 정/부정의 이분법을 넘어선다. 즉, "사람이 자기를 살피고 그 후에야 이 떡을 먹고 이 잔을 마실지니 주의 몸을 분별하지 못하고 먹고 마시는 자는 자기의 죄를 먹고 마시는 것이니라."(고린도전서 11:28~29) 정신화는 이처럼 안/밖이라는 주관적 공간의 분할로부터 정/부정의 분별로 나아간다. 외부가 인간을 더럽힐 수 없다는 것을 이해시키려고 예수는 제자들의 깨달음에 호소했다. "너희도 이렇게 깨달음이 없느냐 무엇이든지 밖에서 들어가는 것이 능히 사람을 더럽게 하지 못함을 알지 못하느냐."(마가복음 7:18) 이와 같은 부정의 내재화는 더러움이 주체 자신에 달려 있다는 가정에 뿌리박고 있다. "내가 주 예수 안에서 알고 확신하노니 무엇이든지 스스로 속된 것이 없으되 다만 속되게 여기는 그 사람에게는 속되니라."(로마서 14:14) 이처럼 속된 것, 부정한 것은 판단과 주체에 속한다. 이제 부정한 것은 어딘가에 뿌리박고 있는 실체가 아니라 적절치 않은 행위이다. 죄는 행위이고, 신학은 '죄지은 행위'에 대해 말하고 있는 것이다.[9]

요약하면, 빵과 포도주로 그리스도의 살과 피를 대신해 먹고 마시는 행위는 말씀이 육체로 유형화되면서 일어나는 일이다. 이 성찬식에 참여함으로써 모든 육체성은 고양되고 정신화되어 숭고해진다. 여기서 서로 분할될 수 없는 이질성인 육체/정신의 안/밖의 경계에서 육체와 기호(시니피앙)가 서로 영향을 주고받는 일이 일어난다고 말할 수 있다.[10]

정신분석가로서 크리스테바가 보기에, 그리스도교가 환상으로의 도피적 성향이 강함에도 보편적인 믿음의 대상이 될 수 있는 것은 누구나 자기 죄를 용서받고 그리스도와 같은 승화를 갈망해도 된다는 사실에 기인한다. 오직 그리스도만이 안/밖의 이질성을 극복한 죄 없는 육체이다. 그러므로 안으로 부정한 자들은 그 같은 잘못을 고백하고 예수가 성취한 승화에 가까이 가야 한다. 그러면 "너희 죄는 용서받았다"는 말씀을 듣는다. 육체적인 것은 비껴갈 수 없을지라도, 그것이 영적인 것 속에서 세워진다면 종국에는 믿음의 미래가 있음을 예수는 끊임없이 설교했다.

---

9) 앞의 책, 140. 『공포의 권력』, 182.

10) 앞의 책, 141. 『공포의 권력』, 183.

그러나 죄는 여전히 그리스도의 숭고함과의 차이만을 뚜렷이 남긴다. 그 차이들은 그리스도교 체험 속에서 그리스도와 동일화하려는 노력 속에 흡수되지만 단번에 불가능한 것으로 드러난다. 그러므로 그리스도의 말씀에 따라 죄가 언제나 용서받는다고 할지라도, 정신으로부터 전락한 육체, 정신과 육체의 분리는 실제적으로 양립할 수 없고 불가능한 인간 조건이다.[11] 그러나 이질성 자체로서 그리스도의 몸은 내면의 악을 흡수하여 제거하는 것을 보여준다. 다시 말하면, 육체의 가증함과 탐욕이 합해져서 이루어지는 죄는 몸을 가진 인간이 넘어설 수 없지만 예수의 말씀 속으로 흡수된 믿음은 그리스도의 몸을 먹고 마심으로써 육체성이 쇠퇴하고 내면의 죄가 죄 없는 그리스도의 몸에 의해 제거된다는 것을 말한다.

아브젝시옹의 내면화로 죄는 바깥의 부정보다 내면의 불법에 집중된다. "불법을 행하는 자들아 내게서 떠나가라"(마태복음 7:23), "불법이 성하므로 많은 사람의 사랑이 식어지리라"(마태복음 24:12), "이와 같이 너희도 겉으로는 사람에게 옳게 보이되 안으로는 외식과 불법이 가득하도다"(마태복음 23:28), "독사의 자식들아 너희는 악하니 어떻게 선한 말을 할 수 있느냐 이는 마음에 가득한 것을 입으로 말함이라"(마태복음 12:34), "속에서 곧 사람의 마음에서 나오는 것은 악한 생각 곧 음란과 도둑질과 살인과 간음과 탐욕과 악독과 속임과 음탕과 질투와 비방과 교만과 우매함이니 이 모든 악한 것이 다 속에서 나와서 사람을 더럽게 하느니라"(마가복음 7:21~23)라고 복음서는 기록하고 있다.

---

11) 앞의 책, 142.

그리스도의 중요한 사역은 사람들 속의 나쁜 마음과 악마를 몰아내고 죄를 용서하는 것이다. 그런데 이 일은 의로운 자를 위한 것이 아니라 죄인을 위한 일이라고 성경은 밝힌다. 왜냐하면 자신이 의롭다고 생각하는 사람은 용서할 죄가 없기 때문이다. 그리스도는 사람의 아들이자 동시에 신의 아들이기 때문에, 그 완전한 이질성은 이질적인 악마성을 흡수해서 내쫓는다. 그리고 그 이질성은 끊임없이 도덕과 치욕의 상징성을 벗겨내고 새로운 틀을 만든다. 그리스도 자신이 스스로 죄인과 교통하면서 그의 이질성 자체로 아브젝트로부터 죄인을 구해낸다.[12] 육체성이라는 불가능한 인간 조건에도, 죄 없는 육체인 그리스도의 몸에 동참(먹음)함으로써 육체의 한계를 넘어 정신화로 나아갈 수 있는 것이다. 그런데 믿음으로 죄사함을 받고 구원받는다는 그리스도교 신앙의 차원은 정신분석학이나 기호학의 범위를 넘어선다. 하지만 예술적 승화에 대한 담론은 그리스도교의 정신화와 연속성을 가질 수 있는 여지가 여전히 있다.

　　덧붙이면 성서는 다른 텍스트들보다 기호학 체계의 세심한 분석에 더 적합할 수도 있다고 크리스테바는 말한다. 왜냐하면 탈무드와 히브리 신비철학의 전통들은 해석에 있어서 늘 한 가지 이상의 길을 필요로 하기 때문이다. 또한 성서는 신에 대한 믿음을 가진 인간의 욕망을 지배하는 영원성을 통해, 문자적 가치와 의미의 해석 차원을 뛰어넘기 때문이다. 그런 의미에서 독자의 성구(聖句) 해석은 제한적인 언어능력과 논리 속에서 성서의 신성에 대한 고갈

---

12) 앞의 책, 143~144. 『공포의 권력』, 185~186.

이라고 크리스테바는 말한다.[13] 그러나 예술적 아름다움은 언어와 논리의 차원을 넘어서 그리스도교의 신성에 더 가까이 갈 수 있다.

그리스도교에서 더러움이 내재화되는 과정에서 죄는 물질적인 가증함에서 내면의 더러움으로 바뀌었다. 즉, 죄 개념은 실체적인 것이 아니라 마음속에 일어나는 온갖 더러운 것과 연결된 행위이다. 그런데 한편으로 죄는 아름다움이라는 예술적 승화의 조건이 될 수 있다고 크리스테바는 말한다. 그리고 죄가 희열(jouissance)과 아름다움으로 변모하는 장면을 한 죄인인 여자의 회개하는 행동을 통해 예시로 보여준다. "그 동네에 죄를 지은 한 여자가 있어 예수께서 바리새인의 집에 앉아 계심을 알고 향유 담은 옥합을 가지고 와서 예수의 뒤로 그 발 곁에 서서 울며 눈물로 그 발을 적시고 자기 머리털로 닦고 그 발에 입을 맞추고 향유를 부으니"(누가복음 7:37~38) 죄 많은 부정한 여인은 죄가 사하여지는 은혜를 입어 그 죄가 사랑으로 역전되면서 아름다움이 최고조에 이른다. 이 장면은 어둡고 부정한 죄의 속성이 죄 사함을 통해 밝음과 정함으로 변모하는 것을 보여준다. "이러므로 내게 네게 말하노니 그의 많은 죄가 사하여졌도다 이는 그의 사랑함이 많음이라 사함을 받은 일이 적은 자는 적게 사랑하느니라."(누가복음 7:47)

여기서 드러나듯이 죄는 빚도 아니고 결핍도 아니고 사랑의 이면으로서 넘침이라고 크리스테바는 말한다. "죄가 더한 곳에 은혜가 더욱 넘쳤나니"(로마서 5:20) 이런 의미에서 죄는 살아 있는 아름다움으로 반전될 수 있다. 그리스도교의 죄 개념은 성스러운 것

---

13) 『새로운 영혼의 병』, 150.

으로 역전될 수 있는 잘못을 용인한다. 죄가 희열이나 아름다움으로 역전됨으로써 죄는 규범적인 대가나 보복의 차원을 추월한다. 한편 죄와 아름다움을 연결짓는 이러한 관점은 종교적 울타리를 넘어서는 것이다. 크리스테바에 따르면, 아름다움은 이교도적인 악마성을 길들일 수 있다. 다시 말하면 아름다움은 이질적인 이교도적 세계를 이편으로 끌어들일 수 있다. 그리고 또한 아름다움은 그리스도교를 종교의 영역 너머로 인도한다.[14]

한편으로 '탐욕'convoitise이나 '게걸스러움'cupidite과 연결되는 욕망의 과잉은 빚이나 불법을 나타내는 결핍으로서의 죄와 한 쌍을 이룬다. '플레오넥시아'pleonexia[15]는 어원학적으로 볼 때 '항상 이득을 취하려는' 욕망이다. 즉, 그것은 가득 채워질 수 없는 정욕을 의미하며, 사도 바울의 경우 성적인 위반이나 일반적으로 육신에 대한 욕망을 연상시킨다. 이 욕망의 원인은 성스러운 말씀에 복종하지 않고 우상을 숭배하는 것이다. "그러므로 하나님께서 그들을 마음의 정욕대로 더러움에 내버려두사 그들의 몸을 서로 욕되게 하게 하셨으니 이는 그들이 하나님의 진리를 거짓 것으로 바꾸어 피조물을 조물주보다 더 경배하고 섬김이라 … 이 때문에 하나님께서 그

---

14) *Pouvoirs de l'horreur*, 145. 『공포의 권력』, 187.

15) 플레오넥시아(pleonexia)는 플라톤의 『국가』에서 능가함(pleonektein)과 같은 뜻으로 쓰인다. 플레오넥테인(pleonektein)은 크게 두 가지 뜻이 있는데, 하나는 '제 몫보다 더 차지하거나 차지하려고 함'이고 또 하나는 '…을 능가함' 또는 '…보다 우세함'이다. 『국가』에서 소크라테스는 두 경우 모두 중용(mesotēs) 및 적도(適度, to metrion) 개념과 연관지어 언급한다. 이의 명사형이라 할 플레오넥시아도 이와 연관되어 있는 말인데, 이는 제 몫 이상을 차지하려는 '탐욕'이나 '도를 지나친 상태'를 의미한다(플라톤, 『국가』, 박종현 역주, 서광사, 2020, 94 각주 50 참조).

들을 부끄러운 욕심에 내버려 두셨으니…."(로마서 1:24~26) 여기서 볼 수 있는 '탐욕' 곧, '식욕'epithymia[16]은 특히 구약성서에서 여러 다른 물질적인 재화와 마찬가지인 음식물과 상당한 상관성을 지닌 성적 욕망을 내포한다.

다양한 죄가 상징성으로는 표방할 수 없는, 육체의 넘쳐나는 충동성이라 부를 만한 어떤 것을 향해 집중해 있다. "내가 이르노니 너희는 성령을 따라 행하라 그리하면 육체의 욕심을 이루지 아니하리라 육체의 소욕은 성령을 거스르고 성령은 육체를 거스르나니 이 둘이 서로 대적함으로 너희가 원하는 것을 하지 못하게 하려 함이니라."(갈라디아서 5:16~17) 이와 같은 육체의 넘침telos의 결과는 죽음밖에 없다. "죄의 삯은 사망이요 하나님의 은사는 그리스도 예수 우리 주 안에 있는 영생이니라."(로마서 6:23) "우리가 육신chair에 있을 때에는 율법으로 말미암는 죄의 정욕이 우리 지체 중에 역사하여 우리로 사망을 위하여 열매를 맺게 하였더니."(로마서 7:5)

바울 서신에서 볼 수 있는 죄는 정확히 육신의 문제 주변에 자리 잡고 있다. 이것은 정신과 육체를 이분법적으로 분리한 그리스 사상의 영향으로 볼 수 있다. "그러므로 형제들아 우리가 빚진 자로되 육신chair에게 져서 육신대로 살 것이 아니니라."(로마서 8:12) 한편 "우리가 육신chair으로 행하나 육신에 따라 싸우지 아니하노니."

---

16) 에피티미아(epithymia)는 먹는 것, 마시는 것, 성(性)과 관련된 '욕구적인 부분'(to epithymētikon)과 관련된다. 돈을 좋아하는 것도 이런 욕구들이 무엇보다 돈(재물)을 통해서 충족되기 때문에 여기에 포함된다. 참고로 플라톤은 영혼을 세 부분 즉 '격정(기개)적인 면'(to thymoeides), '지혜를 사랑하는(애지적인) 면'(to philosophon)과 '욕구적인 부분'(to epithymētikon)으로 나누었다(『국가』, 박종현 역주 옮김, 서광사, 2020, 301~302, 582, 681).

(고린도후서 10:3) "내가 그리스도와 함께 십자가에 못 박혔나니 그런즉 이제는 내가 사는 것이 아니요 오직 내 안에 그리스도께서 사시는 것이라 이제 내가 육체chair 가운데 사는 것은 나를 사랑하사 나를 위하여 자기 자신을 버리신 하나님의 아들을 믿는 믿음 안에서 사는 것이라."(갈라디아서 2:20)

　이러한 추론 끝에서 두 종류의 육신이 지닌 의미를 발견할 수 있다. 그 하나는 히브리어의 육신basar과 가까운 것으로 법칙의 엄격함에 대항하는 탐욕스러운 충동의 '육체'이다. 다른 하나는 살chair 같이 부드러운 '육체'로서 공기 같은pneumatique 정신적인spirituel 육체이다. 이것은 (성스러운) 말씀 속에서 아름다움과 사랑이 되는 완전히 역전된 육체이다. 그런데 이 두 종류의 '육체'는 결코 나누어질 수 없다. 즉, 두 번째의 승화된 육체는 법칙에 도전하는 도착적인 첫 번째 육체 없이는 존재할 수 없다. 그것이 바로 같은 체제의 안과 밖처럼 도착성과 아름다움을 하나의 본질로 모은 그리스도교의 탁월성이라고 크리스테바는 말한다.[17]

　이러한 주장의 예를 아우구스티누스에게서 발견할 수 있다. 원죄설을 주창한 성 아우구스티누스에 따르면 인간은 '눈멂과 무지 속에 태어난' 존재로서, '육체적 욕망을 구속할 어떤 저항도 할 수 없기 때문에' 하나님 말씀을 따를 수 없는 존재이다. 따라서 자유의지가 있지만 항상 악할 수밖에 없는 피조물이다. 그러나 이렇게 말하면 신이 창조한 인간이 악하다고 하는 것이 되면서 모순이 발생한다. 그래서 아우구스티누스는 인간 자체는 선하지만 죄가 인간

17) *Pouvoirs de l'horreur*, 189. 『공포의 권력』, 187~189.

을 죄짓는 인간massa damnata이 되도록 한다고 말한다. 죄는 자유 의지로 하나님을 떠나는 것이지만 그 악의 뿌리는 육체 속에 새겨져 있다는 것이 원죄설이다. 아우구스티누스가 한때 영혼과 육체를 분리한 마니교의 추종자였던 사실을 엿볼 수 있는 대목이다. 크리스테바가 보기에, 아우구스티누스의 글쓰기에는 한편으로 육신의 넘쳐남과 관대함, 다른 한편으로 절대적인 심판이라는 엄정한 강제력이 균형을 이루고 있다. 그의 글에는 설명할 길 없는 이질성이 흥미롭게 얽혀 있다고 그는 말한다. 아우구스티누스에 따르면, 죄에서 벗어나는 것은 말로 고백함을 통해서이고 그것은 희열을 통해 전복되는 회개metanoía를 의미한다. 그런데 그 과정은 육체성이 아닌 정신성에 의해 이루어진다는 점에서 그리스도교적 승화의 특징을 보여준다고 할 수 있다.[18] 부연하면, 그리스도교적 승화는 정신성에 의해 이루어지지만 그것은 육체의 제거가 아닌 육체성을 넘어서는 과정을 통해서 이루어지기 때문에 정신과 육체의 변증법적인 관계가 전제되어 있다.

3. 죄, 신으로부터인가 여성으로부터인가

구약성서 창세기는 최초 인류인 아담이 타락하는 사건에서 마치 죄가 여성으로부터 시작되었다고 언급하는 것 같지만, 엄밀히 말하면 죄지은 육신은 아담과 이브 양성兩性 모두이다. 크리스테바에 따르면, 아담의 타락 이야기는 죄의 양가성을 밝혀 줄 만한 두

---

18) 앞의 책, 147. 『공포의 권력』, 189~190.

가지 해석이 가능하다. 그 하나는 성서가 밝히는 바대로 신적인 의지와 관련해서 죄는 최초 인간으로부터 유래했을 뿐 아니라, 크게 보면 신적인 의미 작용 자체 안에서 일어나는 것이다. 또 다른 해석에 따르면, 죄는 여성성-욕망-영양섭취-아브젝시옹의 연속선상에 위치한다.[19]

두 해석의 고리는 태초에 인간이 영원히 살도록 창조되었지만 아담의 타락으로 죽을 수밖에 없는 존재가 된 것으로 시작된다. 하나님은 아담에게 "선악을 알게 하는 나무의 열매만은 먹지 말라 네가 먹는 날에는 반드시 죽으리라"(창세기 2:17)고 하셨다. 그러나 이후 해석이 두 갈래로 갈라지는데, 첫 번째 해석에 따르면 선악을 알게 하는 열매를 먹음으로써 아담은 금지된 인식 행위를 하고 앎에 이르게 된다. 그런데 한편으로 보면 인식은 인간을 본래의 자연적이고 동물적인 그리고 죽음을 앞둔 존재와 분리시키고 정신성을 고양시킨다. 역설적으로 정결함이나 자유, 성에 대한 인식은 죄의 경험을 통해 이루어진다. 이러한 역설은 어떤 이론으로도 도달하기 어려운, 깊이를 헤아릴 수 없는 악과 일치하는 신비만이 설명할 수 있다. 반면 신비를 제거한 도덕이나 지식은 성스러움의 자리를 대신하고 끊임없이 죄와 거리를 만들고자 하지만 이 역시 죄 지은 경험 이후에나 가능한 일이다. 왜냐하면 죄가 어떤 것인지 그리고 어떤 결과를 낳는지에 대해 알고 난 후에야 죄에 대한 경계심이 생길 것이기 때문이다. 이것이 크리스테바가 보는 타락 신화의 인식론적 경향이다. 종국에는 타락이 신의 의미 작용 속에 있는 것으로, 인식

---

19) 앞의 책, 148.

의 문제를 확립하면서 정신성으로의 길을 열어놓는다.[20] 이처럼 정신성으로 가는 길에서 죄의 양의성 그 한쪽에는 육체와 연결된 탐욕의 이질성이 항상 내재해 있다.

　　인식론적 경향과는 또 다른 관점에서 아담의 타락 이야기에 접근해볼 수 있다. 악마적인 이질성에 더 강조점을 둔 두 번째 해석에 따르면, 아담은 더 이상 낙원의 인간이라는 평화로운 속성을 지니지 못하고 탐욕에 지배된다. 즉, 뱀에 연루된 여성에 대한 성적인 욕망과 열매를 주목한 음식물에 대한 탐욕이 그를 삼킨다. 낙원에 머물기 위해서 아담은 그 음식물에 대한 욕망으로부터 자신을 지켰어야만 했다. 그런데 인류에게 벗을 수 없는 죄의 매듭을 지운 아담의 행위로부터 나온 그리스도교의 원죄는 아브젝시옹을 제거하지 않는다. 그것은 내 속에서 일어나는 탐욕의 한 단면으로 상시 발견된다. 내면의 탐욕이 밖으로 투사되어 판단하는 의식이 될 때 종교가 지닌 성스러움의 특징은 도덕과 응보의 논리로 전환된다. 더 이상 바리새인의 집에서 눈물로 그리스도의 발을 씻기던 죄인인 여자나 간음한 현장에서 잡혀 온 여인은 없다. "너희 중에 죄 없는 자 먼저 돌로 치라 하시고"(요한복음 8:7), 이 말을 듣고 돌을 들고 있던 군중은 하나둘 사라지고 그 여인과 예수만 남게 되었다. 예수는 그에게 "나도 너를 정죄하지 아니하노니 가서 다시는 죄를 범하지 말라"(8:11)고 하였다. 이제 죄는 예수의 말을 통해 다시 말 속으로 흡수되었다. 말하자면 율법을 근거로 죄인을 심판하려고 돌을 집어든 사람들에게 되돌아온 것은 자신들의 내면을 찌르는 말이었다.

---

20) 앞의 책, 148~149. 『공포의 권력』, 191~192.

마찬가지로 아브젝시옹 또한 추방해야 할, 분리되어야 할 다른 것으로 치부되는 대신, 의사소통에 가장 적합한 장소로 정결한 정신성 속에서 뒤집기 할 수 있는 지점이 되었다. 간음하다 잡혀 온 여인은 그리스도의 말 앞에서 끔찍한 두려움이 무한한 희열로 변하는 경험을 했을 것이다. 이처럼 아브젝시옹에는 희열jouissance이 있다. 달리 말하면 아브젝시옹의 신비적 특성은 무한한 희열의 원천이 된다. 그런데 이 희열은 신비가 말해짐으로써 가능하다. 꿈과 같은 그리스도교적인 신비주의 속에서, 주체는 절대 타자인 신과 타자들과의 의사소통으로 이루어지는 담론 속에서 이 희열을 경험할 수 있다. 요컨대 악의 원천으로서 아브젝시옹은 죄와 혼동되지만 그럼에도 아브젝시옹은 정신 속에서 육신이 율법과 화해를 이루기 위한 조건이 된다.[21] "내가 율법이나 선지자를 폐하러 온 줄로 생각하지 말라 폐하러 온 것이 아니요 완전하게 하려 함이라." (마태복음 5:17)

그러므로 은총의 넘침이 될 수 있는 복음서의 죄 개념은 죄를 생물학적으로 유전되는 것으로 본 아담적 타락 사건과 거리를 두는 것으로 보인다. 왜냐하면 여기서 언급되는 죄는 성서에서 배척하는 아브젝트에 대한 아브젝시옹을 포섭하고 있지만, 더욱이 죄는 육신의 열정에 결부되어 있으면서 대단한 정신화와 내재화 과정을 이루어내기 때문이다. 사도 바울도 죄에 대해 신과 분리되고 탐욕스러운 것이라는 입장으로 일관성 있는 논지를 전개하면서 죄를 아담의 위반과 구분한 것으로 보인다. "죄가 율법이 있기 전에도 세상

---

21) 앞의 책, 149~150. 『공포의 권력』, 192~193.

에 있었으나 율법이 없었을 때에는 죄를 죄로 여기지 아니하였느니라."(로마서 5:13) "율법이 들어온 것은 범죄를 더하게 하려 함이라 그러나 죄가 더한 곳에 은혜가 더욱 넘쳤나니."(로마서 5:20)[22]

이제 죄는 아브젝시옹이 주관화된 것이라고 볼 수 있다. 토마스 아퀴나스에 따르면, 모든 피조된 존재는 자유 의지로 말미암아 하나님과 분리될 수 있는 존재이다. 그러므로 인간은 자발적으로 율법을 어기는 죄를 범할 수 있는 존재이기도 하다. 이러한 토마스주의적 생각은 죄를 논리적으로 정신화시키고 주관화시키면서 객관적 죄성을 주장한 아우구스티누스적인 원죄설에서 멀어진다. 의지와 판단에 의한 행위로서의 죄는 결정적으로 아브젝시옹을 논리와 언어 속으로 흡수한다. 풀어서 말하면, 토마스 아퀴나스가 말하듯이 천사에게 죄를 지을 수 있음이라는 속성은 그 천성의 완벽성을 더해준다. 여기서 죄 지을 수 있음은 대상에 결부되어 있는 것이 아니라 타락한 행위에 있는 것이다. 따라서 죄는 더 이상 욕망도 아브젝시옹도 아니고 논리로부터의 이탈이자 판단에 합치하지 않는 행위이다. 오염souillure이 사회 체계에서 받아들여질 수 없는 것이고 레위기의 터부가 율법에서 배제된 것이라면 성 토마스에게 죄는 판단의 잘못이다. 크리스테바가 보기에 죄에 대한 신약성서의 개념은 성(性)을 가진 사회적 존재에 대한 구체적인 진실에 보다 가까이가 있다. 이 개념은 유대교를 폭로하는 진실의 단면을 드러내는 위험에도, 그 속에 원죄 사상을 흡수시켜 의사소통적이고 논리적이며 미학적인 차원의 전위를 제시한다. 이것은 참을 수 없는 진실을 드

---

22) 앞의 책, 150.

러내며, 한편으로 부인dénégation을 통한 전위와 다른 한편으로 승화
를 통한 전위를 드러낸다고 크리스테바는 말한다.[23]

4. 참회의 말과 행복한 죄 *felix culpa*

초대교회 그리스도교도들이 자신의 죄를 인정하고 고백하는
참회는 곧 그들에게 박해와 고통으로 연결되었다. 이러한 고통은
'순교'라는 죽음으로까지 이어졌다. 곧, 다른 사람에게 전파한 믿음
의 말이 그들에게 고통이 된 것이다. 이처럼 박해와 희생이라는 위
험 속에서 고백이라는 진실한 의사소통 행위가 이루어졌다. 이와
같은 의사소통은 타인을 향한 나의 가장 내밀한 주관성이 드러나도
록 한다. 이러한 판단과 자유에서 비롯된 행위는, 비록 나를 진정한
무엇인가가 되게 하지만 심지어 죽음으로까지 몰고 갈 수 있다. 이
를테면 나의 진정한 말 속에는 이미 그 자체가 죽을 수밖에 없고 죄
가 있는, 아브젝트한 어떤 것이 있다. 그리고 말 속에 들어있는 이
질적인 무엇은 희열과 아름다움으로 반전될 수 있는 무엇이다. 요
컨대 참회의 실천은 죄 담론으로 가득 채워진다. 무거운 의사소통
가운데, 고백은 죄를 용서하고 담론의 힘을 정초한다. 즉, 타인과의
의사소통 속에서 참회 행위는 죄를 전복시키는 힘을 발휘한다. 담
론 행위 가운데 죄는 내재화되고, 유일신 앞에서 고백하는 언술 행
위의 결과로 죄를 용서받는다. 이로써 언술énonciation은 파기(고발,

---

23) 앞의 책, 151.『공포의 권력』, 193~195.

dénonciation)와 같다고 크리스테바는 운rime을 맞추어 말한다.[24]

그래서 언술화의 다른 말은 행복한 죄felix culpa라고 크리스테바
는 말한다. 모든 유럽의 교회 천장마다 빛나는 예술 작품이 귀착하
는 곳은 바로 행복한 죄로서의, 고백된 죄라는 가능성이다. 지긋지
긋한 종교 재판의 시대라고 할지라도 예술은 죄인들에게 자유를 부
여함과 동시에 내면으로부터 삶의 기회를 부여해왔다고 그는 말한
다. 환희의 표적으로서 예술의 넘쳐남이 그림·음악·말에 있다.
"믿는 자들에게는 이런 표적이 따르리니 곧 그들이 내 이름으로 귀
신을 쫓아내며 새 방언을 말하며."(마가복음 16:17) "사람이 마음
으로 믿어 의에 이르고 입으로 시인하여 구원에 이르느니라."(로
마서 10:10)

이제 권력은 더 이상 심판자인 신에게 있지 않고 담론 자체에
있다. 아니면 권력을 표현하는 시, 회화, 음악, 조각 그리고 심판의
말 자체라는 행위에 있다. 이 같은 예술적 표적들은 참회의 필요성
과 함께 가장 근접하기 힘든 의미 작용의 주름 안쪽에까지 말의 논
리를 펼칠 것이다.[25]

---

24) 앞의 책, 152. 『공포의 권력』, 196~197.

25) 앞의 책, 153~154. 『공포의 권력』, 197~198.

2부

성스러움에 대한 해석학적 성찰

– 폴 리쾨르의 『해석에 대하여』, 『역사와 진리』,
『타자로서 자기 자신』과 함께

1장 프로이트의 종교 분석의 가치와 한계
- 부친 살해에서 하나님 상징으로

1. 항문에서 입으로, 똥에서 돈으로?

정신분석학자 아브라함K. Abraham에 의하면, 구강기(구순기)에 이어지는 항문기는 두 단계로 구분할 수 있다. 전 단계에서는 모든 것을 없애버리고 던져 버리려고 하는 파괴적 경향이 지배하고, 다음 단계는 대상 친화적인 소유와 유지의 경향이 지배한다. 그런데 두 번째 단계에서 처음으로 대상을 고려하려는 경향이 나타나는데, 이것은 후에 대상에 대한 사랑이라는 감정이 선행하는 것으로 볼 수 있다. 이러한 분류는 항문기에 앞서 나타나는 구강기에도 해당된다고 말할 수 있는데, 구강기의 첫 단계에서는 오로지 구순과의 결합만이 문제된다. 그것은 또 어머니의 가슴이라는 대상과의 관계에서도 분명히 나타난다. 두 번째 단계는 무는 행위가 특징적으로 나타나는데, 이것은 구순 가학적인oral-sadistisch 것으로 명명된다. 여기서 처음으로 모호한 행동이 나타나는데, 이것은 이어지는 가학적-항문기에서 더욱 분명해진다. 이러한 아브라함의 구별의 중요성은 특별히 강박신경증, 우울증 같은 신경증들이 리비도의 발전과정에서 어떤 요인으로부터 비롯된 것인가를 알고자 할 때 분명해진다.[1]

구강기로부터 항문기에 이르는 전성기기前性器期적 성격 형성과 관련해서 프로이트는 초기 히스테리 사례들을 기초로 해서 전환Konversion 증상을 보여주었다. 전환은 의식에서 거절된 정신 내용이 신체 현상으로 변화되는 과정으로, 오이디푸스 단계의 갈등을 해결하려는 현상으로 간주되었다. 예를 들면 무감각, 고통, 마비, 떨림, 경련, 보행 장애, 운동 신경 실조, 귀먹음, 눈멂, 구토, 딸꾹질, 삼키지 못함 등으로 전환은 운동, 감각, 내장 반응을 포함한 다양한 형태를 띠며 이처럼 정신 에너지가 심리적인 영역에서 신체적인 것으로 대체되거나 변형된 심리-경제적인 개념이다. 프로이트의 초기 사례들에서 보면, 전환 현상 안에는 전(前)성기기의 구성 요소를 포함하는 여러 고착과 퇴행에 뿌리를 둔 역동적 기제가 작용하고 있음을 알 수 있다. 요컨대, 전환의 본질은 "정신 에너지를 정신 과정으로부터 신체 과정으로 전환 또는 전치시킴으로써, 억압되고

---

1) 프로이트 전집 2, 『새로운 정신분석 강의』, 임홍빈 홍혜경 옮김, 열린책들, 2018, 133~134.

금지된 충동 파생물을 왜곡된 방식으로 표현하는 것"[2]이라고 정리될 수 있다.

프로이트는 본능의 전환과 그와 비슷한 과정들에 대해서 항문 성애를 대상으로, 혹은 성감대가 있는 항문 주위와 같은 원천에서 나오는 흥분을 대상으로 연구한 바 있는데, 이러한 본능 흥분이 얼마나 다양하게 사용되는지에 대해 놀라움을 술회하고 있다. 아브라함의 지적에 따르면, 태생학적으로 항문이란 원래 입에 해당되는 것이고, 그것이 내장의 끝부분으로까지 확장된 것이다. 자기 자신의 배설물을 하찮게 보게 되는 경향과 함께 항문이라는 근원에서부터 유래하는 본능적 관심은 선물로 주어지게 되는 다른 대상으로까지 전이된다는 아브라함의 설명을 프로이트는 받아들인다. 실상, 배설물이란 젖먹이가 만들어낼 수 있는 가장 최초의 생산물로서 그것을 아기는 자신을 돌보아주는 사람에 대한 사랑의 표현으로, 선물로 배출하는 것이다. 더 나아가 언어 발달에 있어서 의미 변화와의 유추를 통해 알 수 있는 것은 어릴 적 이러한 배설물에 대한 관심이 나중에 금과 돈에 대한 가치 평가로 바뀌며, 더욱이 '아이'나 '남근'에 대한 감정적인 느낌을 형성하는 데 일조하게 된다는 것이다. 아이들이 오랜 세월 동안 굳게 믿게 되는 항문 이론에 의하면 아기는 똥처럼 항문에서 나오며, 배변은 출생 행위의 전형이라는 것이다. 남근 또한 항문과 관련된 것으로 여긴다. 말하자면, 남근을 소유하지 못한 인간이 존재한다는 사실을 아이는 받아들이기 어렵고

---

2) Rangell, L. (1959). "The nature of conversion". *Journal of the American Psychoanalytic Association*, 7:632–662, 636(『정신분석 용어사전』. 439 재인용·).

이것을 대단히 불유쾌하게 느낀다. 이로부터 일종의 타협을 하게 되는데 아이는 남근을 사람의 몸으로부터 떼어 낼 수 있는 것으로 인식하게 된다. 이처럼 남근은 몸에서 배출하는 배설물과 연관되는데, 말하자면 그것은 인간이 거세라는 형태로 포기할 수밖에 없는 최초의 부산물이 된다. 항문 성애의 상당 부분은 이렇게 해서 남근 소유라는 개념으로 이행된다. 그런데 신체의 이 부분에 대한 관심은 항문 성애적인 것 외에도 더 강한 구순 성애라는 뿌리를 갖고 있다고 프로이트는 말한다. 젖 빠는 행위와 마찬가지로 남근은 어머니의 가슴에 있는 젖꼭지로부터 많은 부분 유래하기 때문이다.[3]

그러므로 사람들의 환상과 무의식적 생각들, 그리고 증상적인 언어들을 이해하려고 할 때 항문기와의 연관성을 알지 못하고서는 불가능하다고 프로이트는 주장한다. 배설물-돈-선물-아기-남근은 여기서 동일한 의미로 취급되었고 또 공통의 상징으로 표현되었다. 덧붙여 말할 수 있는 것은 여성의 질膣에 대한 관심도 주로 항문 성애적 성격을 갖고 있다는 사실이다. 이것이 그리 놀라운 사실이 아닌 것은, 질은 루 살로메L. Andreas-Salomé의 재기 넘치는 시구에 의하면 직장으로부터 '빌려 온' 것이기 때문이며, 성적 발달 단계에서 어떤 단계를 뛰어넘지 못한 동성애자들에게 항문은 또 한 번 질에 대한 대용물의 구실을 하기 때문이다. 소녀들이 처음에는 전혀 여성적인 것이라고 할 수 없는 남근을 갖기 원하다가 차츰 아이에 대한 소망으로 바뀌고, 이것은 다시 남근을 가진 남성 즉, 아이를 제공해줄 수 있는 남성에 대한 소망으로 바뀌어 가는 것을 보

---

3) 『새로운 정신분석 강의』, 134~135.

면서 이 관계를 추론해볼 수 있는데, 여기에서도 볼 수 있는 것처럼 원래는 항문 성애적이던 관심이 추후에 성기 체계로 변화되어 가는 것을 알 수 있다.

리비도의 이러한 전(前)성기적 단계에 대한 연구 과정에서 성격 형성에 관한 중요한 정보를 새로이 얻게 되었다고 프로이트는 말한다. 그는 성격의 세 가지 특성이 중첩되어서 언제나 함께 나타나는 것에 주목하였다. 그것들은 질서, 절약, 고집이라는 특성들이다. 즉, 질서정연함, 완고함, 그리고 절약과 인색함은 항문기 성격 Anal-Charakter의 일반적인 특징으로서, 이것들 안에는 항문기적 요소의 중요성이 과장된 상태로 보존되고 있다.[4] 이러한 성격을 가진 사람들을 분석해본 결과, 이 성격은 항문 성애의 탕진이나 또는 그것을 다른 식으로 사용함으로써 생겨난다는 것을 알 수 있다. 항문 성애가 제대로 사용되지 않았을 때 이것의 반대 성격이라고 볼 수 있는 것이 나타난다고 프로이트는 말한다.[5]

그러므로 프로이트적 의미에서 보면 돈에 대한 사랑은 유아기 시절 배설물에 대해 가졌던 사랑과 동일하다. 이와 같이 프로이트는 소유에 대한 리비도적 해석이 정치경제학적 의미로 파악되는 해석과 양립 가능하다는 점을 보여주었다. 프로이트의 이러한 해석은 인간이 갖고 있는 주요 정동의 계보를 설명하고 인간 정동의 파생물의 목록을 보여준다. 하지만 동시에 이런 형태의 해석이 갖는 한계를 드러낸다. 리쾨르는 정동의 하부 구조에 대한 이런 식의 탐구

---

4) 『정신분석 용어사전』, 567 참조.
5) 『새로운 정신분석 강의』, 136~137.

가 경제적 대상의 구축을 대체하지 못한다는 점을 보여준다. 그리고 욕망의 퇴행적 발생은 의미, 가치, 상징과 연관되는 점진적 발생을 대체하지 못함을 드러낸다. 즉, 프로이트는 이것을 설명하기 위해 '충동의 변형'에 대해 이야기하였지만, 이러한 변형에서 전해지는 의미의 혁신이나 진전을 정동적 리비도 투여의 역동으로는 모두 설명할 수 없다는 점을 강조한다.[6]

2. 오이디푸스와 승화

따라서 에너지 파생과 의미의 혁신을 모두 나타내는 개념이 필요한데 리쾨르는 그것이 '승화'라고 지적한다. 그에 따르면, 승화 개념은 리비도에 의한 에너지 일탈과 하나의 리비도에 대한 다양한 운명이 있다는 점, 그리고 의미의 혁신은 프로이트의 해석과는 다른 해석학을 요구한다는 점을 전부 드러내고 있다.[7]

리쾨르는 프로이트의 해석을 넘어서는 승화의 실례를 종교적 상징 이론의 영역이 아닌 미학 영역에서 찾는다. 말하자면 에너지 일탈과 관련된 해석과 승화에 이르는 해석이 미학 영역에서 만난다는 것을 분명하게 보여주고자 한다. 이 지점은 의식의 목적론이 고고학과 만나는 지점이고 인간 모험의 목적이 유년기 경험과 출생의 비밀과 만나는 곳이다. 리쾨르는 이러한 원형적 예시로서 소포클레스의『오이디푸스 왕』을 제시한다.

---

6) *De l'interprétation*, 492.『해석에 대하여』, 719.

7) 앞의 책, 494.『해석에 대하여』, 722.

알다시피 오이디푸스는 태어나기도 전에 아버지를 죽일 것이라는 신탁이 내려졌기 때문에 출생 즉시 버려지는 처지가 되었다. 그러나 다행히 목숨은 건져 다른 왕궁에서 왕자로 성장하게 되는데 이후 그는 자신에게 내려진 신탁에 대해 의심을 품고 자신이 직접 신탁을 받는다. 결국 자신이 아버지를 살해하고 어머니와 결혼할 것이라는 신탁을 알고 그는 고향이라 여기는 곳을 떠나게 되는데, 사건은 그때 발생한다. 길에서 우연히 만난 라이오스 왕과 뜻하지 않은 싸움이 벌어지고 결국 그를 죽이고 나서 스핑크스의 수수께끼를 푸는데, 이 일로 인해 테베의 왕이 되고 아무것도 모르고 어머니를 왕비로 삼게 된다. 그리고 자식을 낳고 평화롭게 사는 듯하더니 나라 안에 페스트가 창궐하여 테베 인들은 다시 신탁을 청하게 된다. 소포클레스의 비극은 여기에서 시작된다. 오이디푸스가 라이오스의 살해범이며 살해된 라이오스와 이오카스테의 아들이라는 사실이 폭로되는 과정이 이어지면서 종국에 신탁의 예언이 실현된다.[8]

1) 운명 대 진실

프로이트에 따르면,『오이디푸스 왕』은 소위 운명의 비극이다. 비극적 효과는 신들의 절대적 의지와 파멸에 직면한 인간들의 헛된 반항 사이의 대립에 근거하고 있다. 관객은 비극을 통해 자신의 무력함을 깨닫고 신의 뜻에 복종하는 법을 배운다. 그런데『오이디푸스 왕』이 고대 그리스인들 못지않게 현대인들에게 충격을 주는 이

---

8) 프로이트 전집4,『꿈의 해석』, 열린책들, 2016, 318~319.

유는 그리스 비극의 효과가 운명과 인간 의지 사이의 대립에 토대를 두고 있기 때문이 아니라고 프로이트는 보았다. 그보다는 오이디푸스에게서 우리 내면의 목소리가 운명의 강요하는 힘을 인정하게 만드는 무언가가 존재하고 있기 때문이라고 보았다. 오이디푸스 왕 이야기에는 실제로 그럴 만한 계기가 내포되어 있다. 결국 그의 운명이 우리를 감동시키는 이유는 그것이 우리의 운명이 될 수도 있고, 출생 전에 그에게 내려진 신탁이 우리에게도 똑같은 저주가 될 수 있기 때문이다. 프로이트가 보기에, 유년기의 원시적 소원을 성취한 오이디푸스라는 인물 앞에서 현대인은 오래전 억압된 마음 속 소원을 보게 된다. 소포클레스는 문학작품을 통해 오이디푸스의 죄를 밝히고 또한 억압했지만, 지금도 여전히 그 충동이 존재하고 있는 인간 내면을 인식하도록 충격을 준다고 할 수 있다.[9]

프로이트는 소포클레스 비극 원문에서 오이디푸스 전설이 태곳적 꿈-재료로부터 유래했다는 암시를 발견한다. 그 태곳적 꿈은 최초의 성적인 자극 때문에 부모와의 관계가 곤혹스럽고 불편해지는 내용을 담은 것이다. 그리고 현재에도 많은 사람들이 어머니와 성관계 맺는 꿈을 꾸고 아버지가 죽는 꿈을 꾼다고 언급하면서, 그 꿈이 이 비극을 이해하는 열쇠라고 말한다. 더욱이 오이디푸스 이야기는 이러한 전형적인 두 가지 꿈에 대한 환상의 반응이라고 덧붙인다.[10] 『꿈의 해석』에서 처음 오이디푸스 콤플렉스에 대해 논한 이후 프로이트는 이것을 종교와 도덕의 영역으로 논의를 확장한다.

---

9) 『꿈의 해석』, 319-320.

10) 앞의 책, 321.

그에 따르면, 종교와 도덕의 자기 징벌의 구성은 신학적인 의도에 이용하기 위해 신화의 소재를 2차 가공한 데서 비롯된다.

리쾨르는 이러한 프로이트의 오이디푸스 해석에 대해 비판적 접근을 시도한다. 먼저 프로이트가 해석한 바대로 오이디푸스 전설과 드라마를 근친상간, 그리고 존속살인과 관계짓는 관점과 거리를 둔다. 리쾨르에 따르면, 소포클레스의 작품은 독자의 마음속에 오이디푸스 콤플렉스를 되살리려는 의도를 내포하고 있지 않다. 프로이트가 운명의 비극이라고 칭한 이 드라마는 리쾨르가 보기에 운명의 비극이 아니라 진리(진실, vérité)의 비극이다. 1막의 근친상간과 존속살인의 드라마는 2막에서 자기의식, 자기 자신에 대한 인정의 비극을 창안해냈다. 오이디푸스는 혐오와 분노 속에 표현되는 성인成人으로서의 죄의식으로 들어간다. 극의 초반부에서 오이디푸스는 재앙에 대한 책임이 누군가 알려지지 않은 사람에게 있다는 저주를 내린다. 하지만 그는 그 사람이 실제로 자기 자신일 수 있다는 가능성을 완전히 배제한다. 이 희곡 전체는 이러한 가정에 대한 저항과 최종 몰락을 드러낸다. 오이디푸스가 겪는 고통과 상처 입은 자존심은 더 이상 어린아이에 속한 욕망이 아니다. 이것은 오직 왕으로서의 자존심 문제이다. 다시 말하면, 비극은 어린아이인 오이디푸스에 대한 것이 아니라 왕으로서의 오이디푸스에 대한 것이다. 진리에 관한 이런 불순한 열정을 근거로 오이디푸스의 오만hybris[11]

---

11) 어떤 인간이 오만하고 남에게 심한 모욕감을 줄 정도로 무례할 경우, 반드시 그 응보(nemesis)를 아드라스테이아 여신(Adrasteia Nemesis)한테서 받게 되어있다. 이 '오만무례함'(hyperêphania)을 흔히 hybris라고 말한다(『국가』, 320, 역주 8 참조). 즉, 히브리스는 남에 대해서건 자신에 대해서건 지나침을 가리키는 말이다. 타인에 대한 경우에, 오만, 오만무

은 프로메테우스의 오만과 일치한다. 그를 재앙으로 몰고 간 것은 열정으로 가득 찬 무지이다. 그러므로 그의 죄의식은 리비도의 영역에 있는 것이 아니라 자기의식의 영역 속에 있다. 이것이 바로 리쾨르가 비진리non-vérité의 힘이라고 표현한 인간의 분노이다. 결국 오이디푸스는 윤리적 의미에서는 실제로 그가 비난받을 필요가 없는 범죄에 대해 자기 자신을 정당화시키려는 주장을 했기 때문에 죄인이 되고 만다.[12]

리쾨르에 따르면, 오이디푸스가 테베의 왕이 되는 결정적인 계기를 준 스핑크스는 무의식의 차원을, 진실을 드러내는 예언자 테이레시아스는 정신이나 마음의 차원을 나타낸다. 『철학자 오이디푸스』의 저자인 장 조제프 구Jean-Joseph Goux에 따르면, 스핑크스는 여자의 머리와 사자의 몸, 독수리의 날개를 가진 괴물로 나타난다. 여자 스핑크스는 목을 자르는 괴물, 치명적인 조르기의 압박으로 사람의 넋을 빼앗는 괴물이면서 동시에 사후의 삶을 보증하는 죽어야만 하는 괴물이다.[13] 반면에 테이레시아스는 아폴론의 사제, 운명을 아는 자, 신적인 기호들의 해석자, 태곳적 지혜의 계승자인 늙은 현자이다. 그리고 오이디푸스는 자신의 고유한 반성만을 신뢰하고, 인간만을 신뢰하고, 치밀한 조사가 제공할 수 있는 사실만을 확

례함, 인격적 · 신체적 · 성적 폭행을 가리키며, 자신과 관련되는 경우에는 폭식 등 무절제한 행위를 가리킨다(플라톤, 『에우티프론, 소크라테스의 변론, 크리톤, 파이돈』, 박종현 역주, 서광사, 2013, 349, 역주 198 참조).

12) *De l'interprétation*, 496. 『해석에 대하여』, 725.

13) Jean-Joseph Goux, *Œdipe Philosophe*, Edition Aubier, 2016. 『철학자 오이디푸스』, 정지은 옮김, 도서출판b, 152.

실하다고 고집하는 젊은 철학자이다.[14] 이 드라마에서 오이디푸스는 진리를 전개하는 중심이 아니다. 오히려 자만심으로 가득 찬 이 주인공은 상처를 입어야만 하는 것으로 이야기가 전개된다. 진리가 전개되는 차원에서 중심적인 인물은 예언자 테이레시아스이다. 그는 진리 속에 있어서 힘이 있기 때문이라고 소포클레스는 기록하였다. 이 예언자 형상은 비극적인 것이 아니라 전체성의 시각la vision de la totalité을 나타내고 현시한다. 그러므로 오이디푸스의 분노와 예언자에게 속한 진리의 힘force de la vérité 사이에 비극의 핵심이 자리 잡고 있다. 이 핵심은 성과 관련된 문제가 아니라 빛의 문제라고 리쾨르는 말한다. 예언자는 신체의 눈은 멀었지만, 마음의 눈으로 진리를 본다. 반면에 오이디푸스는 정오의 빛은 보지만 자기 자신에 대해서는 보지 못한다. 이후 오이디푸스는 콜로노스에서 눈먼 예언자가 됨으로써 자기의식에 근접한다.[15]

2) 승화와 상징

이러한 방식으로 리쾨르는 승화와 관련하여 상징의 차원에서 『오이디푸스 왕』에 대한 두 가지 독법을 결합시킨다. 먼저, 꿈의 내용을 가공하는 프로이트의 언급을 인용하면서, 치료 행위로서의 정신분석은 의식이 이중화되는 과정으로써 헤겔식의 주인과 노예의 역사 전체를 재생시키는 것이라는 점을 지적한다. 그러므로 정신분석의 해석이 그 자체로 인식과 진리를 위한 투쟁이자 자기의식의

---

14) 『철학자 오이디푸스』, 141.

15) De l'interprétation, 497. 『해석에 대하여』, 726.

운동인 한, 그것은 분노와 비-진리에 관한 상이한 방식의 드라마를 제시한다. 이것이 바로 오이디푸스가 '유년기의 소망이 현실화되는 것을 우리에게 보여준다'는 주장에 만족하지 못하는 이유이다. 이는 '드라마의 꿈 같은' 기능이다.[16)

소포클레스 작품의 상징의 힘은 진리의 핵심에 출생의 비밀이 자리하고 있다는 점에서 드러난다. 운명의 비극이라고 본 프로이트의 독해와의 달리, 오이디푸스적 상황은 진리의 도정을 전개하는 모든 '정신적' 조화의 풍요로움을 직접적으로 드러낸다. 여기서 풍요로움이란 호기심, 저항, 자만심, 비탄, 지혜를 가리킨다고 리쾨르는 말한다. 아버지에 대한 의문과 진리에 대한 물음 사이에 상징 그 자체의 다중결정surdéterminataion[17) 속에 남겨진 비밀스런 관계가 형성된다. 아버지에게는 단순한 아버지 그 이상의 것이 존재하고, 아버지에 대한 물음에는 나의 아버지에 대한 물음 그 이상의 것이 존재한다. 그 이상의 것이란 아버지임 속에서는 결코 보이지 않으며 단지 짐작만 될 뿐인 무엇이다. 물음을 던지는 힘은 이 짐작의 환상에 둘러싸여 있다. 생성(출생)의 상징계La symbolique de l'engendrement는 발생, 유래, 기원, 돌출과 관계가 있는 물음을 모두 담고 있다. 그러

---

16) 앞의 책, 498. 『해석에 대하여』, 727.

17) 다원결정 혹은 중층결정이라 번역되기도 하는 프로이트의 용어로서, 정신적 사건이나 행동은 한 가지 이상의 요인에 의해 야기될 수 있으며, 한 가지 이상의 목적을 가질 수 있다는 개념이다. 프로이트는 증상, 꿈, 행동 또는 기타 정신생활의 인과 관계들의 수 없이 많은 경로들이 서로 연결됨으로써 형성된다는 사실을 일컬어 중복 결정이라고 불렀다. 이 용어는 기하학에서 유래된 것으로, 서로 교차하는 두 개의 선이 하나의 지점을 결정하며, 한 지점에서 교차하는 세 개의 선은 한 점을 중복해서 결정한다는 사실을 의미한다. 정신분석에서 이 용어는 하나의 현상을 결정하는데 여러 가닥의 요인들이 포함되어 있음을 뜻한다(『정신분석 용어사전』, 102).

므로 유년기와 관련된 오이디푸스 드라마는 기원에 관한 드라마이면서 잠재적으로 진리의 비극을 담고 있다. 오이디푸스의 범죄는 비-진리에 대한 분노를 통해 전달된 단절이라는 처벌에서 그 정점에 이르게 된다. 성에 관한 비극 속에 처벌이 이루어지는 것은 진리의 비극이 종결된다는 의미를 갖는다. 극은 이렇게 이중의 의미로 읽혀질 수 있다. 하나의 비극이 시작되는 지점은 또 다른 비극이 끝나는 지점이 되는 것이다. 말하자면 진실을 알리는 예언자를 향한 왕의 분노가 오이디푸스의 상황 및 유년기 콤플렉스 해소에서 비롯되는 저항에서 나온다는 것을 알게 된다. 이러한 방식으로『오이디푸스 왕』에 대한 독해는 승화라는 의미 속에 존재하는 문화 대상에 관한 평행적 분석이 가능하다고 리쾨르는 말한다.[18]

3. 꿈과 시

리쾨르는 프로이트의 기원에 관한 독해를 넘어, 경제적인 차원과 정치적인 차원의 소유와 힘의 영역으로『오이디푸스 왕』의 독해를 확장한다. 이로써 승화에 관한 변증법적 해석에 착수한다. 그 해석은 리비도적 정동들에 대한 것이면서, 경제적 질서와 정치적 질서를 포함하는 의미 작용들을 형성한다. 소포클레스의 작품은 가려짐과 드러냄, 위장과 폭로가 동시에 나타나는 상징의 구조 안에서 문화적 대상을 생성한다고 볼 수 있다. 그러므로 동일한 상징의 등급 위에 꿈의 내용과 시적인 내용을 나란히 놓는 것이 가능하다

---

18) *De l'interprétation*, 499.『해석에 대하여』, 728~9.

고 리쾨르는 말한다. 꿈의 생성과 예술 작품의 창작은 상징에 대한 강조가 위장이건 폭로이건, 또 왜곡이건 드러냄이건 간에 상징 차원의 두 가지 목적을 나타낸다. 말하자면, 꿈과 창작에는 상징에 대한 위장과 폭로가 함께 작동한다는 의미에서 기능적 통일성이 있다. 그러므로 밤에 꾸는 꿈에서 백일몽으로 이행하는 것, 백일몽에서 놀이와 유머로 이행하는 것, 그리고 민간전승과 전설, 궁극적으로는 예술 작품으로 이행하는 것이 가능하다는 사실에 대해 프로이트는 「작가와 몽상」에서 언급하였다.[19] 그에 따르면 창조적 작가란 놀이하는 아이와 같다. 성인은 놀이하는 대신에 환상을 창조하는 쪽으로 나아간다. 놀이의 대체물로서의 기능에 있어서 환상은 백일몽이며 허구이다. 리쾨르에 따르면, 이것은 시학으로 이어지며, 소설 즉, 이야기 형식의 예술 작품들에 의해 충족된다. 따라서 일반적으로 꿈꾸기라고 일컬어질 수 있을 만한 것의 윤곽이 그려진다. 프로이트는 사태를 심하게 단순화함으로써 꿈과 시라는 두 가지 환상 계열의 끝을 연결시켰다. 이 둘은 같은 운명을 가지는데, 말하자면 불행하고 불만족스러운 인간 운명을 표현한다.

따라서 리쾨르는 프로이트 『꿈의 해석』의 단순한 반복적 독해를 넘어서고자 두 가지 중요한 사실을 지적한다. 먼저, 놀이가 부재에 대한 지배력을 의미하며 그러한 지배는 욕망의 단순한 환각적 만족과는 다른 본성에 속한다는 것이다. 그 다음으로, 환상은 의미가 결여된 몽상이 아니며 시간의 차원을 포함한다는 사실이다. 즉, 비시간적인 무의식적 사유가 소유하지 못한 차원을 환상은 가지고

---

19) 프로이트 전집 4, 「작가와 몽상」, 『꿈의 해석』, 열린책들, 2017, 144~145.

있다는 것이다. 순수 무의식의 환상과는 달리 상상력의 활동은 최근 인상과 과거의 공상과 그것이 실현될 만한 조건을 가진 미래를 이어주는 힘이 있다. 그러나 프로이트는 꿈과 예술 창작을 유비적으로 연결시키면서 기능적 통일성은 잘 설명하지만 그 이상으로 나아가지 못했다. 즉, 충동을 변증법으로 발전시키는 질적인 차이와 '목적'의 차이를 외면함으로써 승화의 문제를 완전히 설명하지 못했다.

프로이트가 '목적의', '목적의 일탈', '승화'라고 일컬은 예술 창작물이 꿈과 다른 차이는 정신 형태의 증진에 있다고 리쾨르는 말한다. 만약 꿈이 일시적인 잠 속에서 사라지는 개인적인 표현에 머무른다고 본다면, 그것은 공적으로 그 소재를 소통시키고 환상을 편입시키는 예술가의 작업에 대한 성찰이 부족하기 때문이다. 예술가의 작업과 이러한 소통의 문제에 대한 성찰은 의식이 자기 자신에 대한 새로운 이해를 향해 나아가는 일을 가능하게 하는 가치들의 운반자로서의 꿈에서 비롯된다고 보아야 한다. 예컨대 미켈란젤로의 『모세』, 소포클레스의 『오이디푸스 왕』, 셰익스피어의 『햄릿』이 창조된 것이라고 한다면, 이 작품들은 예술가의 갈등에 대한 단순한 투사가 아니라 그 갈등의 해결책을 묘사하는 차원 속에 존재한다는 것을 알 수 있다. 단지 소재로 사용된 질료들이 위장되기 때문에 그에 대한 강조로 인해 꿈은 점점 더 과거와 유년기에 초점이 맞추어진다. 하지만 예술 작품 속에는 해결책이 이미 함께 드러나 있다. 그러므로 개인적 종합과 인간의 미래에 대한 전망적 상징으로서의 예술 작품은, 단지 예술가가 해결해내지 못한 갈등의 퇴행적 징후에 머무르는 것이 아니다. 마찬가지로 작품 속에서 강조된 폭로가 우리 자신의 갈등의 자극을 통해서 실행되는 것이라 해도, 그 강조점은 작품 감상자들의 단순한 재생으로서의 쾌락이 아니라, 영웅을 통해서 나타난 진리의 작품을 공유하는 쾌락에 근거한다고 리쾨르는 말한다.[20] 예술 작품과 마찬가지로 꿈이 개인의 정신 속에서 치료의 역할을 한다는 것은 알려진 사실이다. 이로써 꿈과 예술 작품에는 두 가지 차원이 공존한다고 할 수 있다. 곧, 리비도와 연관된 과거로의 퇴행과 진리와 연관된 미래를 향한 진보이다.

1) 리비도에서 가치의 차원으로

반복해서 말하면, 꿈은 시원적인 것과 연관되어 신경증적 양상을 반복적으로 나타내면서 동시에 치료적 기능을 갖는다. 문학작품을 비롯해 예술 작품도 이와 같은 두 기능을 가진다고 말할 수 있다. 문학이나 예술 작품이 만들어내는 상징들 중에 개인이나 집단의 유년기의 꿈과 드라마에서 연원하지 않는 것을 찾아내기란 어렵다. 그러므로 예술가, 작가 혹은 사상가가 생성해내는 혁신적인 형상은 맨 처음 시원적 형상 속에 투입된 오래전 에너지를 생성해낼 수 있다. 예술 작품이 동원하는 이러한 형상들은 꿈이나 신경증적 증상들과 비교될 수 있다. 이와 같은 창작 작업은 드러나지 않은 인간의 근본적인 가능성을 드러내고, 고통스러운 자기의식으로부터 새로운 상징을 낳는다.

리쾨르에 따르면, 꿈에도 단계가 존재하는 것처럼 시에도 단계가 있다. 예컨대 초현실주의는 어떻게 해서 시가 꿈과 연관되는지

---

20) *De l'interprétation*, 500~501. 『해석에 대하여』, 731~732.

를 잘 보여준다. 특히 미학적 창조성이 강박증적 환상을 거침없이 사용할 때, 어떻게 해서 시가 신경증을 복제하려는 경향을 되살려 내는지를 잘 드러낸다. 그러므로 예술 작품과 꿈은 상징의 극단에 자리하고 있지만, 이것의 산물들은 서로 자리를 바꿈으로써 꿈과 시를 화해시킬 수 있다.

　이로써 승화의 변증법적 구조에 대해 논할 수 있게 되는데, 이 대상들은 리쾨르가 '가치'의 영역이라고 부르는 감성의 영역에 속한다. 그에 따르면, 이 감성은 경제학과 정치학으로 환원할 수 없는 의미의 영역을 형성하는 것으로 나타난다. 의식을 정복해 간다는 것은 더 이상 나의 몫과 자아의 관계, 전유와 상호 수용의 관계, 궁극적으로 교환·분배·증여의 관계로 국한되지 않는다. 그리고 그것은 지배와 복종의 위계, 지배력의 분배라는 관계에 국한되지 않는다. 인식은 상호 존중을 요구하고 승인을 추구한다. 따라서 나-자신에 대한 표현은 타인의 의견에 의존한다. 다시 말해 자기는 자기를 확고하게 하는 타인의 의견을 청취함으로써 형성된다. 이러한 의견을 통한 상호 구성은 여전히 대상들에 의해 이끌리는데, 이 대상들은 소유의 영역에 속해 있는 재화, 상품, 서비스와 같은 사물이 아니고, 또한 권력의 제도에 상응하는 사물이 아니다. 오히려 이 대상들은 기념물과 법, 예술, 문학, 철학 작품들이다. 이런 새로운 장르의 대상성, 말하자면 문화 대상의 '작품'의 대상성 속에서 인간의 가능성에 대한 탐구가 이루어진다. 이를테면 그림, 조각, 글은 '인간의 이미지'image de l'homme에 밀도 있는 사물과 단단한 실재의 차원을 부여함으로써 색깔, 악보, 혹은 기록 속에서 인간 이미지를 구체화시키고 인간과 인간 사이에 존재하는 이미지를 만들어낸다. 그것은 인간의 특정한 '존엄성'이 구성되어 있는 예술이나 기념물의 매개를 거치는 작업들을 통해 존재한다. 여기서 인간의 존엄은 이중화된 의식의 과정, 한 다른 자기 속에서 자기를 재인식하는 도구이자 흔적이다.[21]

2) 교육과 문화

이러한 논의를 통해서 리쾨르는 문화적 대상 속에서 정동적 소재만을 다루는 정신분석의 방법에 반대한다. 그러면서 문화의 경제학, 정신의 현상학을 동시에 정의할 수 있는 변증법을 구성할 수 있는 상징 해석학을 주장한다. 문화 현상은 위장과 폭로의 이중적 가치를 갖는 승화의 차원에서 해석되어야 한다고 그는 주장한다. 이것은 교육이라는 차원과 연결된다. 교육l'éducation은 인간이 자신의 어린 시절을 넘어서는 운동을 말한다. 이 운동은 그 고유한 의미에 있어서 인간이 자신의 시원적 과거를 바깥으로 끄집어내는 '배움'eruditio이다.[22] 그런데 배움이란 형성하는 것으로서 문화Bildung와 같은 것을 의미한다. 말하자면 자기의식 증진의 표지를 내세우고 자기의식이 드러나도록 인간을 열어주기 위해서 '인간 이미지' 곧, 형상Bilder의 구축 및 출현이라는 이중적 의미를 갖는 형성Bildung

---

21) *De l'interprétation*, 501~502. 『해석에 대하여』, 734.

22) 라틴어 eruditon는 교육 · 학습 · 지식 · 학식 등을 의미하며, 그 동사 erudio(erudire)는 자연 상태, 야만적인 것으로부터 해방시킨다는 의미로서, '교육하다, 가르치다, 훈육하다' 등을 뜻한다. 따라서 eruditio는 의미상 독일어의 Bildung을 지칭한다(한스게오르크 가다머, 『진리와 방법』 1권, 이길우 외 옮김, 문학동네, 2015, 41, 옮긴이주 참조).

이다. 또한 이러한 교육, 배움, 형성은 이차적 본성의 기능을 만들어 낸다. 왜냐하면 이것들이 일차적 본성을 개량하기 때문이다.[23] 이 를테면, 반복적 훈련을 통해 잘 형성된 습관을 생각할 수 있다. 문화적인 작품들 속에서 우리는 욕망의 차원을 넘어서는 자유가 실현되는 것을 발견할 수 있다. 교육과 문화, 두 차원이 모두 자아가 출현하는 이드라는 자연 본성의 장소에 있지만 그 가운데 머물지 않고 문화적 인공물들을 추구하고 생성한다고 할 수 있다.

4. 믿음과 종교

1) 성스러운 것의 애매성

승화의 차원에서 꿈과 시가 리비도와 정동의 범주를 넘어선다는 것을 보여줌으로써 리쾨르는 프로이트를 비판하였다. 이제 비판의 걸음을 종교에 대한 프로이트 해석으로 향한다. 먼저 믿음의 문제를 다룸에 있어서 리쾨르는 문제 제기를 해명하는 방식은 존재하지 않는다는 사실을 밝힌다. 오히려 믿음에 대한 문제 제기는 자신이 채택하고 있는 변증법이 지나치게 확장되어 반성철학의 경계를 넘어버릴 수 있다는 점을 우려한다. 그렇지만 반성철학의 내재성 내에 머무르지 않기 위해서 그는 예외적 지점이 가능함을 지적한다. 즉, 믿음에 대한 본래적 문제 제기가 존재한다면 이는 좀 다른 철학적 맥락에서 '의지의 시학'Poétique de la Volonté이라는 새로운 방식으로 접근할 수 있다는 것이다. 왜냐하면 이 시학은 '나는 원한다'Je

---

23) *De l'interprétation*, 503. 『해석에 대하여』, 735.

veux라는 차원과 연결되기 때문이다. 말하자면 이 새로운 차원은 내가 무언가를 할 수 있는 힘의 원천과 연관되고 나아가 나에게 전달되는 부르심 곧, 말씀(케리그마, kérigme)의 차원과 연결될 수 있기 때문이다. 믿음의 기원은 믿음의 대상에서 말미암는 인간의 간구 sollicaitation 속에 있다. 그러므로 믿음의 문제를 다루면서, 리쾨르는 코기토 철학이 지향하는 기원에 대한 물음이나 목적론에서 시작하는 최종 목적에 대한 물음을 확장하는 식의 방법을 따르지 않을 것을 미리 밝힌다. 왜냐하면 믿음의 문제는 기원이나 목적에 대한 물음으로부터 답을 얻을 수 있는 종류의 문제가 아니기 때문이다. 따라서 한편으로 코기토의 자리를 지향하고 또 다른 한편으로는 미결인 채 남아있는 궁극적 목적이 되는 의미 사이에서 일정한 간격을 유지하면서 리쾨르는 반성적으로 믿음의 문제에 접근해간다.

부연하면, 기원을 탐색하는 고고학은 단지 이미 거기에 있는 자기정립적인 코기토의 자리를 찾는다. 한편 목적론은 아직 미결 상태로 남아있는 궁극적 의미만을 찾는다. 그런데 이 궁극적 의미는 언제나 정신의 전진으로만 이해될 수 있다. 따라서 고고학과 관련해서 그리고 목적론과 관련해서 나 자신이 관계하는 시작과 종말이라는 것은 전적으로 나에게 소원한 타자Tout-Autre이다. 확실히 나는 전적 타자가 나에게 그 자체로 알려지는 한에서만 그에 대해 말할 수 있을 뿐이다. 케리그마, 복음도 마찬가지로 전적 타자로 남아있기를 멈추고 나에게 다가오는 한에서만 나는 그것에 대해 말할 수 있을 따름이다. 원천적으로 전적 타자에 대해서 나는 아무것도 알지 못한다. 그러나 그 자체로 다가오는 방식을 통해서 나는 반성적으로 아르케arché와 텔로스telos를 전적 타자로서 인식할 뿐이다. 이와 같이 전적 타자는 그 근본적인 타자성을 소멸시키면서 자신을 드러낸다.

그러나 믿음의 문제가 이처럼 다른 기원을 가진다고 해도, 그것을 탐구하는 것은 믿음의 표현에 대한 이해와 반성적 접근으로 나아가야 한다. 이것이 믿음의 물음이 해석학의 물음이 되는 이유이다. 로고스로서의 전적 타자와 그에 대해 몸을 가진 우리가 말로서 고백하는 믿음은 해석학적 순환cercle herméneutique 관계를 이룬다. 반복해서 말하면, 믿는다는 것은 부르심에 귀를 기울이는 것이다. 그런데 부르심에 귀를 기울이기 위해서는 그 메시지를 해석해야 한다. 그러므로 리쾨르는 믿음과 이해의 순환을 주장한다. 즉, 우리는 이해하기 위해 믿고, 믿기 위해 이해해야만 한다.[24]

2) 고고학과 목적론

우리가 전적 타자에 대해 말함으로써 전적 타자는 기원이나 의미로서 고고학과 목적론의 변증법 속에서 알려지게 된다. 비록 그 자체가 반성을 통해 알려지는 어떤 기원과 완전히 일치하지 않는다고 할지라도, 그 근본 기원은 이제 나의 고고학의 물음 속에서 알 수 있는 어떤 것으로 주어진다. 또한 비록 그것이 나 자신의 기대와는 전적으로 다른 것이라 하더라도, 목적론에 대한 물음을 통해서 인식할 수 있는 최종 목적을 구축하는 것이 가능해진다. 이로써 창조와 종말은 나의 고고학의 지평과 나의 목적론의 지평으로 존재

---

24) 앞의 책, 504~505. 『해석에 대하여』, 737.

한다. 이때 지평horizon이라는 것은 소유되는 대상이 아니면서 가까이 있는 것에 대한 은유다. 알파와 오메가는 나의 뿌리의 지평이자 나의 지향이나 의도의 지평으로서 반성에 접근한다. 말하자면 그것은 근원의 근원le radical du radical이자 지고의 지고e suprême du suprême이다. 여기에 종교학자 반 델 레에우van der Leuuw와 엘리아데Éliade가 말하는 의미에서의 성스러운 것sacré의 현상학이 자리하며, 신학자 바르트K. Barth와 불트만Bultmann의 의미에서 전적 타자에 대한 주석 exêgésè kérygmatique이 상징적 표현과 반성을 통한 우리의 담론과 결합된다. 리쾨르에 따르면, 이러한 신학적 주석과 반성이 결합할 때 하나의 단절이 발생하는데, 그것은 헤겔의 정신현상학과 성스러운 것의 현상학 사이에서 일어나는 단절이다. 절대지(앎)를 지향하는 헤겔식의 목적론은 신화, 제의, 믿음에서 유래하는 성스러운 것과 만나지 못한다. 왜냐하면 절대지는 자기의 앎 속에서 모든 초월을 흡수하기 때문이다. 그러므로 정신현상학에는 성스러운 것의 현상학이 들어설 자리가 없다.[25] 이 사이의 단절이 반성철학이 신학적 주석과 만날 때도 발생한다.

반성은 자기 완결적인 앎이 아니며 더욱이 그것이 알고자 하는 원천들의 의미를 스스로 만들어낼 수 없기 때문에, 단지 성스러운 것에 가까워짐을 통해 알려지는 의미를 받아들이면서 이해한다. 그런데 반성을 통한 이해 가능한 앎이 도달하지 못하는 실존적 상황이 있는데, 그것은 악mal이라고 부를 수 있다. 리쾨르는 이 같은 논쟁의 영역에 대해 악의 상징을 통해 접근한다. 리쾨르가 말하는

---

25) 앞의 책, 505~6.

전체성totalité의 의미 속에는 이러한 악의 영역이 포함된다. 그것은 물론 절대지가 추구하는 앎 속에서는 낄 여지가 없었던 것이다. 리쾨르는 헤겔의 정신현상학이 추구하는 절대지를 스피노자의 언어로 번역하기를 원한다. 그럼으로써 절대지가 억지로 빼앗은 성스러운 것의 자리를 원래의 자리로 되돌려 놓으려고 한다. 믿음은 신비적 직관(지식, gnose)으로만 머물지 않는다. 절대지가 악의 문제에 부딪혀 궁지에 빠진 그 자리에서 상징과 해석학이 출발한다. 자연과 악의 상징들은 정신현상학에서 성스러운 것의 현상학으로 나아가는 통로를 열어준다. 이러한 상징들은 이성적 인식으로 환원되지 않는다. 모든 상징은 생각을 불러일으키지만 악의 상징은 언제나 신화와 철학을 넘어서는 무언가를 담고 있다. 이것이 상징에 대한 철학적 해석이 결코 절대지가 될 수 없는 이유이다. 그러므로 우리는 상징을 따라 헤겔에서 칸트로 되돌아간다. 헤겔은 칸트의 물자체에 강한 반감을 가지고 칸트의 주장을 넘어서고자 했지만 헤겔이 결국 넘어선 것은 칸트의 주장이라기보다 그에 대해 품었던 자신의 불만족이다. 물 자체로서의 전체는 여전히 실재하면서 우리의 인식 체계를 넘어선다. 그 지점을 우리에게 알려주는 것이 자연과 악의 상징들이다.

3) 성스러운 것과 악

그런데 역설적으로 이해와 실존의 화해가 일어나는 곳이 악의 상징이다. 이러한 화해가 가능한 지점에서 믿음에 대한 이해가 열린다. 이 이해 가능성은 그 상징적 기원을 무효화시키지 않는다. 상징적 기원은 알레고리화한 이해가 아니다. 그것은 상징을 따라 사유하는 이해 가능성이다. 리쾨르는 정당화될 수 없는 것으로서의 악과 화해로서의 성스러운 것 간의 연결을 표현하는 세 가지 형식을 제시한다. 이 세 형식은 상징적이면서 동시에 이성적인, 그리고 예언에 관한 것이면서 감각적인 종말론의 윤곽을 선별해내도록 규정한다. 이러한 방식으로 반성철학은 의식의 목적론의 지평에서 종말론에 접근할 수 있다.

첫 번째 범주는 '~그럼에도'en dépit de라는 반증하기 어려운 희망의 범주이다. 말하자면 모든 화해는 '~그럼에도' 일어난다. 이 '그럼에도'에 대한 증명은 존재하지 않고 단지 기호만이 존재할 뿐이다. 따라서 이 범주가 작동하는 영역은 논리가 아니라 약속과 복음 그리고 케리그마의 기호 아래서만 해독할 수 있는 이야기이다. 두 번째 범주는 '덕택으로'grâce à이다. 여기서 '그럼에도'는 '덕택으로'이다. 악이 일어났는데도 악은 사태를 선하게 만드는 원칙이 된다. 악 덕분이다. 동시에 악이 가져오는 최종적인 효과는 교육적인 것이다. "신은 비틀어진 선으로 바르게 기록한다"는 포르투갈 속담은 이러한 역설을 담고 있다. 마지막으로 세 번째 범주는 사도 바울이 "죄가 더한 곳에 은혜가 넘친다"라고 말한 의미에서 '하물며'A plus forte raison라는 넘침의 법칙이다. 이 법칙은 '그럼에도'와 '덕택으로'를 포괄하는 범주로서 이 역시 지식으로 전환될 수 없다.[26]

이러한 논의를 진행하는 가운데 리쾨르는 의식의 발전을 추구한다는 점에서 헤겔의 정신현상학의 방법론을 차용하지만, 정신현

---

26) 앞의 책, 507~8. 『해석에 대하여』, 740~1.

상학이 성스러운 것의 상징과 만나는 지점은 불안정할 수밖에 없다는 사실을 시인한다. 왜냐하면 정신현상학은 정신esprit 형태의 발전에 따라 절대적인 앎(절대지)을 추구하므로 내재성의 반성철학 계열로 볼 수 있는데, 여기서 성스러운 것의 상징은 앎의 형태를 벗어나기 때문이다. 그것은 단지 정신 형태 속에서 나타나는 문화요소로만 있을 뿐이다. 그런데 성스러운 것의 상징은 그와 같은 정신 형태의 문화 요소가 실재 문화와 부딪히는 충격을 담아낸다. 그 충격 속에서 상징은 역사 전반과는 다른 전적 타자에 대해 알려준다. 이러한 의미에서 상징은 일련의 문화 형태를 끌어들이고 불러낸다.

이와 같은 맥락에서 리쾨르는 예언이나 종말론에 대해 이야기한다. 성스러운 것은 먼저 문화 형태의 내재적 목적론과 관련해서만 반성철학에 관여하는데, 종국적으로 성스러운 것은 문화의 경계를 넘어서는 상징의 종말론과 관계한다. 이때 상징은 반성으로는 파악되지 않고 포섭되지도 않는, 단지 멀리서 그 자체로 조용히 나타나는 그런 지평이다. 그러므로 코기토나 자아는 단지 정신 형태가 지시하는 종말과 최종적인 것의 상징에 의존해서 자신을 드러낸다. 코기토의 탄생과 본성, 그리고 욕망이 상징적인 방식으로 알려지는 것과 마찬가지로 최종적인 것 역시 상징적인 방식으로 알려질 따름이다.[27]

4) 믿음과 상징

믿음의 문제를 다루면서 리쾨르는 해석학이 종교의 탈신화화

---

27) 앞의 책, 508. 『해석에 대하여』, 741~742.

를 주장하는 정신분석학과 논쟁 할 수 있다는 점을 시사한다. 해석학과 정신분석학은 둘 다 꿈 상징과 문화, 종교상징과 관계한다는 점에서 서로 만날 수 있는 장이 있다. 그런데 믿음의 실체를 다루는 것은 엄밀성을 추구하는 철학적 관점에서는 간단한 문제가 아니다. 행여 환영이나 환상으로 빠져 버릴 수 있는 신비적 경험과 대면하면서도 믿음의 정당성에 대해 논하려면 반정립적 문제 제기를 거쳐야만 진정한 정당성을 확보할 수 있다. 여기서 반정립적 문제 제기의 선두에 있는 것이 프로이트의 종교 분석이라고 할 수 있을 것이다. 그래서 리쾨르는 정신분석학과 해석학이 만날 수 있는 성스러운 것의 상징이 믿음에 대한 해명으로 갈 수 있는 길이라고 생각한다. 물론 종교적 상징에 대한 해석은 여러 갈래로 나타날 수 있고 그 가운데 어떤 것들은 정면으로 충돌하기도 한다. 한편으로 믿음의 차원은 인간 정신에 의해 대상화될 수 있는 한계선을 넘어선다. 반대로 이 미묘한 갈림길에서 포이에르바흐L. Feuerbach 같은 사람은 인간이 전적 타자를 대상화시키고 활용하기 위해 그것을 파악하려는 운동으로 믿음을 파악했다. 이러한 반정립적 입장에서 보면, 믿음은 전적 타자에게 스스로를 투사하는 인간이 전적 타자를 파악하면서도 결국은 인식적으로 공허한 것이라는 결론을 내릴 수밖에 없다.

그러나 한편으로 믿음에 대한 대상화 과정은 형이상학과 종교가 시작되는 지점이기도 하다. 형이상학은 최고 존재자로서 신을 상정하고, 종교는 성스러운 것을 상정한다. 종교는 경제, 정치, 문화 영역의 힘과 제도 차원에서 성스러운 것을 하나의 새로운 대상으로 취급하는 데 익숙해졌다. 비슷한 맥락에서 알랭 바디우는 『사도 바울』에서 성스러움이 굳어지고, 권위적으로 되고, 조직화됨으로써만 역사에서 살아남는다고 말한다. 말하자면 로마 제국이나 현대의 자본주의 같은 하나의 현실성에 빠져버린 성스러움은 그것을 사제직으로 변질시키는 하나의 교회를 만듦으로써만 유지된다고 말한다.[28] 그런데 경제, 정치, 문화, 세 영역에 속하지 않는 대상을 생각해 볼 수 있다. 그것을 리쾨르는 인간 정신 속에 네 번째 영역으로 상정한다. 곧, 성스러운 기호signes만이 아니라 성스러운 대상들objets이 존재하는 영역이다. 이 영역을 상정함으로써 우리는 문화적 세계뿐만 아니라 성스러운 대상들이 존재한다고 말할 수 있다.[29]

근대 이후 성스러운 것의 경험이 문화 세계에서 배제된 데는 인식론의 차원에서 그러한 경험이 감각 지각으로 분명하게 포착되지 않는다는 데서 연유할 것이다. 흔히들 이러한 경험을 환영illusion 곧, 잘못된 지각(착각)으로 치부해버린다. 하지만 칸트는 『순수이성비판』에서 이러한 환영을 지각적 오류를 넘어, 메타 경험론적 범주로서 기능한다고도 주장하였다. 즉, 초월적 가상Schein(가상계)은 감성계(현상계)를 넘어서 있는 '어떤 세계 일반'이라는 보편적 개념이라고 칸트는 말한다. 따라서 이런 가상계에 관해서는 종합적(경험적) 명제는 긍정될 수도 없고 부정될 수도 없다고 보았다.[30] 풀어 말하면, 경험 세계를 넘어서는 가상 세계가 있는데 그것은 우리 인식 조건을 빠져나간다. 따라서 그에 대한 어떠한 판단도 진위

---

28) 알랭 바디우, 『사도 바울』, 현성환 옮김, 새물결, 2008, 78~79.

29) *De l'interprétation*, 509. 『해석에 대하여』, 743.

30) 칸트, 『순수이성비판』, 최재희 옮김, 박영사, 353.

를 결정할 수 없다. 그러나 이후 탈신화화와 종교 내부의 탈신비화 흐름이 가속되면서 성스러운 것의 경험은 대상화되고, 종교는 믿음을 사물화시키고 소외시키는 결과로 이어졌다. 이것은 형이상학과 종교적 대상의 죽음을 의미하며, 프로이트주의는 이러한 죽음으로 가는 길 중 하나이다.[31)]

그러한 흐름에 반하여 리쾨르는 믿음의 문제를 지평의 차원에서 다루면서 전적 타자의 기호를 복원하고자 한다. 리쾨르는 프로이트주의를 비롯하여 믿음을 대상화시키고 사물화하는 문화 흐름을 그냥 지나치지 않는다. 왜냐하면 그러한 흐름 속에서는 전적 타자에게로 접근하는 기호들을 들을 수도 읽을 수도 없지만, 믿음은 상징의 영역이면서 또한 쉴 새 없이 그 지평의 기능이 대상으로서의 기능으로 퇴락해갈 수 있는 영역이어서 그러한 문화 흐름의 반정립적 주장을 거치지 않고서는 믿음의 본질에 도달하기가 어렵기 때문이다. 말하자면 믿음이 대상화되어서 우상이 만들어지는 한편, 형이상학에서는 가상의 종교적 형태로 최고 존재자, 제일 실체, 절대적 사유라는 개념이 만들어진다. 우상은 지평을 사물로 고정시킨 것임과 동시에 기호를 신비하고 초문화적인 대상으로 전락시킨 것이다. 반면에 성스러운 것은 우리에게 속해 있지 않은 전적 타자의 기호이다. 이 기호는 인간의 문화 세계 내에 있는 분리된 대상의 영역일 수도 있고, 종교와 무관한 영역에서 존재하는 것일 수도 있다. 결과적으로 성스러운 것이 우리 문화와 분리된 영역에 존재하기 때문에, 우상숭배로 탈바꿈할 가능성은 얼마든지 있다. 왜냐

31) *De l'interprétation*, 509.

하면 우상은 성스러운 것의 상징이 하나의 대상으로 뒤바뀐 것이기 때문이다. 그러므로 대상화된 우상이 제거되어야 성스러운 것의 상징이 살아날 수 있다.[32) 이러한 맥락에서 리쾨르는 믿음과 종교에 대한 논의를 진행시키기 위해 프로이트와의 만남을 적극적으로 주선한다.

5. 프로이트와 함께, 프로이트를 넘어서

주지하다시피 프로이트는 종교를 신경증의 영역에 위치시킨다. 즉, 종교 행위와 강박 행동 사이의 평행론을 주장하면서, 종교를 '인류의 보편적인 강박적 신경증'이라고 부른다. 「인간 모세와 유일신교」, 「토템과 터부」 등의 논고에서, 종교는 나르시스적 리비도 단계에서 신적 형태로의 욕망의 전능한 투사로서 편집증의 전형으로 간주된다. 그리고 종교의 기능을 금기 유지로 제한시킨다. 그에 따르면, 종교의 모든 것은 아버지를 중심으로 즉, 아버지에 대한 향수nostalgie를 중심으로 이루어진다. 종교는 생물학적으로 단지 유년기를 특징짓는 의존성과 결핍의 상황 속에서 만들어진 것이다. 여기서 거론되는 신경증은 유년기를 거치고 잠복기 이후 성인기에 다시 출현하는 것이다. 따라서 종교는 유년기의 고통스런 기억이 다시 출현하는 것이다. 프로이트의 민족학적ethnologique 설명에 따르면, 유년기에 존재했던 오이디푸스 콤플렉스는 태곳적 인류의 최초 살해 곧, 부친살해와 연결된다.

---

32) 앞의 책, 510. 『해석에 대하여』, 745.

이러한 프로이트의 설명은 세 단계의 과정으로 전개된다. 즉, 신경증의 단계, 잠복 단계, 그리고 억압된 것으로의 회귀 단계이다. 리쾨르는 먼저 종교적 현상과 병리적 현상 간의 관계가 담겨 있는 유비에 대해 검토한다. 말하자면, 리쾨르는 일단 「토템과 터부」의 민족학적 설명과 「인간 모세와 유일신교」의 성서학적 설명이 함의하는 논쟁점은 제쳐두고, 종교적 현상의 경제학과 신경증의 경제학 간의 유비 차원에서 설명을 시작한다. 이렇게 하는 이유는 프로이트의 종교 정신분석의 핵심이 이 유비에 있기 때문이다. 리쾨르가 보기에, 이 유비의 의미는 규정되지 않는 것으로 남겨져야 하고, 또 그렇게 남겨지게 된다. 왜냐하면 인간이 종교와 종교 이외의 것들을 활용할 수 있는 것처럼 신경증도 그렇게 활용할 수 있다고 말하는 것이 가능하기 때문이다. 신경증과 종교적 제의는 개인의 신체적 고통과 본성적 고통, 그리고 사람들 간의 고통이라는 삼중의 원인에 대해 위로와 섭리를 요구한다. 그 결과 화해를 형성하고 질병의 부차적 은혜와 죄의식으로부터 자유로움, 대체적 만족이라는 비견할만한 효과를 낳는다.[33] 리쾨르가 보기에 이러한 프로이트의 관점은 그 자체로 가치와 한계를 갖는다.

1) 억압된 것의 회귀를 넘어서

프로이트의 종교 분석은 종교적 인간을 신경증 환자로 유비했지만, 이로써 어린 시절의 고통스런 기억과 신경증적 증상, 그리고 태곳적 원시 상태의 강박적 기억 등을 성찰해야 할 과제를 남겨두

---

33) 앞의 책, 511~512. 『해석에 대하여』, 747~748.

었다. 리쾨르에 의하면, 프로이트 유비의 가치는 종교적 믿음이 가진 정동적 역동설affectif dynamisme이 어떤 방식으로 그 자신의 시원성을 극복할 수 있는지 여부를 규정하게 만든다는 것이다. 프로이트에게 종교는 종교의 기원에 대한 단조로운 반복이다. 즉, 종교는 그 고유의 시원성에서 답보상태에 있다. '억압된 것으로의 회귀'라는 주제는 다음과 같은 것을 의미한다. 기독교의 성만찬은 그리스도의 죽음이라는 아버지에 대한 원초 살해를 반복하는 것으로, 선지자 모세의 죽음과 동일선상에서 토템적인 만찬을 반복하는 것이다. 하지만 반복에 대한 프로이트의 배타적 관심은 종교적 감정sentiment의 후성설, 다시 말해 욕망과 두려움의 변형이나 전환을 고려하지 않는다. 이러한 태도는 리쾨르가 보기에, 분석에 토대를 둔 것이라기보다는 단순히 프로이트 자신의 개인적 불신앙의 표현이다.[34]

프로이트는 자신의 저작에서 종교적 감정으로 넘어갈 수 있는 여지를 남기는 영역에 대해서는 무신론으로 일관한다. 예컨대, 먼저 발견했지만 이후 희미해져 버린 전(前)오이디푸스적 기반을 들 수 있다.[35] 「레오나르도 다빈치의 유년의 기억」에서 레오나르도의 독수리 환상을 분석하면서, 프로이트는 남녀양성의 여신 표상이 지닌 풍요로운 의미를 알아차렸으면서도 남녀양성의 신성에 대한 표

---

34) 앞의 책, 513. 『해석에 대하여』, 748.

35) 프로이트는 오이디푸스기에 앞서는 이 시기에 대한 중요성을 그의 활동 후반기에 가서야 비로소 알게 되었다. 그때 프로이트는 여자아이의 어머니와의 복합적인 관계가 여성의 성 발달에 중요하다는 것을 강조하는 데 그쳤다. 하지만 프로이트 이후의 이론가들은 다양한 시각에서 전오이디푸스기에 보다 많은 주의를 기울였다(『현대문학·문화비평 용어사전』, 346). 본서 1부는 전오이디푸스기로부터 대상 관계이론을 펼친 멜라니 클라인의 사유를 문화 기호학적으로 발전시킨 줄리아 크리스테바의 이론을 조명하고 있다.

상을 어머니 성기에 대한 유아기 성 이론으로 의미를 축소시켜버렸다.[36] 반면에, 리쾨르는 이 표상이 퇴행적 환상과 성스러운 것의 형태로 두 영역의 공통된 가치로 간주될 수 있음을 시사한다. 이것은 아버지 콤플렉스와 나란히 설 수 있는 다른 정동적affectif 뿌리가 있음을 의미한다.[37]

프로이트는 성기능에 신성을 부여한 '인류의 최초 시기'와 성욕을 경시하는 문명인의 태도를 대조하면서, 인류가 원래 성욕을 신성시했으며 인간의 모든 활동이 성적이지 않은 데서 성적인 것으로의 이행을 통해 이루어졌다고 주장하였다.[38] 한 개인의 정신적 발달이 인류가 발전해온 길을 단축하여 반복하고 있다는 사실을

---

36) "이 여신들은 단지 모성의 상징으로 간주되는 젖가슴에, 아이가 어머니의 육체에 대해 최초로 갖고 있던 이미지 속에 나타난 그대로의 남성 성기를 덧붙여 가지고 있을 뿐이다. 신화를 믿는 사람들에게 신화 속에 최초의 숭배 대상인 어머니의 몸의 이미지가 보존되고 있는 것인데, 이 어머니의 몸의 이미지는 공상 속에 나타난 바로 그것이다"(프로이트 전집 14, 「레오나르도 다 빈치의 유년의 기억」, 209).

37) 이점에 대해 I부에서 크리스테바는 멜라니 클라인의 대상 관계론에 천착하였다. 그런데 프로이트는 어머니의 역할을 경시했다고 비판받고 클라인이 어머니 역할을 강조함으로써 아버지의 역할을 무시했다고 비판받는데, 이런 비판은 모두 정확하지 않다. 프로이트는 어머니의 역할에 대해 인식하였고, 클라인도 아버지를 중요하게 보았다. 클라인은 아버지를 당연히 아기와 아이의 사랑 대상으로서 보았고, 아기로 하여금 삼자 관계에 대해 배우게 하고, 그 자신의 마음과 몸을 지닌 채 어머니로부터 분리해서 성장하는 데 있어서 핵심적인 역할을 하는 누군가로 보았다(줄리아 시걸, 『멜라니 클라인』, 김정욱 옮김, 학지사, 2018, 113).

38) "문명이 발달해 감에 따라 결국에는 신(神)과 성(性)에 관계된 많은 것들에서 성적인 요소가 제거되기에 이르러, 힘을 상실한 성은 끝내 경멸의 대상이 되고 말았다. 그러나 지워지지 않는다는 모든 정신적 흔적의 속성으로 인해 성기관에 대한 가장 원시적인 숭배의 흔적을 현재와 매우 가까운 시대에서도 찾아볼 수 있다. 또한 현대 인류가 갖고 있는 언어, 풍속, 미신 등에서 이러한 발달과정의 모든 단계들이 남긴 흔적들을 찾을 수 있다는 것은 놀라운 일이 아니다"(프로이트 전집 13, 「예술, 문학, 정신분석」, 『종교의 기원』, 정장진 옮김, 열린책들, 2017, 208).

프로이트는 언급하면서, 어머니의 페니스에 대한 어린아이의 가정은 모성 신들의 자웅 동체에 대한 상상으로 이어진다고 말한다. 즉, 레오나르도의 독수리 환상은 이집트의 '무트'여신이 기원이다. 그러나 프로이트는 종교적 환상의 발생에 있어서 여성적 신성이 어디에서 발견되는지 말하지 못했고, 이것을 단지 어린아이의 공상으로 넘겨버렸다.[39]

리쾨르는 프로이트 종교 분석의 한계를 넘어서는 삶의 종교에 대한 여지, 사랑의 종교에 대한 여지는 존재하지 않는지를 탐색한다. 잘 알려진 원초 살해라는 신화에서 프로이트는 설명해야 할 하나의 에피소드에 직면한다고 리쾨르는 지적한다. 이 에피소드는 형제들이 자신들끼리는 아버지 살해를 반복하지 않는다는 약정을 형성한다는 것이다. 이러한 약정은 매우 중요하다. 왜냐하면 이 약정은 존속 살해 행위의 반복을 중단시키기 때문이다. 형제 살해를 금지함으로써 그 약정은 하나의 역사를 일으킨다. 그런데 프로이트는 인간의 마음에 아로새겨진 아버지 형상과의 화해를 가능하게 만드는 형제들 사이의 화해보다는 토템의 만찬에서 벌어지는 살해의 상징적 반복에 더 많이 몰두하였다. 리쾨르는 믿음의 운명을 프로이트가 했던 것처럼 부친살해의 영속적인 반복과 연결시키지 않고 형제 화해와 연결시키는 것이 가능하다고 본다. 하지만 프로이트는 아들의 종교가 아버지 콤플렉스를 넘어서는 진정한 진보가 아니라고 결론내렸다. 즉, 프로이트에게 아들은 반란의 우두머리고 따라

---

39) "이 발전과정의 어느 단계에서 일반적으로 부성신(父性神)에 선행하는 것으로 보이는 모성신(母性神)의 지위가 어느 자리에 위치하는지 나는 설명할 수 없다"(프로이트 전집 13, 「토템과 터부」, 225).

서 살인자 형상이며 균열의 틈새에서 아버지를 삼키는 입이라는 허구(신화)를 구성한다.[40]

프로이트의 종교 분석은 성서에 나타나는 하나님의 형상figure이 아버지 형상에 머물지 않는다는 것을 설명하지 못한다. 타나토스와 에로스를 대조시킴으로써 프로이트는 '모든 것을 함께 지탱시키는 힘'으로서 에로스를 묘사하지만, 이러한 에로스는 신명기의 약속을 지키는 하나님, 요한[41]의 서정적인 하나님, 우리와 혼인 관계에 있는 호세아[42]의 하나님에 대한 다른 이름일 수 있다. 다시 말하면, 삶과 빛의 상징 속에 존재하는 에로스의 또 다른 이름이 우리에게 위로를 약속하고 안식할 수 있게 해주는 신이다. 리쾨르는 믿음이 에로스의 원천 속으로의 참여이며, 따라서 그것은 우리 안에 있는 어린아이에 대한 위로가 아닌 사랑의 힘과 관계한다고 말한다. 이러한 믿음은 우리 내면의 증오와 우리를 넘어서 있는 죽음과 직면하게 해서 이 사랑의 힘을 어른이 된 성인에게 되돌려

---

40) 원초적 아버지가 모든 권력과 여자를 소유하고 있는 폭군이어서 아들들이 힘을 합쳐 아버지를 살해하지만 아들들은 아버지를 살해한 후 자신들의 권력욕과 성욕의 막강한 장애물이었던 아버지에 대한 양가감정에 싸이게 된다. 즉, 그들이 아버지를 제거함으로써 그 증오를 해소하고 그와 동일시하려는 자신들의 소망을 성취시키고 나면, 이때까지 억눌려 있던 애정이 고개를 드는 것이다. 이것은 통상 자책이라는 형태로 나타난다. 이어서 죄의식이 생겨나는데, 이것은 무리 전체의 집단적 자책과 일치한다. 결국 죽은 아버지는 살아 있을 때보다 더욱 강력한 아버지가 된다(「토템과 터부」, 『종교의 기원』, 217).

41) 사도 요한(John)은 예수의 열두 제자 중 한 사람으로 '우레의 아들'이라고 불릴 정도로 과격한 성격의 소유자였지만 이후 '예수께서 사랑하시는 제자'(요한복음 13:23)로서 '사랑의 사도'로 불리게 된다. (참고 『로고스 성경사전』)

42) 호세아(Hoshea)는 북 왕국 이스라엘의 선지자로서 이스라엘에 대한 여호와의 다하지 않는 사랑을, 특히 '결혼'이라는 영원한 비의(秘義)를 이스라엘 사상 처음으로 써서 표현했다. (참고 『로고스 성경사전』)

주기를 추구한다. 종국적으로 프로이트의 비판을 피할 수 있는 유일한 길은 사랑의 케리그마로서의 믿음이라고 리쾨르는 말한다. "하나님이 세상을 이처럼 사랑하사⋯."(요한복음 3:16) 다만 프로이트의 비판은 사랑의 케리그마가 함축하는 바를 이해하는 데 도움을 줄 수 있다는 점에서 가치가 있다.[43] 말하자면, 그는 죄의식을 불러일으키는 아버지 형상과 구별된 아들의 사랑의 종교로 갈 수 있는 길을 마련했다.

2) 원초적 환상을 넘어서

앞서 언급된 것처럼, 프로이트는 종교의 원천을 정신분석과 민족학을 통해 퇴행적이고 시원적인 것으로 규정하였다. 그런데 종교의 비퇴행적이고 비시원적인 원천은 없는가라는 질문이 제기될 수 있고 이 질문은 프로이트를 비판적으로 검토하게끔 이끈다. 프로이트에게 억압된 것으로의 회귀는 두려움과 사랑, 불안과 위로라는 정동affects으로의 회귀이고, 동시에 신을 대체하는 환상fantasme 자체로의 회귀이다. 이러한 대체물은 멀리 떨어져 있긴 하지만 충동의 토대에서 나온 표상들의 '파생물'이다. 결과적으로 종교적 감정의 가능한 후성설은 표상 차원에서의 후성설의 매개를 통해서만 의미를 갖게 된다.[44] 다시 말하면, 종교적 감정이 시원적 기원과 관계한다는 입장과 달리, 후천적이고 경험적으로 형성된다고 보는 후성설의 입장은 종교적인 표상들도 마찬가지로 그렇게 만들어진다고 보

---

43) *De l'interprétation*, 514~515. 『해석에 대하여』, 750~752.

44) 앞의 책, 515. 『해석에 대하여』, 752.

는 표상 후성설의 관점을 토대로 의미를 찾을 수밖에 없다.

그런데 부친살해라는 시원적 환상에 대한 프로이트의 민족학적 설명은 종교 발생의 후성설을 배제한다. 프로이트는 이 최초 살인이 환상으로 머물지 않고 실제로 한 차례 혹은 수차례 과거에 일어난 적이 있으며, 그리고 인류에게 전해져 내려온 유산 속에 흔적이 남겨진 실제적인 기억과 일치한다고 해석한다. 논의를 진전시켜 감에 따라 프로이트는 더욱 원초 살해의 기억을 실제 사건에 대한 기록이라는 개념으로 강화시킨다.[45] 그런데 리쾨르는 이러한 프로이트의 주장이 지닌 한계점을 지목한다. 오이디푸스 콤플렉스는 신들의 발생에 관여하기에는 너무 간략하고 불분명하다. 또한 계통학phylogénétique으로 과거에 일어난 선조의 범죄가 없었다고 한다면 아버지에 대한 향수는 불가사의한 것이다. 그 아버지le père는 나의 아버지mon père가 아니다. 프로이트에 따르면 종교는 시원적인 부친살해와 그 기억의 반복에 기인하는 것이다. 다시 말하면, 종교는 역사 이전에 속함과 동시에 살인에 대한 기억을 불러옴으로써 도출되는 것이다. 따라서 진리는 기억 속에 거주한다. 그런데 정신분석학의 창시자인 프로이트가 기억에 대해 할 말이 없을 리 없다. 꿈속에서 늘 발견되는 것처럼 상상력이 덧붙이는 모든 것은 왜곡이다. 또 꿈에서와 마찬가지로 이성적 사유가 덧붙이는 모든 것은 합리화와 불

---

45) 「토템과 터부」, 『종교의 기원』, 232. 그러나 프로이트는 겉으로는 실제 일어난 역사적 사건이 그런 죄의식의 원인인 것처럼 주장하지만, 실제로는 전의식의 체계에서 그런 행위를 추론하고 있는 것이다. 이것은 역사적 설명(통시태)과 체계를 바탕으로 한 설명(공시태) 사이의 긴장을 잘 드러내주는 가장 구체적인 사례이다. 이것은 체계가 프로이트의 명백한 의도(원래의 행위가 실제로 벌어졌다고 주장하고 싶은)를 누르고 이겼다는 점에서 구조적 설명의 한 양상을 보여준다(조녀선 컬러, 『소쉬르』, 이종인 옮김, 시공사, 1998, 118).

합리한 집착이라는 이차적 수정이다. 그러므로 프로이트는 이러한 반성이나 사변으로 이끌어줄 수 있는 종교의 신화적-시적 기능을 회복시키는 길을 간과하고, 단지 민족학적 신화에 몰입함으로써 종교 분석을 수행했다.[46)

하지만 또한 프로이트 자신이 문제를 풀기 위한 다른 수단을 사용한다. 프로이트에게 "원초 장면"이라는 개념은 실제 사실의 흔적이 아닌 상상의 관념이다. 「레오나르도 다빈치 유년의 기억」에서 레오나르도가 회고한 '독수리 장면'[47)에 대해 프로이트는 이렇게 말한다. "이 독수리 장면이 꼭 레오나르도의 기억일 필요는 없다. 그것은 그가 훗날 품게 된 환상Phantasie으로서 자신의 어린 시절로 옮겨 놓은 것에 지나지 않을 것이다."[48) 그리고 이어서 "어린 시절의 기억들은 어린 시절이 지나간 이후 발굴되어, 변형되고, 왜곡Entstellung되어 이후의 경향들에 종속되며, 그래서 흔히 기억과 환상이 구분이 되지 않을 정도로 섞여 있게 마련이다."[49) 이와 마찬가지 방식으로 고대인들의 역사 편찬이 이루어졌다고 그는 논한다. "미미하고 유약했을 동안에 고대인들은 그들의 역사를 글로 쓸 생각을 하지 않았다. … 그 후 사고(思考)를 하게 되고 자신들이 부강하다는 것을 느끼게 되는 시기가 찾아오는 동시에 자신들이 어디서 왔

---

46) *De l'interprétation*, 516. 『해석에 대하여』, 753.

47) 프로이트는 레오나르도의 회상을 옮긴다. "내가 이렇게 독수리에 대해 깊은 관심을 갖게 된 것은 이미 오래전부터인 것만 같다. 아주 어렸을 때의 기억인 것 같은데, 요람에 누워 있을 때 독수리 한 마리가 내게로 내려와 꽁지로 내 입을 열고는 여러 번에 걸쳐 그 꽁지로 내 입술을 쳤던 일이 있었기 때문이다"(「레오나르도 다 빈치의 유년의 기억」, 188).

48) 앞의 책, 189.

49) 앞의 책, 같은 곳.

으며 어떻게 변해갈 것인지에 대해 알고 싶어하는 욕구가 생겨나게 되었을 것이다. … 이러한 선사 시대 즉, 기록 이전의 역사라는 것이 과거의 기록이 아니라 오히려 현재의 의견이나 욕망의 표현이었음은 불가피한 일이었다. 왜냐하면 많은 일들이 민족의 기억에서 사라졌고 남아 있는 다른 것들은 왜곡되었을 수밖에 없었기 때문이다. 과거의 흔적들은 현재의 정신 속에서 다르게 해석되었다."[50] 따라서 사람들이 자기의식을 갖게 되자 자신의 기원과 발달과정을 알고자 하는 필요를 느끼게 되었고 이러한 방식으로 "그 기원과 사실 여부에 있어 한 민족이 태동 되던 시기에 관하여 의도적으로 사후에 조작된"[51] 역사는 앞서 종교적 감정의 후성설이라고 말한 것의 윤곽을 나타낸다고 리쾨르는 시사한다. 그러므로 부친살해라는 '원초 장면'의 환상은 기원에 대한 상상력의 최초 의미 기반을 제공할 수 있다. 그것은 이후 유아기적이고 거의 신경증적 반복 기능으로부터 분리되어 점차적으로 인간 운명의 근본적인 탐구에 사용할 수 있는 의미의 기반을 제공할 것이다.

이로써 환상은 서로 상반되는 두 차원을 가지고 있다고 리쾨르는 말한다. 하나는 과거에 종속되는 퇴행적 차원이고 또 하나는 의미를 탐색하는 진보적 차원이다. 동일한 환상 속에 퇴행적 기능과 진보적 기능은 함께 축적될 수 있다. 이것은 프로이트적 용어로 이해 가능한 것이다. 레오나르도의 유년의 기억인 독수리 환상은 우선 과거의 흔적에 대한 변형이다. 또한 참된 예술작품은 모나리자

---

50) 앞의 책, 190.

51) 앞의 책, 같은 곳.

델 조콘다처럼 프로이트 특유의 용어로는 과거가 '부정되면서 극복되는' 그런 창조이다. 하지만 프로이트는 이러한 창조적 기능을 이해하지 못했다고 인정한다. "타고난 예술적 재능과 구체적인 제작 능력은 승화 과정과 긴밀한 관련을 맺고 있기는 하지만 우리들로서는 예술창작의 본질 또한 정신분석적으로는 접근 불가능하다는 점을 인정하지 않을 수가 없다."52)

그러므로 이와 같은 주장을 아버지 살해라는 원초적 범죄의 환상에 적용시켜 볼 수 있다. 프로이트는 「레오나르도 다빈치의 유년의 기억」에서 이렇게 적고 있다. "정신분석학은 우리에게 아버지 콤플렉스와 하나님 아버지에 대한 신앙 사이에 내밀한 관계가 있음을 일러주고 있다. 우리는 또한 정신분석학을 통해서 개인의 신은 심리적으로 볼 때 경배의 대상이 된 신 이외에는 아무것도 아니라는 것을 알게 되었고, 아버지의 권위가 무너져 버렸을 때 많은 젊은이들이 신앙도 잃어버린다는 사실을 일상적으로 목격한다. 따라서 우리는 종교적 욕구의 뿌리를 아버지 콤플렉스 속에서 확인할 수 있다. 정의롭고 전능하신 신과 선한 자연은 우리가 보기에는 아버지와 어머니가 위대하게 승화된 결과 또는 어린 시절에 우리가 아버지와 어머니에 대해 품고 있었던 상(像)들의 복원과 부활로 보인다."53) 이어서 프로이트는 이렇게 주장한다. "종교성이란 생물학적으로 볼 때 어린아이가 끊임없이 느끼는 도움을 받고자 하는 욕구와 스스로 자신을 도울 수 없는 어린아이의 무능력으로 귀착되는

---

52) 「레오나르도 다 빈치의 유년의 기억」, 260.

53) 앞의 책, 244.

데, 아이는 훗날 자신이 버림받았다는 것과 인생의 거대한 힘들과 맞서 연약함을 깨닫게 될 때 자신의 상황을 그가 어린 시절에 느꼈던 것처럼 느끼게 된다. 또한 그는 자신의 상황에 희망이 없다는 사실을 어린 시절 자신을 보호해 주던 힘들을 퇴행적으로 복원함으로써 애써 부인하려고 한다. 종교가 신경증적인 발병에서 신앙인들을 보호할 수 있다면 이것은 다음과 같은 사실로 설명된다. 즉, 종교는 동서고금을 막론하고 모든 인간이 가지고 있는 죄의식처럼 신앙인들이 가지고 있는 개인적인 죄의식과도 관련되어 있는 아버지 콤플렉스에서 그들을 해방시켜주는 것인데, 반면에 신을 믿지 않는 자는 이 일을 홀로 치루어야만 한다."[54]

리쾨르에 따르면, 프로이트가 이처럼 확신을 가지고 주장하는 아버지 콤플렉스와 하나님 아버지에 대한 신앙 사이의 변형에 비해, 개인의 꿈 재생과 보편적인 문화 창조 사이에서 일어나는 변형을 애매하다고 여길 이유는 그다지 없다. 종교는 개인의 꿈과 마찬가지로 보편적인 차원에서 위로와 화해와 같은 기능을 수행한다. 이것은 개인의 오이디푸스 콤플렉스와 토템 종교를 연결하면서 신경증을 개인의 종교성으로, 종교성을 보편적인 강박신경증으로 파악한 프로이트의 종교 분석이 주장하는 바이면서 재고해봐야 할 지점이기도 하다. 리쾨르가 보기에 프로이트의 특수한 해석처럼 아버지 형상을 최초 살해된 아버지, 죄의식의 근원으로서의 아버지라는 고립된 형상으로 다루는 것은 불가능하다. 왜냐하면 무엇보다 이 아버지 형상은 전체적으로 고려되어야 하는 신화적이고 시적인 핵

---

54) 앞의 책, 같은 곳.

심 요소이기 때문이다.[55]

3) 아버지 형상을 넘어서

따라서 리쾨르는 상징 해석을 통해 프로이트와는 다른 종교 이해의 길을 제시한다. 종교적 상징은 원초 장면의 환상을 기원에 대한 탐색으로 변형시키고 기원에 대해 말할 수 있게 한다. 예를 들면, 헤시오도스와 바빌론 문학에서 나타나는 투쟁에 대한 설명, 오르페우스교의 문헌에서 나타나는 타락에 대한 설명, 히브리 문학에서의 원죄와 추방에 대한 설명 등은 인류의 기원에 대한 상징들이다. 이것들은 역사 이전에 대한 기록이 아니다. 오히려 기원의 흔적에 대한 상상력을 통해 그러한 상징은 역사적으로 의미를 가진 것이 된다고 말해질 수 있다. 말하자면 기원에 대한 상징들은 역사적 사실은 아니라고 할지라도 연대기적인 역사적 의미는 물론이고 존재의 도래에 대해 무언가를 말한다. 그러므로 리쾨르는 프로이트가 탐구한 환상이 신화-시적 상상력의 질료hylétique를 구성한다고 말한다. 즉, 원초 장면의 환상 속에서 우리는 성스러운 것의 기호signes가 될 수 있는 다른 의미를 '형성하고', '해석하고', '지향한다'. 성스러운 것은 내재성의 철학인 반성철학의 경계를 넘어서지만 성스러운 것의 기호는 반성철학이 식별할 수 있다. 따라서 환상은 상징적으로 해석되고, 이렇게 만들어진 새로운 지향성은 잃어버린 기원 곧, 잃어버린 시원적 대상 욕망에서 비롯되는 결여에 대해 말할 수 있게 된다. 결과적으로 이러한 것은 환상의 성격 그 자체로부터 야기

---

55) *De l'interprétation*, 518. 『해석에 대하여』, 757.

되는 것으로 끊임없는 해석을 불러일으킨다. 그 해석은 기억을 채우는 것이 아니라, 기억을 비워서 열어놓는 것이다. 민족학, 비교신화학, 성서주석은 모든 신화가 이전 이야기의 재해석임을 보여준다. 이러한 해석들에 대한 해석들은 시기에 따라 그리고 리비도의 다른 국면에 따라 환상을 활용한다. 그런데 해석의 흐름이 의미의 진보를 이루고 지향적 혁신을 구성할 수 있게 하는 소재가 그다지 많지 않다는 데에 해석의 어려움이 있고, 이 때문에 해석학적 기술 hermeneutiké technê이 요구된다. 신화는 이미 그 자체로 해석hermêneïa이며, 그 고유한 근원에 대한 해석이자 재해석이다. 신화가 기원에 대해 이야기하는 것처럼 종말의 의미도 가진다면, 그것은 끝없는 수정을 통해 구체적이 되고 마침내 체계적인 것이 되기 때문이다.[56]

리쾨르가 앞에서 언급했듯이, 신화 속의 아버지 형상은 이것이 나타나는 신화-시적 기능으로부터 분리시킬 수 없다. 아버지 형상은 다신론을 거쳐 유일신론에 이르기까지 신성의 원형을 제공하고 아버지의 유일한 형상으로 되돌아오는 식으로 특유하게 반복된다. 프로이트는 동일화나 내사introjection에서처럼 이러한 '투사'projection에 대해 심각하게 다루지는 않아 보인다. 프로이트는 토템 동물, 토템 신과 아버지를 자리바꿈하는 것에 대해 거리낌이 없었다. 이후에 동물 공포증과 편집증의 유비는 이것과 분리시켜 탐구하였다. 여기서 리쾨르는 프로이트의 이러한 관점에 대해 의문을 제기한다. 프로이트는 「레오나르도의 유년의 기억」에서 모나리자 델 조콘다의 미소와 어머니 이미지를 연결시키면서, 참된 예술작품은 과거

---

56) 앞의 책, 519. 『해석에 대하여』, 758.

가 부정되고 극복되는 창조라고 말한 바 있다. 이러한 부정과 극복이 아버지 형상에는 없는가를 리쾨르는 질문한다. 원초 장면의 환상에 등장하는 아버지는 실재하는 아버지가 아니다. 그 아버지는 개인적으로나 집단적으로 역사성을 결여한 아버지이다. 이러한 환상에 의해 신은 아버지로서 상상된다. 이렇게 꿈의 환상을 토대로 해서 문화적으로 지배적인 아버지 신화가 창조되는데 실상 그 아버지에 대해서는 아는 것이 없다. 그러므로 그 아버지에 대한 일련의 파생물이 만들어지기 전에는 그 아버지에 대해 알기 어렵다. 기원 신화로서 아버지를 구성하는 것은 해석이다. 그 해석은 원초 장면의 환상이 새로운 지향성을 가지게 됨으로써 가능한 것이다. 이로써 "하늘에 계신 우리 아버지여…"(마태복음 6:9)라는 고백을 할 수 있게 된다.[57]

신화의 전(前)철학적 언어 속에서, 하늘이라는 상징과 아버지 상징이 기원의 상징으로 함축하는 바는 다음과 같은 것이다. 시원적 환상은 상실, 결여를 이용해서 고유한 '대상'objet의 공백과 부재를 잠재적으로 전달한다. 그러므로 아버지 형상은 어머니 형상이 지니지 못한 특권을 지니고 있으며, 아버지 형상의 특권적 지위가

---

57) 참고로 이러한 내용은 민족학적 접근에서뿐만 아니라 개인 분석에서도 유사한 사례를 찾아 볼 수 있다. 멜라니 클라인은 페렌치(Sándor Ferenczi, 1873~1933)의 상징주의(symbolisme) 노선을 따라, 부정성(the negative)의 작업 즉, 상징화(symblisation) 작업을 딕 분석 사례를 통해 보여주었다. 분석을 통해 부정성(négativite)을 나선적으로 발전시킴으로써 긍정성 (positif)으로 역전시킬 때 사고의 발생이 가능해진다. 부정성은 침묵하는 원형적 환상에 내재해 있는 파괴성으로부터 출발해 분석가에 의해 말로 표현된 환상의 놀이에 도달한다. 환자는 이러한 놀이를 받아들이는데, 이는 억제를 제거함으로써 놀이적·인지적 창조성으로의 길을 열어준다(『정신병, 모친살해, 그리고 창조성: 멜라니 클라인』, 295).

특별히 '초월'이라는 가장 풍부한 상징적 잠재력에서 기인한다는 것은 분명한 사실이다. 상징계에 있어서 아버지 형상은 육신을 낳아준 어머니 형상 이상의 이름 수여요 법칙 수여자로 인식된다. 이것이 프로이트가 말한 리비도적 동일화와 구분되는 것으로서 외형상 아버지와의 동일화를 가리킨다. 그러나 동일화되는 아버지를 우리는 소유할 수 없다. 왜냐하면 아버지는 잃어버린 시원적 대상이기 때문만이 아니라, 모든 시원적 대상과 다르기 때문이다. 이러한 자격으로 아버지는 문화적 주제로서만 '돌아오고' '재생된다'. 말하자면, 아버지는 처음부터 욕망의 대상이 아니라 제도의 원천이므로 문화적인 맥락에서 아버지와의 동일화는 하나의 의무적 과제가 된다. 아버지는 따로 비실재적이며 따라서 처음부터 전체로서 파악하기 어려운 존재이고 말(언어)로서 존재한다. 아버지는 이름 수여자이기 때문에 히브리인들이 일찍이 알아낸 것처럼 아버지는 곧, 이름의 문제이다. 그러므로 아버지 형상은 어머니 형상보다 더 풍부하고 세밀한 용도를 가지고 있다. 아버지 상징은 동일화에 의한 승화의 과정에서 정연한 초월성, 지혜와 정의의 상징 의미를 가지고 '주인'seigneur과 '하늘'ciel의 상징으로 나타난다.58)

　　따라서 이러한 아버지 형상은 단순히 억압된 것으로의 회귀 과정에서 만들어진다고 보기 어렵다. 오히려 참된 창조 과정의 결과로서 나타난 형상이라고 보아야 한다. 이러한 의미의 창조는 진정한 상징의 '다중결정'surdétermination을 구성하고, 이러한 다중결정은 이번에는 두 가지 해석학의 가능성을 정초한다. 그 가운데 하나가

---

58) *De l'interprétation*, 520. 『해석에 대하여』, 759~760.

환상 내용의 시원성을 벗기는 것이고, 다른 하나는 그 내용을 가로지르는 새로운 지향성을 발견하는 것이다. 이 두 해석학이 만나는 지점은 상징 속에서이다. 이러한 맥락에서 엄밀한 의미로 '도덕과 종교의 두 원천'을 구분하는 반정립을 멈출 수 없다. 왜냐하면 의식의 예언은 의식의 고고학 밖에 있는 것이 아니기 때문이다. 다시 말하면, 환상 내용의 시원성을 낱낱이 드러내는 것과 그 환상의 질료적 내용을 넘어서는 새로운 지향성을 찾는 것은 상징 해석의 두 차원을 이룬다. 이것이 리쾨르가 의식의 고고학과 종말론이 떨어질 수 없다고 생각하는 이유이다.

리쾨르는 상징의 다중결정된surdéterminée 구조 덕분에 기원적 환상의 시간적 기호들을 뒤집는 것이 가능하다고 말한다. 예전의 아버지는 '나중에 오시는 종말의 신'을 의미한다. 생성génération은 재생régénération을 의미한다. 탄생은 유비적으로 재탄생을 가리킨다. 나의 배후에 있는 첫 유년기 또한 노년에 맞는 다른 유년기의 '두 번째 천진함'을 의미한다. 결과적으로 사람은 자기 앞에 있는 유년기와 자기 뒤에 있는 죽음을 발견하면서 의식적이 된다. 탄생과 죽음이 이렇게 마주하는 주고받음 속에서, 미래에 도래할 신의 상징이 과거의 아버지 형상을 계승하고 정당화시킨다.

그런데 만일 상징이 하나의 환상으로서 부정되고 극복된 것이라면, 그 상징은 결코 거기서 끝나버린 환상이 아니다. 왜냐하면 부정되고 극복되면서 하나의 환상은 새로운 지향성에 접목되어 하나의 상징으로 자리매김하게 되기 때문이다. 이것이 바로 성스러운 것의 상징이 단지 '억압된 것의 회귀'가 아닌 이유이다. 성스러운 것의 상징들은 유년기와 시원적 상징이 부활한 것이다. 이때 재생되는 것은 이전 모습의 반복에 머물지 않는다. 신학적이고 철학적인 사변에 가장 근접한 상징의 의미조차 항상 시원적 신화의 흔적 위에 접목된다는 사실을 통해 이것을 확인할 수 있다. 시원성과 예언의 이러한 긴밀한 관계는 종교적 상징의 풍요로움을 이룬다. 또한 그것은 종교적 상징의 애매성을 구성한다. '상징은 생각을 불러일으킨다.' 하지만 상징은 그 애매성으로 인해 우상을 탄생시킨다. 그러므로 상징을 정복하려면 우상 비판이 선행되어야 한다.[59]

4) 믿음과 말

충동과 환상에 대한 논의는 말의 영역에 대한 논의로 자연스럽게 귀결된다. 왜냐하면 충동과 환상 속에 남겨진 자국이나 흔적으로 이루어지는 의미의 발전은 말이라는 요소를 통해서 일어나기 때문이다. 말은 바로 이러한 의미 생성의 요소이다. 만일 충동과 환상이 후성설적으로 작용할 수 있다면, 이것은 말이 개입하기 때문이다. 상징이 주석을 통해 그 자체로 해석되기 이전에, 환상과 관련하여 실행되는 해석 곧, 헤르메네이아hermêneia의 도구가 바로 말이다.[60] 이와 같은 의미의 창조는 신화-시적 기능의 상상적인 것이 지각의 단순한 재생과 관련한 이미지보다는 말에 더 유사점이 있다는 것을 함축한다.

---

59) 앞의 책, 521. 『해석에 대하여』, 761.

60) 해석 곧, 헤르메네이아(Hermêneia)의 총체적인 의미는 아리스토텔레스가 로고스라고 부른, 서술적 담화나 명제뿐만 아니라 명령, 소망, 질문을 포함하는 복잡한 언술과 문장 속에서만 나타난다. 총체적인 의미에서 해석은 문장의 의미이다(『해석에 대하여』, 63).

그런데 프로이트는 이러한 말과 의미 해석의 연관성에 대해 거의 설명을 하지 않았다. 프로이트에 따르면, 단어들의 의미는 청각 이미지의 복원에 불과하다. 따라서 언어 자체는 지각의 '흔적'이다. 이 지각 흔적이라는 언어 개념은 의미의 후성설을 뒷받침할 수 없다. 다시 말하면 의미 발생이 소리로부터 시작되고 언어는 그 소리의 모방일 뿐이라고 한다면 의미가 언어의 층위에서 나온다고 보기 어렵다. 예컨대, 엄마 아빠에 붙어있는 청각적 이미지는 엄마 아빠라는 말의 기원이다. 즉, 엄마 아빠라는 언어 의미는 엄마 아빠 이미지에 따라붙는 소리에 의해 만들어지는 것이다. 아이는 이러한 방식으로 말을 배운다. 이러한 설명은 기표(청각 이미지, signifiant)를 기의(뜻, signifié)의 우위에 두고, 개인적 발화를 사회 현상으로 본 소쉬르의 언어학과 맞아떨어진다.[61] 이러한 구조적 설명방식을 따르는 프로이트의 언어 개념은 환상에 대한 해석이 언어의 요소 안에서 전개된다는 사실을 설명하기 어렵다. 곧, 환상이 새로운 지향을 가지고 상징으로 세워지는 과정에서 나타나는 의미의 혁신이 말을 통해서라는 사실을 프로이트는 보지 못했다.

그런데 만일 환상의 다양한 층이 언어적 요소 안에서 전개되는 것이 사실이라고 한다면, '들려지는 것'choses entendues과 '보이는 것'choses vues 사이를 역시 구별해야 한다. 청각적 소리와 보이는 이

---

61) 즉, 개인의 말과 행동은 개인이 의식·무의식적으로 동화하는 집단적 사회 체계에 의해서만 가능해진다는 설명이다. 이렇듯 소쉬르, 프로이트, 뒤르켐은 인간의 행동을 규범의 체계(언어 규칙, 사회의 집단적 표현, 정신 경제의 메커니즘)가 결정하며, 또 무의식의 개념은 이러한 체계들이 어떻게 설명적인 힘을 얻게 되는지 설명해주는 하나의 방법이 된다고 보았다 (조너선 컬러, 『소쉬르』, 시공사, 1998, 112).

미지는 다른 층을 구성하는데, 여기서 들려진 것은 무엇보다 '말해진 것'choses dites이다. 그리고 기원과 종말 신화 속에서 말해진 것 곧, 들려지는 것은 보이는 흔적이나 자취와는 전형적으로 다른 것이다. 왜냐하면 보이는 것과 달리 들리는 것에는 말이 개입하고 말에는 이미 생각이 개입하기 때문이다. 결과적으로 보면, 말해진 것은 성스러운 것 속에 있는 인간의 상황을 말하기 위해 원초적 장면의 환상들을 해석한 것이다.[62]

프로이트의 언어에 대한 이해는 그의 종교 이론 속에서 가장 큰 결점을 드러내고 있다. 프로이트 자신은 초자아에 대한 직접적인 심리학을 만들어 낼 수 있다고 생각했으며, 이러한 토대 위에서 믿음과 신자에 대한 직접적인 심리학도 구축할 수 있다고 생각했다. 따라서 종교인의 믿음은 앞서 언급된 형성Bildung의 의미에서 텍스트에 대한 주석을 통해 '형성되고' 그 믿음으로 '교육을 받게' 된다는 텍스트 주석의 경제학을 전개했다. 하지만 리쾨르에 따르면, 믿음의 대상을 고백하게끔 하는 동기를 부여하는 구체적인 문화적 산물에 대한 이해와 해석 없이 믿음의 정신분석학을 구축하는 것은 불가능한 일이다.

그러므로 일반적으로 인간의 '의식적-되기'devenir-conscient 과정에 대해 이야기한 것과 달리 '종교적-되기'devenir-religieux에 대해서 이야기하려면 더욱 개인적인 차원으로 접근해야 한다. 의식적-되기란 인간성을 구성하는 일련의 형상들로 이루어진 인간의 시원성을 넘어서면서 이루어진다. 이에 더하여 종교적-되기를 이해하기

---

62) *De l'interprétation*, 522. 『해석에 대하여』, 762.

위해서는 믿음과 관련된 일련의 형상을 살펴야 한다. 따라서 인간의 민음에 대한 기록이 존재하는 텍스트의 의미와는 별개로 종교인의 의미를 파악할 수는 없다. 딜타이는 『해석학 입문』Die Entstehung der Hermeneutik에서 이 점을 확실하게 정립했다. "이해의 기술은 글쓰기 속에 담겨진 인간 실존의 잔여들에 대한 주석이나 해석에 중심을 맞춘다."[63] 그는 '삶의 표현'이 기술적 규칙art réglé에 종속된 대상성으로 고정될 경우에는 진정으로 참된 이해나 해석의 시작이 이루어지지 않는다고 말한다. 그러므로 "우리는 지속적으로 고정된 삶의 표현에 대한 기술적 이해인 주석이나 해석을 요청한다."[64] 특히 문학이 조각과 그림 해석보다 이러한 해석 과정에 적실한 영역이라면, 이는 언어가 완전하고, 철저하며 인간의 내재성에 대한 객관적인 지성적 표현이기 때문에 그런 것이다.

　그러므로 프로이트의 종교 분석이 집중적으로 전개되는 「인간 모세와 유일신교」가 구약성서에 대한 주석의 차원에서 이루어지는 작업이 아니며, 텍스트에 도입된 해석학의 가장 기초적인 요구를 만족시키지도 못하고 있다고 지적할 필요는 없다. 왜냐하면 프로이트가 '종교적 표상에 대한 분석'을 하려고 시도했다거나 사실상 했다고 말할 수 없기 때문이다. 반면에 프로이트의 「미켈란젤로의 모세 상」은 미학적 차원에서 예술가와 예술가의 창조적 활동에 대한 직접적 심리학을 산출하지 않으면서도, 각각의 단편들을 작품으로 다루고 세부적으로 분석하는 작업을 했다. 다시 말하면 프

---

63) Wilhelm Dilthey, "Die Entstehung der Hermeneutik", in *Gesammelte Schriften*, 5, 319: tr. fr., in *Le Monde de l'esprit*, Aubier, t. I, 321(*De l'interprétation*, 523. 『해석에 대하여』, 763 재인용).
64) 앞의 책, 같은 곳.

로이트는 종교와 관련된 작품, 믿음의 기념물에 대해서는 예술작품과 같은 호감이나 엄밀성으로 다루지 않았다. 프로이트는 최초의 기념비적이고 범죄적인 사건이 사회조직, 도덕적 억제심, 종교의 시작이라는 주장을 반복한다. 그리고 종교적 주제와 아버지 원형 사이에서 모호한 관계를 맺으며, 참된 종교적 이념이 아버지 원형에서 유래한 것이라고 단호하게 주장한다. 이 원형은 제국을 지배하듯 자연을 지배하는 강력한 존재요, 죽음을 폐기하고 삶의 고통을 제거하는 신존재로 정립된다. 만일 이러한 아버지 원형이 신이 된다면 그것이 신이 할 수 있는 전부이다. 이것은 조야한 대중의 종교(la reigion naïve)이다. 따라서 신의 인격성이 느슨해지거나 포기된 철학적 종교나 광의의 종교는 아버지의 원형으로 되돌아가는 이차적인 합리화에 의해 형성된 것이라고 할 수 있다.[65] 이와 같이 리쾨르는 프로이트적 종교 이해의 핵심에 있는 아버지 형상을 둘러싼 죄의식을 다차원적으로 해석함으로써 그의 종교 분석의 한계를 넘어 선다.

6. 죄의식과 위로

1) 부친 살해에서 소유, 힘, 가치의 영역으로

프로이트를 넘어서기 위해 리쾨르는 죄의식culpabilité과 위로 consolation라는 프로이트의 종교에 관한 핵심 주제를 재해석한다. 프로이트는 죄의식을 오이디푸스 콤플렉스와 연결짓는다. 그는 상징

---

65) *De l'interprétation*, 523. 『해석에 대하여』, 764.

을 통해 죄의식의 의미가 달라질 수 있다는 점에 관심을 기울이지 않았다. 오직 죄의식은 시원적 의미로 이해되었다. 리쾨르는 죄의식이 상징을 통해 점차적으로 형성된다는 후성설적 입장을 고수하면서, 프로이트의 메타 심리학으로는 이러한 죄의식을 설명할 수 없다고 주장한다. 죄의식의 후성설은 참회 문학의 텍스트 주석이라는 간접적인 방식으로 해명될 수 있다. 여기서 양심Gewissen으로 번역되는 '의식'의 모범적 역사가 만들어진다. 인간은 이 모범적 역사의 형상에 따라 자기 자신을 이해할 때 정상적인 윤리적 성인의 죄의식(culpablité adulte)을 가지게 된다.

죄의식에 이르는 과정을 리쾨르는『악의 상징』에서 천착하였다.[66] 그에 따르면 흠souillure, 죄péché라는 상징들을 통해 점차 허물cupabilité이라는 내면의 죄의식에 도달하게 된다. 곧, 허물 개념은 흠과 죄라는 두 개념을 거쳐 발전된 것이다. 죄의식에 이르는 출발점은 유대인 선지자들과 플라톤적 의미에서 불의l'injustice의 문제이다. 이때 불의는 내면에서 발견되는 것이 아니라 밖에서 묻은 때처럼 외부의 부정으로써 경험된다. 터부와 같이 이것이 외부에서 묻은 오염과 같은 것이라고 할지라도, 흠이라고 볼 수 있는 다른 사람에게 행한 잘못이나 피해를 입힌 불의한 자가 갖는 두려움은 단지 터부에 대한 두려움과 다르다. 이 불의에 대한 의식은 처벌에 관한 두려움, 복수에 관한 두려움과 비교됨으로써 점차 다른 의미 창조로 이어진다. 두 번째 문턱은 죄이다. 죄는 정의justice에 대한 악으

---

66) Ricoeur, P., *La symbolique du mal*, Aubier, 1960.『악의 상징』, 양명수 옮김, 문학과지성사, 2017.

로, 사람을 사로잡는 실재하는 힘으로서 악의 경험을 담고 있다. 여기서 정직한 사람이라고 할지라도 범하게 되는 근본악에 대한 의식을 발견할 수 있다. 이 집단적인 죄가 개인적으로 내면화된 것이 허물 곧, 죄의식이다.[67]

리쾨르는 허물 단계에서 볼 수 있는 율법주의적 바리새파의 완벽해지려는 꼼꼼한 의식을 노예 의지라고 말한다. 그런데 노예 의지 개념 속에는 오염과 포로됨, 죄의 노예 등 흠과 죄, 허물이라는 악의 상징이 모두 함축되어 있다. 그러므로 상징들 사이에 순환 관계가 있음을 발견할 수 있다. 즉, 나중에 생긴 상징들은 그 앞의 상징들로부터 의미를 취하고 앞의 것들은 뒤의 것에 그 상징력을 전달한다.[68]

터부에서 출발해서 공동체의 집단적 죄를 거쳐 내면화된 죄의식을 갖는 책임 주체가 발생하기까지 악의 상징이 진화하는 과정에서 환상이 기능함을 볼 수 있다. 말하자면 의식의 진전을 보이는 각각의 신화는 초자아의 불안과 관련된 원초 장면에 대한 환상 위에 정초되는 것을 볼 수 있다. 이것이 바로 죄의식이 도덕 이전의 시원성에서 정체되는 이유이다. 그러나 신화적 지향성은 신화의 고유한 시원적 토대를 수정하면서 일련의 해석 및 재해석을 시도한다. 이 과정에서 상징은 생각을 불러일으키고 종국에는 나쁜 의지나 노예 의지 개념을 형성하게 된다.

부연하면, 정신분석학적 의미에서 '죄의식의 감정'sentiment과 칸

---

67) 『악의 상징』, 108.

68) 앞의 책, 151.

트적 의미의 근본악[69] 사이에는 일련의 형상들figures이 단계적으로 펼쳐진다. 각 형상은 프로이트가 예술작품에 대해 말한 바와 같이, 죄의식을 '부정'하고 '극복'하는 앞선 단계를 다시 취하고 있다. 이렇게 진보하는 죄의식은 상징 영역의 진보를 뒤따른다는 것을 알 수 있다. 죄의식이 원초 살해와 연관되어 있다는 프로이트의 설명과 달리, 리쾨르에 따르면 죄의식이 일어나는 영역은 소유와 관련된 경제, 힘과 관련된 정치, 가치와 관련된 문화 영역 속에서이다. 이 각각의 영역에서 일어나는 탐욕과 무절제, 허영심 같은 형상들이 죄의식을 불러일으키고 각자를 소외시킨다. 이러한 형상들이 인간의 오류 가능성의 상징들이라면, 이것들은 이미 타락된 인간 존재의 상징들이라고 할 수 있다. 자유는 이러한 경제적이고, 정치적이고, 그리고 문화적인 자유의 매개들을 상실할 때 함께 사라진다. 그러므로 노예 의지 역시 이러한 상실과 함께 우리 존재의 무능력을 나타내는 모든 형상들을 통해서 나타난다.

상징을 통해 죄의식에 도달하는 간접적 방법은 죄의식의 원천을 유년기, 시원성, 신경증과 연결하지 않고도 찾을 수 있게 해준다. 욕망이 비유년기적, 비시원적, 비신경증적 영역에 계속 투입되고 비성애적 기능으로 분화되는 것과 같이, 죄의식 역시 그 정동의 시원성은 소유, 힘, 가치의 모든 영역으로 확장된다. 곧, 아버지 살

---

69) 칸트에게 있어서 인간의 '근본악'이란 그 특징이 보편적일 뿐만 아니라 또한 생득적인 것이며, 이러한 근본악이 심각한 이유는 그것이 모든 준칙의 근거를 타락시키기 때문에 인간의 힘만으로는 도저히 근절될 수 없는 것이라는 점이다. 칸트는 아담 신화에서 아담이 감성적인 본능의 충동을 신의 명령보다 우위에 두는 준칙 선택의 행위가 근본악을 잘 표현하고 있다고 지적한다(칸트, 『이성의 한계 안에서의 종교』, 신옥희 옮김, 이화여대출판부, 2003, 39~40).

해라는 원초적 죄의식에서 소유에 있어서의 소외, 권력의 통제되지 않는 힘, 그리고 가치에 있어서 허영적 요구 등의 죄의식으로 확장된다. 이러한 확장으로 인해서 죄의식이 애매하고 불분명해 보인다. 따라서 죄의식을 분명히 밝혀내기 위해서는, 죄의식의 시원성을 드러내는 비신화적 해석과 정신esprit 자체 내 악의 발생을 복원하는 해석이라는 이중적 관점이 필요하다.[70]

따라서 죄의식에는 두 가지 표상이 동시에 발견될 수 있는데 하나는 그 시원성이 나타나는 표상이고 또 하나는 무한히 계속되는 의미 창조라는 표상이다. 악의 시원성과 함께 가능한 의미 창조의 표상으로서 구원의 가능성이 종교의 핵심을 이루고 있다. 그러므로 리쾨르는 모든 정죄accusation의 형상이 속죄rédemption의 형상에 대응되는 것을 보여주고자 한다. 그에 따르면, 아버지 원형prototype에서 나온 종교의 핵심적 형상은 죄의식에 대응하는 모든 차원을 아우르기 전에는 그 기원에 대해 알 수 없다. 결과적으로, 신의 상징 속에 있는 아버지 환상에 대한 해석은 정죄와 속죄의 모든 영역으로 확장되어 이루어져야 한다.[71]

2) 위로의 변증법

신의 상징적 표상이 악과 죄의 상징과 함께 발전해 간다고 할 수 있지만, 그 표상이 악과 죄 상징과의 대응 속에 머물지는 않는다고 리쾨르는 말한다. 프로이트도 잘 이해한 바와 같이 종교는 단지

---

70) *De l'interprétation*, 525. 『해석에 대하여』, 766~7.

71) 앞의 책, 526. 『해석에 대하여』, 767.

아버지로 인한 무한한 정죄와는 달리 삶의 척박함을 지탱하는 기술 art이다. 이러한 위로의 문화적 기능은 종교가 단순히 두려움의 영역이 아니라 욕망의 영역이라는 점을 잘 보여준다. 플라톤은 이미 우리 모두가 위로를 필요로 하는 유년기 시절에 머물러 있다고 『파이돈』에서 말했다. 중요한 것은 위로의 기능이 단지 유년기에 한정되는 것인지, 만약 그렇지 않다면, 리쾨르가 후성설이라고 명명한 위로의 전진하는 변증법은 없는지를 아는 것이다.[72]

이것은 위로가 만드는 교정을 의미하는데, 그 위로의 진보를 이루는 것은 역시 문학이다. 리쾨르는 구약성서의 욥기[73]를 통해 이 문제에 접근한다. 프로이트의 우상파괴에 직면하도록 하는 것은 욥의 믿음이지 욥의 친구들의 종교가 아니라고 그는 강조한다. 말하자면 욥은 자신에게 들이닥친 재앙과 같은 일련의 사건들에 대해서 어떠한 설명도 신으로부터 듣지 못했다. 그러나 욥은 끝까지 신에 대한 자신의 믿음을 저버리지 않았다. 결국에 욥은 자신의 유한한 욕망의 관점을 넘어서는 전체의 장엄함과 모든 질서를 보게 된다. 이러한 욥의 믿음은 섭리와 관련된 일련의 종교라기보다 스피노자가 말한 '제삼의' 인식connaissance에 더 가깝다고 리쾨르는 말한다. 그로써 하나의 길이 열리게 되는데, 이 길은 자기애로부터 나오지 않은non narcissique 화해의 길이다. 여기서 나는 나의 관점을 포기한다. 곧, 나는 전체를 사랑하고 이렇게 말할 수 된다. "신을 향한 영

---

72) 앞의 책, 526. 『해석에 대하여』, 768.

73) 욥기는 구약성서 시가서(문학서: 욥기, 시편, 잠언, 전도서, 아가) 중 한편으로, 당대의 의인 욥이 이유를 알 수 없는 고통과 환난을 겪는 이야기를 통해서 악의 문제와 변증론을 다루고 있다.

혼의 지적 사랑은 신이 자기 자신을 향한 무한한 사랑quo Deus se ipsum amat의 일부이다."[74] 그러므로 여기서는 믿음이 계율을 지키는 것과 그에 따른 보상이라는 이중의 길에서 작용하는 윤리가 중지한다. 그리고 자기의 나르시시즘에 뒤따르는 위로가 사라지면서 신자는 세상의 모든 윤리적 관점에서 벗어난다.[75]

리쾨르는 인격적인 윤리적 관점과 스피노자적인 비인격적이고 우주적인 관점을 대비시킴으로써 개인 중심적인 윤리와 종교의 한계를 넘어서고자 한다. 후자의 길 위에서 신자는 물신적인 우상적 아버지 형상을 버리고 상징으로서 아버지 형상을 발견하게 된다. 상징으로서 아버지 형상은 금지 명령과 보응을 하는 아버지가 아니다. 그 아버지 상징은 더 이상 내가 손에 거머쥘 수 있는 상징이 아니다. 그런 점에서 그 아버지는 육신의 아버지가 아니다. 그러나 그 아버지는 스피노자적 의미에서 아버지와 유사한 것이다. 다시 말하면 "사람들을 향한 신의 사랑과 신을 향한 정신의 지적 사랑은 동일한 것이다"(정리 36, 보충)라는 스피노자의 정리에 비추어 볼 때 욕망의 포기는 더 이상 죽음이 아니라 사랑이라는 점에서 신은 아버지와 유사하다.

그러나 용서하는 신의 '인격성'personnalité과 신 즉, 자연Deus sive natura의 '비인격성'이 일치할 수 있는 방법을 찾기는 어렵다. 리쾨르에 따르면, 단지 윤리학을 정지시키는 두 가지 방식에 대해서만 말할 수 있을 따름이다. 하나는 키르케고르의 방식이고 또 하나는

---

74) 스피노자, 『에티카』 (정리 36), 강영계 옮김, 서광사 1990, 314.

75) De l'interprétation, 527. 『해석에 대하여』, 768.

스피노자의 방식이다. 스피노자의 '자기 자신을 사랑하는 신'Deus se ipsum amat(정리 35)에 대해서 사유 가능한 것처럼, 그 두 방식은 모든 서구 신학의 기저에 깔린 '신'과 '신성'의 변증법을 보여준다. 하지만 그 두 방식이 일치하는지에 대해서 리쾨르는 잘 모른다고 고백한다.76)

7. 호교론이 아닌, 절충주의도 아닌

프로이트와의 대결의 정점에서 리쾨르는 호교론과 절충주의라는 두 가지 진부한 입장 사이에서 양자택일해야 한다는 생각을 반박한다. 호교론은 프로이트의 우상파괴를 통틀어서 거부하는 입장이고, 절충주의는 종교의 우상파괴와 믿음의 상징을 나란히 놓는 입장이다. 리쾨르는 이러한 두 입장의 양자택일이 아닌 변증법적인 방법을 택한다. 즉, 믿음의 관점에서 위로의 후성설이라는 생각과 프로이트주의의 운명의 '감수'라는 생각을 상호 문제시하면서 비판적으로 검토해나간다.

먼저 리쾨르는 프로이트에 대한 독해가 위로와 관련한 종교적 욕망의 나르시시즘 비판에 도움을 주었다는 점을 인정한다. 그리고 믿음의 문제의 핵심에 있는 '아버지에 대한 포기'를 도입하는 데 도움을 주었다고 말한다. 그러면서도 그는 현실원칙에 관한 프로이트의 해석에 대한 불만을 드러낸다. 그에 따르면, 프로이트의 과학주의는 「레오나르도 다빈치와 유년의 기억」에서 보여준 또 다른 길로

---

76) 앞의 책, 527. 『해석에 대하여』, 769.

종교 분석이 나가지 못하게 방해한다.

　현실은 단순히 일련의 관찰 가능한 사실이나 입증 가능한 법칙이 아니다. 정신분석의 용어로 말하자면 현실은 사물들과 인간들의 세계이며, 이 세계는 쾌락원칙이 단념될 수 있는 세계이다. 즉, 전체에 비해 자신의 관점은 포기될 수 있는 그런 세계이다. 리쾨르는 이러한 정신분석학의 관점에 대해 질문을 던진다. 현실은 단지 필연에 불과한가? 현실은 나에게 감내함을 요구하는 필연성인가? 현실은 사랑의 힘을 열어 밝히는 가능성이 아닌가? 이 문제는 프로이트가 레오나르도의 운명에 관해 제기한 질문을 가로질러 리쾨르 자신이 지닌 위험성을 관통하는 것이다. 「레오나르도 다 빈치의 유년의 기억」에서 프로이트는 레오나르도가 지닌 탐욕스럽고 지칠 줄 모르는 탐구욕으로 인해 이탈리아의 파우스트로 불려왔다는 점을 언급하면서 다음과 같이 말한다. "그러나 탐구 열정이 삶에 대한 향유로 바뀔 수 있는지에 대한 의구심을 일단 논외로 하더라도 이러한 견해는 레오나르도의 사고를 스피노자의 사고 유형과 유사한 것으로 보게 만들 위험이 도사리고 있다."[77] 또 이렇게 기술한다. "탐구는 창조 행위를 대신하기도 했다. 잘 짜여진 우주의 장엄함과 그 필연성들을 예감하기 시작한 자에게 보잘것없는 한 개인에 불과한 자아das Ich를 상실하는 것은 쉬운 일이었다. 찬미의 삶을 살며 진정으로 겸손해진 자는 너무나도 쉽게 바로 그 자신이 이 움직이는 힘들의 한 부분임을 잊을 것이고, 자신의 개인적 힘이 허락하는 한도 내에서라도 우주의 필연적인 흐름의 한 부분을 바꿀 수 있다는 것도

---

77) 「레오나르도 다 빈치의 유년의 기억」, 179. (*De l'interprétation*, 528).

잊고 살기 쉽다. 우주란 작은 것이 위대한 것보다 결코 덜 유의미하지도 또 덜 찬탄을 일으키는 그런 것도 아닌 세계이다."[78] 이 책의 마지막을 프로이트는 이렇게 마무리하고 있다. "햄릿의 말을 연상시키는 레오나르도의 난삽한 말에 따르면 자연이란 '결코 경험해보지 못한 수많은 이유들로 가득찬 것'La natura d'infinite ragioni che non furono mai in isperienza으로 우리는 자연에 존경심을 거의 보이지 않고 있다. 이 자연의 이유들이 우리들의 수많은 시도들을 통해 인간의 경험을 향해 길을 내며 다가올 때, 인간 존재인 우리들 각자는 이 시도들 하나하나일 뿐이다."[79]

이러한 프로이트의 추론을 통해 현실réalité이 자연과 그리고 자연이 에로스Éros와 일치한다고 볼 수 있는 근거가 프로이트에게 있다고 리쾨르는 말한다. 언급된 프로이트의 기술에서 나타나는 '움직이는 힘', '경험해보지 못한 수많은 이유들', '경험을 향해 나타나는' 것들에서 비롯된 '무수한 시도들', 이 모든 것들은 관찰 가능한 사실이 아니라 힘 곧, 자연과 삶이 지닌 다채로운 힘이라고 리쾨르는 말한다. 관찰 가능한 사실이 아닌 이 힘은 창조의 신화적 상징 이외의 다른 것으로는 파악할 수가 없다.[80] 이것이 이미지, 이념, 우상 파괴자들이 환상과 대립되는 현실을 신화화하면서 그 파괴를 멈추는 이유이다. 예컨대, 디오니소스, 생성의 무죄, 영원회귀, 아낭케[81], 로고스 등의 신화는 우상파괴를 통과한 상징들이다. 이와 같

---

78) 앞의 책, 같은 곳.

79) 앞의 책, 262. (De l'interprétation, 528).

80) De l'interprétation, 529. 『해석에 대하여』, 771.

81) 그리스어 아낭케(anankē)는 필연성이나 필요만이 아니라, 강제성이나 폭력 등의 뜻도 지

은 재신화화는 현실 질서가 상상력 없이는 아무것도 아니라는 것을 가르쳐 주는 기호이며, 필연성에 대한 고려는 가능성에 대한 환기 없이는 아무것도 아님을 알려주는 기호이다. 이러한 비판을 통해서 프로이트의 해석학은 신화-시적 기능을 다루는 해석학과 연결될 수 있다. 곧, 신화를 잘못된 비현실적인 환상의 우화로 간주하지 않고, 존재자들les êtres과의 관계, 존재l'Être의 관계에 관한 상징적 탐구로 간주하는 다른 해석학과 연결될 수 있다. 이러한 신화-시적 기능을 전달하는 것은 언어의 또 다른 힘이다. 다시 말해 더 이상 욕망에 대한 요구도, 보호에 대한 요구도, 섭리에 대한 요구도 아닌 부름interpellation이 바로 신화-시적 기능이 전달하는 것이다. 이 부름은 내가 더 이상 요구하기를 멈추고 듣는 것이다.

결론적으로, 리쾨르는 프로이트 종교 정신분석에 대해 한편에서는 긍정, 다른 한편에서는 부정으로 결론내린다. 프로이트가 믿음의 핵심에서 우상과 상징을 분리한 것은 긍정적으로, 현실 원칙의 핵심에서 운명Anankē에 대한 단순한 감수와 창조Création의 사랑을 분리한 것은 부정적으로 평가한다.[82]

니고 있다. 강제 · 필요 · 필수 · 운명 · 필연 · 필연성 등의 뜻이 있는 아낭케를 플라톤은 『국가』 편에서 여신으로 신격화하고 있다. 즉, 필연이 인격화된 여신으로 운명의 여신들(Moirai)의 어머니로 언급되기도 한다(『국가』, 657, 660). 그러나 우주론인 『티마이오스』 편에서 아낭케는 지성이 개입하기 이전의 물질 상태를 지칭하기 위해 사용한다. 지성이 개입하기 이전의 물질들은 다른 것에 의해 움직여지고 다시 다른 것들을 필연적으로 움직이지만, 이 운동은 불확정적이고 불규칙적이며 무질서하게 이루어진다(『티마이오스』, 박종현 · 김영균 옮김, 서광사, 2000, 131, 각주 279 참조).

82) *De l'interprétation*, 529. 『해석에 대하여』, 772.

2장　제도를 통한 구속

- 사도 바울의 권력론에 대한 해석

1. 권세들에게 복종하라?

"각 사람은 위에 있는 권세들에게 복종하라 권세는 하나님으로부터 나지 않음이 없나니 모든 권세는 다 하나님께서 정하신 바라."(로마서 13:1)

리쾨르는 로마서 13장에 전개된 사도 바울의 권력론을 해석하면서 제도를 통한 구속의 가능성을 모색한다. "권위가 하나님에게서 온다"고 한 사도 바울은 모든 권세들이 하나님에 의해 "설립되고 세워진다"는 것과 그러므로 권위에 저항하는 것은 하나님이 세우신

'질서'에 저항하는 것이라고 말한다.[1] 그런데 리쾨르에 따르면, 사도 바울이 이렇게 말하면서 강조하고자 한 것은 권력자 개인에 대한 인격적 복종이 아니라 국가 제도를 포함한 '제도에 대한 존중'이다. 말하자면, 권력을 가진 개인들의 악의에도 (국가) 제도는 선하다는 것이다. 때문에 사도 바울이 주장하는 바, 권력론으로부터 제도를 통한 구속을 주장하는 것이 가능하다고 리쾨르는 해석한다. 이러한 해석의 근거를 리쾨르는 그리스 교부들의 사상에서 찾는다. 그 사상은 다시 근원적으로 신플라톤주의 철학에 기대어 있다. 구체적으로 '하나님의 형상'Homoiosis Theo과 연관된 플라톤의 인간 이해에 토대를 두고 있다.[2]

사도 바울이 개인의 인격적 차원과 국가, 제도의 공적 차원의 구분을 넘어 제도를 통한 구속을 말할 수 있는 근거는 리쾨르에 따르면, 바로 이레니우스 전통의 창조관과 인간 이해다. 제도를 통한 구속을 말하기 위해 리쾨르는 세 가지 논거를 제시한다. 첫 번째가 신학적 의미로, 인류의 성장과 구속이라는 차원에서 국가는 인간 집단에 있는 구속의 길 가운데 하나이다. 두 번째는 공적인 정치와 개인 간의 형제적 우정의 화해를 꿈꾸는 유토피아 사상이다.[3] 말하

---

1) 로마서 13장 1~5절, 개역개정 4판, 대한기독교서회.

2) 플라톤은 국가편(Politeia)에서, "신적인 것들과 조화된 것들(kosmios)을 추구하는 사람은 당연히 조화로운 인간이 되며, 인간에게 가능한 만큼의 신적인 상태에 이른다"는 말로 '신을 닮아감'을 인간이 지향해야 할 목표로 제시한다. 만물이 선을 추구한다는 플라톤 사상을 아우구스티누스는 하나님과 선을 동일시하면서 하나님을 닮아가는 것을 삶의 이상으로 삼는다(볼프하르트 판넨베르크, 「신학과 철학」, 정용섭 옮김, 한들출판사, 2010, 59).

3) 유토피아는 현실과의 거리로 인해 이데올로기의 난점을 보완할 수 있는 개념이다. cf. 김세원, 「이야기의 두 양식으로서 이데올로기와 유토피아에 관한 시론: 『시간과 이야기』와 '이데올로기와 유토피아'에 다리 놓기」, 『현대유럽철학연구』 제38집, 2015.

자면, 존재하는 어떤 국가도 유토피아를 만족시키지 못하지만, 유토피아는 모든 국가에게 의미와 방향을 준다. "모든 권세는 다 하나님께서 정하신 바라"는 사도 바울의 권력론의 배후에는 유토피아 사상이 내재되어 있다는 주장이다. 세 번째 논거는 비폭력 운동가에서 찾아진다. 비폭력 운동가들은 권위에 불복종하기 때문에 정치 영역에서 제외되지만, 실제로 현실 속에서 국가란 인간들을 자유와 평등으로 이끌기 위해서만 존재한다는 것을 상기시키는 자들이라고 리쾨르는 말한다. 비-폭력은 시기와 관계없이 체험되는 국가의 소망이며, 비-폭력의 수단을 통해 비-폭력인들은 폭력적 국가에게 자신이 사람들의 선을 위한 구속 기구 즉, 국가에 속한다는 것을 알린다.[4] 이러한 정치권력에 대한 논의를 리쾨르는 소유와 가치의 영역으로 확장해나가면서 제도를 통한 구속의 가능성을 논한다.

여기서 천착하는 '제도를 통한 구속'은 은유와 비유로 가득 찬 성서 텍스트 세계에 대한 해석학적 접근을 통해 이루어지며, 사도 바울의 권력론에 대한 해석의 중심에는 이레니우스적 '하나님 형상'이 있다.

2. 그리스 교부들의 창조관과 하나님 형상 이해

5세기 이후로 서구 기독교 사상을 점유해온 아우구스티누스 전통에 의하면, 인간은 유한한 완전함으로 창조되었다. 그러나 인간의 자유로 말미암아 인간은 신에 대항하여 반역을 했고, 창조주의 저주와 분노 아래서 살게 되었다. 아담과 이브의 자손들은 그들

---

4) 폴 리쾨르, 『역사와 진리』, 박건택 옮김, 솔로몬, 2006, 151~152.

의 부모의 생명을 이어받아 살아가고 있고, 그들의 죄와 타락한 죄의 본성까지도 물려받았다. 따라서 우리는 죄인으로 태어났고, 더 큰 죄로 우리를 이끌어가는 본성을 타고나게 되었다. 그리고 우리를 구원하시는 것은 바로 오직 우리로서는 이해하기 힘든 신의 자유로운 은혜뿐이다. 이러한 인간의 타락과 죄성에 대한 아우구스티누스의 이해는 우리에게 너무 익숙해서 그의 이해가 인간과 인간의 죄 된 상태에 대한 기독교의 보편적 이해라고 우리는 생각한다. 그러나 그의 이해는 기독교적 해석 중의 하나일 뿐이다. 다시 말하면, 아우구스티누스에 의해 더 명확해지고 포괄적이 된 교리는 몇 세기 동안 사도 바울의 주장들에 대한 해석들 중 하나일 뿐이다.[5]

그런데 사도 바울에서 라틴 혹은 서방 교회의 교부들을 거쳐 아우구스티누스에 이르는 전통과 다른 전통이 있다. 그것은 헬레니즘적 관점 혹은 동방 교부의 관점이라고 말할 수 있다. 이 관점을 알기 위해서는 기독교 사상의 초기로 돌아가서 아우구스티누스 신학이 성립되기 이전의 상황을 살펴볼 필요가 있다.[6] 죄와 타락에 관한 기독교 가르침이 관련되어 있는 한, '준사도 시대'sub-apostolic age 곧, 1세기 후반경의 성서의 저자들과 2세기 말의 이레니우스 사이의 기간은 체계화된 교리가 없었고 대단히 유동적인 시기였다. 이것은 해석과 사유의 폭넓은 자유가 그리스도의 삶과 가르침에 가장 가까이 있었던 기독교 사상가들에게 있었음을 보여준다고 할 수 있을 것이다. 실상, 기독교 계시는 죄와 고통의 비참한 실체를 전제하

---

5) 존 힉, 『신과 인간 그리고 악의 종교철학적 이해』, 김장생 옮김, 열린책들, 2007, 217~218.
6) 앞의 책, 223.

고 있으나, 그것의 근원에 대한 어떠한 신적으로 공인된 이론을 제시하지는 않는다. 다시 말하면, 사도들의 시대 이후 약 100년간의 기독교 문헌 연구에는 바울의 아담에 대한 기술을 제외하고는 죄나 악에 대한 공통된 사유 방식이 없다. 이후 2세기 중반에는 영지주의에 대해 교회가 사생결단의 투쟁을 하면서, 바울의 서신들이 일부를 형성한 신약 정경이 완성되었다. 이 시기로부터 바울의 타락에 대한 가르침은 권위가 있는 것으로 여겨졌고, 실질적으로 죄와 악에 대한 모든 중요한 기독교 사상은 아담의 신화의 틀 안에서 체계화되었다. 이러한 틀 안에서는 두 가지 다른 발전을 찾을 수 있는데, 하나는 아우구스티누스와 서방 교회를 통하여, 또 하나는 이레니우스와 동방교회를 통하여 그 발전이 이루어졌다.[7] 바울의 권력론을 해석하면서 제도를 통한 구속의 가능성을 주장하는 리쾨르가 기대고 있는 전통은 후자이다.

이레니우스적 해석을 통해, 리쾨르는 창세기 1장에 등장하는 표현, "우리의 모양, 우리의 형상대로 사람을 만들자"[8]에 의거한 인간론 속에 숨겨져 있는 풍부한 상징들에 주목한다.[9] 아우구스티누스적 전통에서 하나님의 형상은 제품의 상표와 같은 각인이라고 믿어져 왔고, 이것은 개인의 내부 곧, 주관성 소관으로 해석되어왔다. 따라서 하나님의 형상은 생각하고 선택하는 매우 개인적이고 독자

---

7) 앞의 책, 225.

8) 창세기 1장 26절 "하나님이 이르시되 우리의 형상을 따라 우리의 모양대로 우리가 사람을 만들고 그들로 바다의 물고기와 하늘의 새와 가축과 온 땅과 땅에 기는 모든 것을 다스리게 하자 하시고".

9) 『역사와 진리』, 134.

적인 능력이다. 이러한 원자론적 해석에 따르면, 이 하나님의 수동적이고 불변하고 주관적인 하나님의 형상이라는 등록 상표에 역사적 사실은 나란히 배열될 수 없다. 그러나 이와 상반되게, 이레니우스적 해석에서 하나님의 형상은 연대적으로 집단적이면서 동시에 개인적인 인간에게서 발견된다. 그 인간은 점진적으로 성장하면서 하나님의 모습을 보는 데로 향해가는 인간이다. 예수 그리스도는 그 과정에서 나타난 하나님 형상의 체현이다. 모든 인간은 이러한 과정을 따라가는 것으로 이해된다.[10] "우선 인간이 있었고, 다음으로 존재하면서 성장했으며, 창조되면서 성인(成人)이 되었고, 성인이 되고서 번식했으며, 번식하면서 힘을 가졌고, 힘을 가지면서 영화롭게 되었으며, 영화롭게 되면서 주님을 보았음에 틀림없다."[11] 또한 "우선 자연이 출현하고 다음으로 유한한 것이 불멸에 의해 패배하고 흡수되며 인간은 선악에 대한 지식을 갖고서 하나님의 형상과 모양으로 되었음에 틀림없다."(같은 곳) 리쾨르는 이레니우스 사유의 배경이 되는 신플라톤주의 사상을 통한 이러한 해석을 혁명적이라고 평가한다. 다시 말하면, 이레니우스적 해석은 구원을, 택함 받은 개인들의 것으로 보면서 역사와는 무관하게 보는 구원론과는 달리, 개인적이고 공동체적 존재의 탄생을 역사의 시간 속에서 이루어지는 것으로 본다. 이러한 역사적 창조관은 창조가 완성되었다거나 끝난 것이 아님을 함축한다. 예수는 "내 아버지는 오늘까지 일하신다"고 말했다.[12] 이것은 악과 은총을 그 창조 과정에 포

---

10) 앞의 책, 135.

11) 앞의 책, 135.

12) "예수께서 그들에게 이르시되 내 아버지께서 이제까지 일하시니 나도 일한다 하시매"(요한

함하며, 그 과정에서 하나님의 교육이 죄인인 인간에게서 신을 끌어낸다. 이레니우는 "인간이 선에 반대되는 것을 몰랐다면, 그가 어떻게 선의 지식을 가졌겠는가? 아직 인간도 못된 자가 어떻게 신이 될까?"라고 말한다.[13]

요컨대, '하나님의 형상'에 대한 이레니우스적 해석이 인간과 인간의 모든 만남을 향하게 도와줄 수 있을 거라고 리쾨르는 믿으며, 그의 창조관이 제도를 통한 구속의 가능성을 모색하는 근거가 됨을 밝힌다. 그리고 첫 관문으로 사도 바울의 권력론을 이레니우스 사상에 입각해 재조명한다.

3. 제도를 통한 구속 가능성

언급했듯이, 사도 바울이 권력자를 "하나님의 사역자가 되어 네게 선을 베푸는 자"(로마서 13:4)라고 말하는 취지는 리쾨르가 보기에, 권력을 가진 개인의 인격에 대한 존중이 아니라, 그 권력의 제도적 성격에 대한 존중이다. 다시 말하면, 우리가 존중해야 하는 것은 권력자 개인이 아니라, 그의 "직무"라는 것이다. 이때 직무라는 말은 제도, 질서, 선 등과 같은 집단적 차원의 연장선에서 이해되는 것이다.[14] 즉, 사도 바울의 주장이 의미하는 바는 예를 들어, 칭기즈칸, 나폴레옹, 히틀러, 스탈린과 같은 권력자들을 하나님이 선택해서 개인적으로 임명했고, 우리는 그 권력자들에게 복종해야 한

복음 5:17), 앞의 책, 136.

13) 앞의 책, 136.

14) 앞의 책, 146.

다는 뜻이 아니다. 사도 바울이 권력자를 우리의 선을 위해 세우신 하나님의 사역자라고 말할 때 그 의미는 권력을 가진 자들의 악의에도, 국가가 국가인 이상 그 자체로 인간에게 선한 무엇으로 작용한다는 것이다. 리쾨르는 바울의 국가에 대한 이러한 믿음을 일종의 내기로 간주한다. 다시 말하면 전체적인 시각으로 볼 때, 권력을 가진 개인들의 악의를 통해서, 그리고 그러한 악의에도 국가가 선하다고 하는 것은 사도 바울이 위험 부담을 감수하고 거는 일종의 모험 같은 내기라는 것이다. 그런데 사도 바울은 이 내기에서 이겼다고 리쾨르는 말한다. 왜냐하면 역사적으로 제국들은 그들의 폭력을 통해서 달리 말하면, 폭력에도 법, 지식, 문화, 복지, 예술을 발전시켰고, 또한 인류는 살아남았을 뿐만 아니라 성장했고 더 성숙하고 책임지는 단계에 이르렀다는 것이다.[15] 리쾨르의 이러한 귀결의 배경은 앞서 언급했듯이, 하나님의 형상이라는 최고의 단계를 향한 인류의 성장과 발전이라는 이레니우스 사상이다.

리쾨르는 사도 바울을 해석하면서 국가 제도는 선하고 제도를 통한 구속이 가능하다는 자신의 생각을 세 가지 차원에서 전개해 나간다. 먼저, 구속사적 관점에서 사도 바울의 권력론에서는 형제적 사랑의 교육법과 세속의 권력자의 폭력적 교육법은 연결된다고 그는 말한다. 이렇게 말할 수 있는 근거를 리쾨르는 로마서 13장에서 전개되는 바울의 권력에 대한 이해가 상호 간의 사랑에 대한 메시지 사이에 끼어 있다는 사실에서 찾는다. 이것은 사도 바울이 개인적인 관계와 공적인 관계의 구분을 염두에 두고 있지 않음을 입

---

15) 앞의 책, 148~149.

중한다고 리쾨르는 본다. "악을 악으로 갚지 말라"(로마서 12:17)고 사도 바울은 앞장에서 말했다. 그리고 국가에 대한 구절들 이후에 그는 다시 말한다. "사랑은 이웃에게 악을 행치 않으며, 따라서 사랑은 율법의 완성이다."(로마서 13:10) 이처럼 사도 바울의 권력론은 형제애에 대한 두 호소 사이에 삽입되어 있다. 전체적인 맥락에서 볼 때 이러한 배치는 리쾨르에 따르면, 개인 간의 형제적 사랑과 국가의 정치권력에 대한 이해가 모종의 연관성을 가지고 있다는 것을 암시한다고 볼 수 있다.

하지만 리쾨르는 이로부터 개인의 구속과 국가 제도를 통한 구속을 같은 연장선상에서 보는 것은 현실 상황과는 모순되는 부분이 있음을 인정한다. 현실적으로 위정자는 악을 선으로 갚는 사랑의 계명과는 반대로 악은 악으로 처벌하기 때문이다. 하지만 이 두 교육법을 통해서 전개되는 것이 구속의 경륜임을 리쾨르는 주장한다. 우리는 실제로 이 세상에서 두 교육학의 분열 속에서 살고 있다. 하지만 리쾨르의 주장은 이러한 분열에 머물지 않고 좀 더 나아간다. 인류는 역사에서 무수한 정치적 악이 있었음에도 정치에 의해서 보존되었을 뿐만 아니라 촉진되고, 설립되며, 교육된다. 그에 따르면, 만일 이 폭력적 교육이 구속사 밖으로 떨어진다면 그것은 복음과 아무 관계가 없는 것이 될 것이며, 그리고 만일 구원이 이러한 인간들의 실제적 역사를 구속사 밖으로 버려버린다면, 구원은 추상적이고 비현실적인 것이 되고 말 것이다.[16] 이것은 종교와 정치의 이분법적 세계에서 구원의 능력도 행하지 못하는 이름만 신

---

16) 앞의 책, 149.

일 뿐인 결과를 만들어낼 뿐이다. 그러한 이분법은 플라톤의 존재와 생성의 이분법에 근거하고 있으며, 그러한 신학은 이미 니체에 의해 거부된 바 있다.

말하자면 리쾨르가 제시하는 제도를 통한 구속은 먼저, 인류 정치사에서 구속사를 인정해야 한다는 점이다. 여기서는 사적 구원과 공적 구원이 엄밀히 구분되지 않는다. 그러므로 인류의 정치 발전의 수준에서 구원을 말하기를 꺼린다면, 앞서 언급되었던 인류의 성장과 그 원숙 및 성인成人에의 접근이라는 구원의 근본 의미들 가운데 하나를 상실하게 되는 것이다. 만일 가장 세속적 제도요 교회와 거리가 먼 관료직이 '의롭다'면, 다시 말해 만일 그것이 바울의 말대로 그 직무에 적합하고 인류의 성장과 합체한다면, 그것은 인간들의 집단에 있는 구원의 길 가운데 하나라고 봐야 한다. 이러한 맥락에서 칸트는 아우구스티누스 이후 신학자가 거의 이해하지 못하는 무언가를 이해했다고 리쾨르는 지적한다. "자연이 자신의 모든 배열의 발전을 선으로 이끌기 위해 사용하는 수단은 사회의 품에 있는 그들의 적대관계이다. 그런데도 이 적대관계가 결국 이 사회의 규칙적 배치의 원인인 한에서 말이다."[17] 그러므로 리쾨르에 따르면, 시민 사회의 구원의 의미로 사용된 표현은 그리스 교부들의 신학의 속화(俗化)된 표현이라고 보아야 한다. 나아가, 구원이 하나님에 의해 세워진 관료직의 비뚤어진 길을 차용하는 것이 사실이라면 이 직분이 올바를 때 신학의 속화된 표현이라고 보

---

17) *Idée d'une histoire universelle au point de vue cosmopolitique, cinquième Proposition.* (『역사와 진리』, 150 재인용).

는 것은 정당하다.

둘째로 제도를 통한 구속을 말하기 위해 세속 권력의 질서와 형제적 사랑의 질서 사이의 부조화를 완화시키고자 리쾨르가 도입하는 것은 유토피아 개념이다. 그에 따르면, 정치적 권력을 가진 자의 폭력을 통한 교육학은 유토피아라는 맥락을 통해서 사랑의 질서와 관련지을 수 있다. 그는 특별히 정치적 무정부주의자, 코뮌 참여자, 『국가와 혁명』의 레닌에게 있는 국가의 쇠퇴라는 유토피아를 예시로 든다. 리쾨르에 따르면, 실제로 우리가 정치와 우정의 화해를 꿈꾸는 것은 적어도 오늘날 우리가 보는 억압적 국가의 종말이라는 유토피아를 통해서이다.[18]

이 유토피아는 정치의 운명 자체를 위해서 필요 불가결하며, 그것은 정치에 목적과 긴장을 주고 나아가 소망을 준다고 리쾨르는 말한다. 그리고 강압적 국가의 붕괴를 주장하는 무정부주의자들에게서 이 유토피아의 사상을 발견한다고 말한다. 나아가 그들의 메시지는 예수 그리스도를 모르는 비종교인이 주장하는 복음이라고 말한다. 사실 보편적이고 평화적이며 교육적인 국가가 아닌 다음에야, 어떤 국가 권력자가 내 선을 위한 사역자가 될 수 있겠는가? 라고 리쾨르는 반문한다. 그러므로 사도 바울이 "권력자는 너의 선을 위해 있는 하나님의 사역자다"라고 말할 때 그 의미는 바로 유토피아적 국가를 암묵적으로 전제한 것으로 봐야 한다는 것이 리쾨르의 주장이다.

세 번째 차원은 비폭력 운동에 의해 논구된다. 앞서 언급되었

---

18) 『역사와 진리』, 151.

듯이, 국가의 폭력적 교육법과 형제애 사이의 고랑은 유토피아라는 수단을 통해 좁아질 수 있었다. 유토피아는 양자 사이의 화해를 역사 저편으로 옮겨놓은 것이다. 그런데 이러한 화해의 징표를 현재에 등록시키는 것이 비폭력인들이다. 그들은 자신들의 비폭력적 수단을 통해서 국가가 사람들의 선을 위한 구속 기구라는 것과 자신이 그 구속 기구에 속해 있다는 것을 간접적으로 알린다. 간디, 미국 흑인 운동의 비폭력적 형태들, 유럽의 비폭력 저항의 다양한 표현들이 그러한 예증들이다. 실제 역사에서 비폭력의 수단들은 거의 모든 폭력적 국가 자체의 종말에 임박해서 발견된다. 이러한 수단을 통해서 비폭력인들은 폭력적 국가에게 국가 자체가 무엇이고 지금 현재 국가가 어떤 상태에 있는지를 암묵적으로 알리는 역할을 한다.[19]

리쾨르는 인간의 관료직이 구원을 위한 기관이 될 수 있는지를 이해하게 해주는 세 가지 논의를 거쳐, 정치 영역에서 소유의 경제 영역과 가치의 문화 영역으로 논의를 확장해나간다.

1) 소유의 정치 · 경제 영역

리쾨르는 인간관계들의 영역들을 크게 세 가지로 구분한다. 곧, 소유, 힘, 가치의 관계들인데, 리쾨르는 이러한 구분을 칸트의 『실용주의적 관점의 인간학』에 의해 암시 받았다고 밝힌다. 이 영역들은 소유와 지배와 과시의 개인적 감정과 열정의 차원이면서 다른 한편, 소유의 경제적 영역, 권력의 정치적 영역, 상호 이해의 문화적

---

19) 앞의 책, 151~152.

영역이라는 인간관계의 제도적 영역들이다.[20]

첫 번째로 정치에 대한 고찰을 경제로 확장하는데, 이러한 확장은 비교적 용이하게 이루어진다고 리쾨르는 본다. 왜냐하면 인간의 소유관계는 소유권 체제와 경제권 조직화 밖에서는 결코 존재하지 못하기 때문이다. 먼저 리쾨르는 사물에 대한 지배권이라는 성경적 의미를 통해 소유 제도를 통한 구속 논의를 진행한다. 성경 시편 8편에는 자연의 충만한 지배와 관련된 소망이 분명하게 제시된다.

"당신 손의 작품인 하늘과 당신이 고정시켜둔 달과 별을 볼 때, 유한한 존재가 무엇이길래 그를 기억하며, 아담의 아들에 관심을 갖나요? 그를 신보다 조금 못하게 하시고 그를 영광과 존귀로 관을 씌우셨나이다. 당신은 그를 당신 손의 작품 위에 세우시고 만물을 그의 발아래 두셨는 바 곧, 양과 늑대 등 모두이며, 야생 짐승, 하늘의 새 그리고 수로를 다니는 바다의 어족입니다."[21]

이와 같이 사물에 대한 지배는 태초에 하나님 형상으로 지음받은 인간이 가진 권리로 제시된다. 그러므로 이 지배는 인간의 본래적 모습을 향한 여정 곧, 성인成人 단계로 가는 성숙의 과정 중에 볼 수 있는 표현의 하나이다. 그런데 오늘날 이 지배가 노동의 조직화와 경제권이 "설립한" 모든 형태에 의해 제도화된다. 그리고 이것

---

20) 앞의 책, 138~139.

21) 앞의 책, 152. "주의 손가락으로 만드신 주의 하늘과 주께서 베풀어 두신 달과 별들을 내가 보오니 사람이 무엇이기에 주께서 그를 생각하시며 인자가 무엇이기에 주께서 그를 돌보시나이까. 그를 하나님보다 조금 못하게 하시고 영화와 존귀로 관을 씌우셨나이다. 주의 손으로 만드신 것을 다스리게 하시고 만물을 그의 발아래 두셨으니 곧 모든 소와 양과 들짐승이며 공중의 새와 바다의 물고기와 바닷길에 다니는 것이니이다"(시편 8:3-8).

은 개인과 그 소유의 사적 관계일 뿐만 아니라, 경제적 제도들의 총체를 이룬다. 리쾨르의 주장은 바로 이 제도화된 총제가 구속으로 부름 받은 것이고 따라서 앞서 정치적 관료직에 대해 지적했던 것들을 이 제도화된 소유권 전체에 적용시킬 수 있다는 것이다.

그에 따르면, 정치권력을 통한 구속을 언급하면서 제시되었던 이성적이며 비종교적인 표현으로서 유토피아는 여기서 또한 매우 구체적인 근거로 작용할 수 있다.[22] 억압적 국가의 쇠퇴라는 순전히 정치적 유토피아는 그것이 소외에서 해방된 노동의 유토피아와 합체되지 않는 한, 추상적 유토피아일 뿐이다. 이러한 추상적 유토피아는 소유와 탐욕의 저주를 따로 제쳐놓고 모른 척한다. 소유에 따른 모든 저주가 모든 부와 결부되어 있다면, 축복은 이와 정반대 편에 있는 것이다. 이것은 소유권이 세운 토지 수용과 상호 배제의 관계들을 뒤엎는 혁명적 의미를 포함하고 있다. 이러한 경제사상의 유토피아는 국가 쇠퇴 유토피아와 더불어, 소유 가운데서 상실된 인간 본질의 재점유 또는 소유로 인해 분리된 인간들의 화해를 추구한다.[23]

그런데 소유는 근본적으로 악하지 않다. 우리는 우리가 소유한 것과 일종의 관계를 형성하게 되는데 이것 자체가 악은 아니지만, 악은 여기서부터 시작된다. 이러한 소유에 익숙해진 관계를 통해 나는 내 소유로 연장되고, 그것을 내가 의지하고 또 인간화하며 내 소속의 영역으로 삼는다. 언급했듯이 근본적으로 무죄인 소유는 소

---

22) 앞의 책, 153.
23) 앞의 책, 154.

유 관계를 형성하면서 인간 실존의 가장 큰 함정들 가운데 하나로 자리 잡는다. 내가 갖고 있는 것과 나를 동일시하면서 나는 내 소유에 의해 점령당하고 내 자율을 상실한다. 부자 청년이 예수를 좇기 위해 전 재산을 팔아야 하는 이유는 이것이다. "부자에게 화 있을진저"[24]라고 복음서의 그리스도는 외친다. 소유에 집착한 강퍅한 마음의 악은 즉시 의사소통에 장애가 된다. 내 것은 제삼자들을 배제시키며, 개인들은 사물을 자신의 것으로 삼으면서 인간 실존은 서로 분리된 것으로 표현된다. 하지만 이 지점에서 리쾨르의 지적은 정확하다. 근본적으로 존재들은 유사성, 의사소통, '우리'에의 소속감의 수많은 유대로 연결되어 있다. 이 존재들을 서로 거부하게 하는 것이 그들의 소유 관계이다.[25]

소유란 소유권 체제 밖에서는 존재할 수 없기 때문에 소유로 인한 개인의 악은 공동체를 전제하고 있다. 리쾨르는 이 소유의 공동체성이 악하게 된 것을 죄의 역사적 차원으로 설명한다. 확실히 자본은 현대 사회에서 숭배의 대상이고 그 안에서 인간성은 사물화되고 비인간화된다. 이 지점에서 마르크스주의는 옳다. 돈의 부류가 지배하는 세계에서 사상과 말은 물신 숭배의 변수들일 뿐이다. 유물론은 진리 없는 세상의 진리라고 리쾨르는 꼬집어 말한다. 다시 말하면 마르크스주의의 전망은 진리 없이 현상학적으로 봤을 때는 참이다. 이 유물론의 바른 용도는 악에 대한 이해를 도덕적 또는 비도덕적 개인의 규모가 아니라, 소유 제도의 규모로 되돌려 놓

---

24) "그러나 화 있을진저 너희 부요한 자여 너희는 너희의 위로를 이미 받았도다"(누가복음 6:24).

25) 『역사와 진리』, 140.

는 데서 작용한다. 이로부터 구약성서의 선지자들이 바르게 이해한 죄의 역사적 차원이 발견될 수 있다. 말하자면, 아무도 시작하지 않으나 모두가 지속하는 죄, 매번 다시 만들어내는 일 없이 거기에 빠지는 원죄 같은 죄의 역사적 차원에서 소유로 인한 악의 문제를 볼 수 있게 된다.[26] 개인은 태어나면서 바로 집단적인 차원에서 부패한 소유 관계 속으로 들어간다. 비록 이 관계가 도덕적으로 터무니없는 소유화와 착취의 개인적 행위들에 의해 끊임없이 재개되더라도 말이다.[27]

제도를 통한 구속을 경제 영역으로 확장하면서 리쾨르가 지향하는 궁극점에는 정치 영역에서와 마찬가지로 유토피아 사상이 있다. 그에 따르면, 정치 영역에서 비-폭력은 프란체스코의 가난과 조화를 이룬다. 프란체스코(Saint François d'Assise, 1182~1226)의 가난은 말하자면, 모든 이성적이고 규칙적인 경제와 관련해서 시대에 부응하지 않는 방식으로, 사적이고 시기적 소유, 강퍅하게 하고 소외를 만들어내는 소유에 붙어있는 불행의 종말을 선포한다. 짐승-국가의 쇠퇴처럼 괴물-자본의 쇠퇴를 추구하는 소위 시대에 어울리지 않는 어리석은 시도들 속에서 다가오는 유토피아의 표징들을 발견할 수 있다고 리쾨르는 말한다.[28] 앞서 언급되었듯이 이러한 자발적 가난은 소유 제도가 만든 상호 배제의 관계들을 뒤엎는 혁명적 의미를 포함하고 있다. 반복하면, 이러한 경제사상의 유토피아는 국가 쇠퇴 유토피아와 더불어 소유로 인해 분리된 인간들

---

26) 『악의 상징』, 91~92
27) 『역사와 진리』, 141.
28) 앞의 책, 153.

의 화해를 추구한다.

2) 가치의 문화 영역

리쾨르는 정치적 또는 경제적 삶에서 제도를 통한 구속에 대한 논의를 문화의 영역으로 옮겨가는데 그에 따르면, 제도의 깊은 의미는 제도가 문화, 문학, 예술 속에 있는 인간의 형상들에까지 확장되는 때만 나타난다. 그렇게 설립되고 제도화된 인간 형상들은 개인의식의 우연들을 넘어서는 고유의 안정성과 역사를 갖는다. 이러한 인간 형상들의 구조는 상상의 결과물이고, 바로 이러한 의미에서 문화는 상상의 세계 속에 있는 전통 위에서 제도화된다.[29]

그런데 상상이란 흔히 생각하듯이, 무의식적이며 단지 성이 억압된 욕망의 단순한 투영으로 축소시킬 수 없는 형이상학적 기능을 갖고 있다고 리쾨르는 말한다. 상상은 인간의 제도를 가능하게 하며 그 구조를 이룬다. 바로 이 가능성의 상상 속에서 인간은 자기 고유의 실존에 대한 예언을 수행한다. 이러한 이해로부터 상상에 의한 구속의 어떤 의미를 말할 수 있게 된다. 인간 형상을 반죽하면서 사람들은 순수와 화해의 꿈을 소망한다. 넓은 의미에서 이러한 화해의 형상들은 신화들 속에 등장한다. 신화는 실증주의적 의미나 전설이나 우화의 의미에서가 아니라 종교 현상학적 의미, 말하자면 전 인간 운명의 뜻깊은 설화의 의미에서 화해의 메시지를 담고 있다. 그러므로 신화적-시적 기능으로서 상상은 우리 세계관의 결정

---

29) cf. 필자는 졸고 「바디우의 시적 진리론」(철학논총)에서 바디우의 새로운 인간 형상에 대한 강조를 해석학적 작업과 연결시킨 바 있다.

적 변화를 만드는 심오한 작업의 소재지이기도 하다. 인간의 운명을 바꿀 수 있는 모든 실제적인 회심은 이러한 인간 형상의 수준에서 일어나는 혁명이다. 요컨대, 인간은 상상을 통해서 그리고 상상을 바꾸면서 자신의 실존을 바꾼다.[30]

그런데 인간은 자신의 얼굴에 대해 스스로 주는 이미지의 수준에서 부패될 수 있다고 리쾨르는 말한다. 그것과 더불어 문학 및 때로는 조형 예술의 스캔들의 기능을 상기시킨다. 리쾨르에 따르면, 구속의 징표가 항상 스캔들의 정반대 속에서 찾아져서는 안 된다. 오히려 반대로 구원이 선포되는 것은 거의 스캔들을 통해서이다. 더욱이 인간 형상이 스스로 "모범적"으로 되는 것은 가장 파괴적 양상 하에서이다. 말하자면, 정치 권력자가 처벌하는 것과 마찬가지로, 문학은 고발과 스캔들의 검으로 처벌한다고 리쾨르는 지적한다. 인간은 상상을 통해 불가능한 것의 가능성을 탐험하면서 보다 명석하고 보다 원숙한 것을 향해 나아간다. 스캔들은 이러한 과정에서 문화의 유토피아적 기능의 한 어두운 면이다. 문화적 영역에서 예술가는 마치 정치적 영역에서의 비폭력가과 같다. 예술가는 비폭력가와 마찬가지로 시대에 부응하지 않는 방식으로 가장 큰 모험을 선택한다. 이러한 과정에서 예술가는 건설한다고 하면서 파괴할 수도, 또 파괴하고자 하면서 건설할 수도 있다고 리쾨르는 말한다.[31]

---

30) 『역사와 진리』, 155.
31) 앞의 책, 157.

4. 텍스트를 통한 자기 이해

해석학이란 의미상 낯설고 멀어 불명료한 것(텍스트)을 현실적이며 친숙하고 명료한 것으로 바꾸는 '이해과정'이다. 현대 해석학의 대가들인 슐라이어마허, 딜타이 그리고 하이데거와 가다머를 거치면서 리쾨르는 철학적 해석학의 흐름을 두 가지로 파악한다. 하나는 모든 국지적 해석학이 일반 해석학으로 통합 전개된 것이며, 다른 하나는 일반 해석학의 인식론적 관심이 존재론적 차원으로 전환된 것이다. 이들의 연장선상에서 리쾨르 자신은 한편으로 텍스트 담론이론이라는 우회로를 거쳐 '해석학적 인식론'의 길을 택하고, 다른 한편으로 존재론적 차원에서 문학 유형의 담론해석을 자기 이해에 이르는 변증법적 상호연관으로 은유와 비유의 해석학을 연다. 이 지시적 해석 과정을 통해, 문학작품과 성서 구문에 나타난 '상상력의 생산적 기능'을 존재론의 창조적 힘으로 연결하여 종말론적 가능성과 연계한다.[32] 이러한 맥락에서 필자는 리쾨르의 제도를 통한 구속의 가능성을 말할 수 있는 근거로 '하나님의 형상'을 보았고 유토피아 사상과 만나는 지점을 탐색해보았다.

리쾨르 해석학에서는 텍스트에 의해 매개되지 않은 '자기 이해'란 없다.[33] 텍스트가 주체의 자기 이해를 매개한다면, 이 매개는 텍스트가 긍정적 차원에서 주체의 삶에 부단히 관여하고 개입하기 때문이다. 텍스트는 삶 속에서 다양하게 타자로서 존재하지

---

32) 장경, 「폴 리쾨르의 해석학에서 철학적인 것과 신학적인 것의 연관 관계」, 『해석학연구』 제 20집, 2007, 99.

33) 폴 리쾨르, 『텍스트에서 행동으로』, 박병수, 남기영 편역, 아카넷, 2002, 32.

만, 그것이 문자나 형상으로 고정되어서 독자의 지평과 만날 때 독자는 새로운 삶을 구상할 수 있게 된다. 이렇게 타자라는 텍스트를 통해 자기 이해에 도달한다면, 같은 맥락에서 절대 타자로서 하나님 형상은 신학적 차원에서 자기 이해에 도달하게 하는 텍스트이다. 이렇게 문학이건 성서건 텍스트에 의해 제안된 새로운 존재는 텍스트가 일상적 실재와 거리를 둔 것처럼 세계와의 단절과 새로운 시작을 할 수 있다. 이러한 단절과 새로운 시작은 기획된 텍스트의 세계를 만나는 독자의 상상력에 의거하고, 이것은 은유와 비유적 의미에서 '시적' 차원이며 이는 '가능한 것의 현실'이다. 이 '가능한 것의 현실'이라는 개념은 하이데거가 말한 '죽음을 향한 존재'라는 한정된 현존재 이해를 넘어선다. 이유는 이것이 신학적 차원에서는 죽음을 넘어서 있는 '하나님 통치의 도래'를 의미하기 때문이다.[34] 리쾨르는 이러한 의미에서 '의심의 해석학'만이 아니라 '믿음의 해석학'을 말한다.[35] 일상적 실재 세계로부터의 단절이 의심의 해석학을 통해 가능하다면, 텍스트를 통한 삶의 기획은 어떤 텍스트이건 간에 텍스트가 열어주는 세계에 대한 믿음을 전제로 하기 때문이다.

하지만 문학 언어와 신학 언어에는 엄밀히 말해 어떤 차이가 존재하는데 리쾨르는 그것이 바로 '하나님' 개념으로부터 온다고 설명한다. 성서 텍스트가 지시하는 궁극적 세계는 바로 '하나님'이

---

34) 폴 리쾨르, 「철학적 해석학과 성서해석학」 540, (재인용, 장경, 「폴 리쾨르의 해석학에서 철학적인 것과 신학적인 것의 연관 관계」, 『해석학연구』 제20집, 2007, 95).

35) 폴 리쾨르, 『해석의 갈등』, 양명수 옮김, 아카넷, 2001, 421.

다.[36) 신학 언어는 우리로부터 나오는 것이 아니라, '하나님 나라'의 의미 자체로부터 출발하여 우리 자신의 고유한 가능성들을 불러일으키는 차원이다. 가능성의 존재는 '텍스트 앞에서의 자기 이해'를 수행한다. 여기서 하나님 개념은 다양한 진술에 통일을 부여하며, 동시에 그 진술의 불완전성의 척도이기도 하다. 실제로, '하나님'이란 단어는 철학적으로 알아들을 수 없다. 리쾨르는 하나님은 '존재 개념'으로 기능하지 않는다고 강조한다. 하나님 단어는 존재의 종교적 표현을 넘어, 율법서, 시편, 예언서, 역사서 등 성서의 다양한 '계시적 힘'의 지평과 관계된다. 하나님을 이해한다는 것은 지식적인 답을 소유하는 것이 아니라, 그 의미의 화살 방향을 따르는 것을 의미한다. 하나님 이해는 인간이 아는 의미범주에 머물지 않고, 진술의 완료되지 않는 지평을 여는 것이다. 이 의미 화살은 '하나님'이란 단어가 이중적 힘을 지니고 있다는 것을 시사한다. 부분적 담론이 산출하는 모든 의미를 함께 아우르는 힘과 담론의 한계를 넘어 지평을 여는 힘이다. 따라서 하나님 개념을 이해하는 것은 시적 차원에서 가능한 일이다. 요컨대, 성서 담론들의 지시 대상(하나님)의 의미는 설화, 예언, 규범, 찬양, 지혜 등 다양한 문학 형식과 연관된 다양한 의미 안에 함축된다. 성서해석의 특수성은 바로 이 '하나님' 개념으로부터 시작된다.[37)

앞서 논의되었던 정치, 경제, 문화의 영역에서 제도를 통한 구속의 구체적인 실현은 개인과 집단, 나와 타인이라는 이분법의 한

---

36) 『텍스트에서 행동으로』, 147.

37) 장경, 「폴 리쾨르의 해석학에서 철학적인 것과 신학적인 것의 연관 관계」, 『해석학연구』 제 20집, 2007, 95~96.

계를 넘어선다. 정치권력의 쇠퇴를 주장하는 정치적 유토피아 사상이나 비폭력 운동, 소유권으로부터 자유를 주장하는 자발적 가난, 상상력을 통한 새로운 인간 형상을 창조하는 문화 이 모든 것의 배후에는 유토피아라는 종말론적 사상이 내재되어 있고, 그 중심에 하나님의 형상이 자리하고 있다. 말하자면 모든 존재가 하나님의 형상으로 창조되었고 종국적으로 그 형상으로 가고 있기 때문에 하나님 형상은 곧바로 자기와 타자, 개인과 집단 간의 경계를 허물어버린다. 그러므로 제도적 차원 또한 최종적인 목표 즉, 하나님 형상을 향해가는 과정에 있는 것으로 이해된다. 그 과정에서 발생하는 여러 악은 전체적인 관점에서, 구속을 위한 교육적인 것으로 받아들여진다.

여기서 이러한 메시지의 적용이 비단 기독교 신앙인에게만 한정될 수 있다는 비판은 그리 중요하지 않다고 필자는 생각한다. 왜냐하면 모든 텍스트 이해와 적용은 항상 그 텍스트에 대한 신뢰를 전제하고 있고 어떤 텍스트건 모든 독자에게 적용되리란 것을 기대하는 것은 불가능하기 때문이다. 또한 텍스트의 메시지를 어떤 이유에서건 많은 이들이 받아들이지 않아서가 아니라, 받아들인 이들이 적용 단계에서 새로운 시작을 실행하지 않아서 세상은 바뀌지 않는다고 보기 때문이다. 이러한 점에서 제도를 통한 구속이라는 정치적인 메시지를 담은 주장을 하는 데 있어서 성서적 신앙을 필요로 한다는 것은 한계라기보다는 하나의 조건으로 받아들여져야 한다. 그러므로 하나님 형상에 대한 신학적 메시지는 여전히 유효할 뿐만 아니라 해방적 힘을 가지고 있다고 필자는 생각한다.

3장 자본주의에서 '좋은 삶'에 대한 해석학적 모색

「자본주의에서 좋은 삶의 모색」이라는 논문의 제목은 실상 자본주의에서 '좋은 삶'을 어떻게 규정해야 하는가, 라는 질문과 교환적으로 쓸 수 있다. 다시 말하면, 현대 자본주의 체제에서 '좋은 삶이 어떤 삶인가'라는 질문에 대한 답은 이미 주어져 있는 것이 아니라 찾아야 한다는 말이다. 그러므로 이 질문에 답하기 위해서는 먼저 '좋은 삶'이 무엇인지를 물어야 하고, 이어서 자본주의 체제에서 그 '좋은 삶'을 이루기 위한 조건들이 무엇인지를 말할 수 있어야 한다. 결과적으로 이 문제는 현재 삶에 대한 윤리와 도덕의 질문을 함축하고 있다.

발전된 산업사회에서 현대인들은 산업화의 경제 논리와 기존 정치에서 경험하는 낡은 합리성 간의 모순 속에서 살고 있다. 이러한 모순을 피하기 위해, 대다수는 행복의 사유화를 추구하면서 개인적인 생활에 몰두한다. 동양이든 서양이든 모든 발전된 산업사회에서는 사생활을 보호하려는 강력한 개인적인 울타리가 만들어지고 있다.[1) '좋은 삶'이 어떤 삶인가에 대한 대답을 폴 리쾨르의 관점을 통해 살펴보면서, 본 논문은 현대 자본주의 경제체제가 안고 있는 문제점 즉, 정치의 권위가 사라지고 윤리와 도덕의 문제가 경제적인 것 뒤에 가려진 현실적 위기에 대한 대안을 모색해보고자 한다. 최종적으로는 리쾨르가 제시하는 '좋은 삶'이 자본주의 사회에 적용 가능한지, 나아가 적용 가능하다면 그 실행을 위한 조건이 무엇인지에 대해 살펴보고자 한다.

리쾨르가 아리스토텔레스를 따라서 윤리적 목표로 삼는 진정한 삶은 "정의로운 제도 속에서 타자와 더불어, 타자를 위하여 사는 좋은 삶la vie bonne avec et pour autrui dans des institutions justes이다.[2) 본문에서는 이 주장을 하나씩 풀어서 그 의미를 고찰해볼 것이다. 결론적으로 그의 주장에 의거해서, 자본주의가 '좋은 삶'의 목표를 이루기 위한 좋은 제도가 될 수 있는지를 탐색하고자 한다. 한마디로, '좋은 삶'에 대한 리쾨르의 주장이 의미하는 바가 무엇인지 그리고 그의 주장이 오늘날 자본주의 사회에서 얼마나 타당성이 있는지 살펴보려고 한다.

세부적으로 첫째, 아리스토텔레스의 목적론적 윤리에 따라 '좋은 삶'을 목표로 삼는다는 것이 무엇을 의미하는지 리쾨르의 논의

---

1) 폴 리쾨르, 『텍스트에서 행동으로』, 박병수 · 남기영 편역, 아카넷, 2002, 417.

2) Ricoeur. P., *Soi-même comme un autre*, Seuil, 1990, 202.

를 따라 살펴본다. 둘째, '좋은 삶'에서 타자가 왜 필요한지에 대해 고찰한다. 이 과정에서 아리스토텔레스의 우정론을 통해 타자의 의미를 밝힌다. 셋째, '좋은 삶'의 목표와 좋은 제도가 어떻게 연결되는지 탐색해본다. 여기서 개인적인 좋은 삶이 모든 사람을 포괄하는 제도의 차원으로 나갈 수 있는 근거가 되는 '자기'soi에 대한 논의를 검토한다. 마지막으로 성서의 관점에 비추어 '빚' 개념과 마르셀 모스의 '선물' 개념을 통해 자본주의가 정의로운 제도가 될 수 있고, 그 속에서 좋은 삶이 가능하다고 보는 논문의 주장을 뒷받침하고자 한다.

1. '좋은 삶'을 목표로 삼는다는 것

서양 철학 전통에서 윤리éthique와 도덕morale은 많은 부분 교차적으로 사용되어왔다. 두 용어는 각각 그리스어와 라틴어로부터 왔으며, 공통적으로 '좋다고 평가'되는 의미와 '강제적인 의무'라는 의미를 다 가지고 있다. 일반적으로 윤리는 아리스토텔레스를 따라 목적론적 관점으로, 도덕은 칸트적 전통에서 의무론적 관점으로 대표된다. 리쾨르는 논의를 위해서 '하나의 완성된 삶의 목표'에 대해서는 윤리라는 용어를 쓰고, 구속력을 지닌 보편적 규범들과 관련해서는 도덕이라는 용어를 사용한다.[3] 리쾨르에 따르면 '좋은 삶'은 윤리적 목표로써 도덕 규범보다 우위에 있다. 왜냐하면 '좋은 삶'

---

3) 폴 리쾨르, 『타자로서 자기 자신』, 김웅권 옮김, 동문선, 2006, 230. *Soi-même comme un autre*, Seuil, 1990, 200.

은 윤리적 목표가 되는 대상 자체이기 때문에 이것의 성취는 각각의 행위의 궁극적 목적이 된다. 규범은 이 목표를 이루기 위해 행위를 걸러주는 체의 역할을 한다.[4]

주지하다시피 아리스토텔레스 윤리학은 행복eudaimonia을 최고선으로 삼는다. 이 행복은 잘 사는 것to eu zen[5]이나 잘 나가는 것to eu prattein과 같은 것이다.[6] 즉, 아리스토텔레스에게 잘 사는 것 곧, 좋은 삶은 첫 번째 윤리적 목표이다. 그는 이것을 이루기 위해 실천praxis를 강조했다. 그러므로 아리스토텔레스의 목적론적 윤리는 철저히 프락시스에 기반한 목적론이라고 할 수 있다. 아리스토텔레스는 행복이 무엇인가에 대한 분분한 의견이 있을 수 있음에 대해 미리 지적하면서, 두 가지 태도를 들어 자신의 입장을 밝힌다. 그 둘은 제1 원리arche에서 출발하는 것과 제1 원리를 향해가는 태도이다. 이 둘은 비슷한 것 같지만, 심판이 있는 곳에서 반환점을 향해 달리는 것과 반환점에서 심판이 있는 곳으로 달리는 것만큼이나 차이가 있다고 그는 말한다. 행복이 무엇인가, 혹은 무엇이 좋은 것인가에 대해 수많은 좋은 것을 좋음이게 해주는, 그 자체로 좋은 무엇인가가 있다고 말하는 플라톤의 관점이 후자인 제1 원리로 향해가는 태도라는 암시를 주면서, 아리스토텔레스 자신은 제1 원리에서 출발하겠다는 입장을 밝힌다. 왜냐하면, '그 자체로 좋음'이 무

---

4) 앞의 책, 201. *Soi-même comme un autre*, 201.

5) 플라톤은 『크리톤』에서 중요한 것은 사는 것(to zēn)이 아니라 훌륭하게 (잘) 사는 것(to eu zēn)이라고 말한다. 그리스어 eu는 '잘' 또는 '훌륭히'를 뜻한다. 그리고 훌륭하게 (잘) 사는 것은 '아름답게'(kalōs) 사는 것, '올바르게'(dikaiōs) 사는 것과 동일한 것이라고 소크라테스를 통해서 말한다(『에우티프론, 소크라테스의 변론, 크리톤, 파이돈』, 224~225).

6) 아리스토텔레스, 『니코마코스 윤리학』, 천병희 옮김, 도서출판 숲, 2018, 26~27.

엇인지를 알기 위해 일일이 좋은 것에 대한 의견을 밝히는 것은 시간 낭비일 뿐이고, 반면에 제1 원리가 충분히 분명하고 확인할 필요가 없는 것이기 때문에 여기에서 출발하는 것이 바람직하다는 것이다. 이때 제1 원리의 자리에 아리스토텔레스는 좋은 습관을 놓는다. 좋은 습관이 곧, 실천이다.[7] 그래서 습관ethos은 도덕(혹은 윤리, ethike)과 연결된다.[8]

이러한 관점에서 리쾨르가 아리스토텔레스에서 가장 포괄적이고 온전한 윤리적 목표를 발견할 수 있었던 것은 '자기 사랑'philautia에 기초한 윤리를 말한다는 점이며, 또한 인간 삶 전체의 목표와 개별행동들 사이 연속성을 강조한다는 점이다. 한마디로, '좋은 삶'의 목표가 닻을 내리는 장소가 프락시스(실천, praxis)이며, 이 실천 속에 들어있는 목적론이 좋은 삶의 목표를 이룬다.[9] 그렇다면 개별행동들과 삶 전체의 목표가 어떻게 연관되며, '좋은 삶'의 목표와 연관된 목적론은 어떻게 구성되는가? 직업이든 놀이든 예술이든 각각의 실천은 '좋은 삶'이라는 윤리적 통일성을 지향하고 있다. 그리고 이 구체적인 행함이 '좋은 삶'의 목표와 부합될 때 잘 행했다는 평가를 받는다. 즉, 평가와 규범적 판단들이 의미를 가질 수 있는 것은 '좋은 삶'이라는 목표와 연관된 행위의 차원에서이다. 여기서 중요한 것은 이러한 잘 행함에 대한 판단이 이루어지기 위해서는 어떤 훌륭함의 기준에 대한 축적된 합의가 있어야 한다는 사실이다.

---

7) 앞의 책, 27~28.

8) 앞의 책, 60.

9) 『타자로서 자기 자신』, 233. 『니코마코스 윤리학』, 1.1.1094a, 31. (장경, 「폴 리쾨르의 정의 이론」, 『해석학연구』 제31집, 2013, 93. 재인용)

바로 이 훌륭함의 척도들이 어떤 실천에 있어서 행동이 지향해야 할 목적론을 구성한다. 즉, 이 목적론이 각각의 실천에서 하나의 목표를 제시하고 그 목표에 부합하는 행동이 훌륭함의 척도를 만족시키는 것으로 평가받을 수 있다는 것이다. 그러한 평가는 좋은 것으로 인정될 수 있는 모두의 평가를 전제하기 때문에, 개인이 막연히 가지고 있는 '좋은 삶'에 대한 이상과는 분명히 분리된다. 요약하면, 훌륭하고 좋다고 판단되는 행위는 '좋은 삶'을 목표로 하는 것이고 이러한 행위는 모두에게 인정되는 합의된 평가 기준을 만족시키는 것이다. 이로써 아리스토텔레스가 '좋은 삶'의 윤리적 목표를 이루기 위해 개별 실천을 중요하게 생각한 이유를 알 수 있다.

따라서 개별 실천을 통해 '좋은 삶'의 목표를 이루기 위해서는 실천적 지혜phronèsis[10]가 요구된다고 아리스토텔레스는 말한다. 실천적 지혜는 심사숙고의 과정을 거쳐 '좋은 삶'에 부합하는 행위를 선택하는 지혜를 말한다. 실천적 지혜를 지닌 사람을 아리스토텔레스는 프로니모스phronimos 즉, 프로네시스의 인간[11]이라고 불렀다.

---

10) 플라톤은 프로네시스(phronèsis)를 '철학적 인식'을 뜻하는 에피스테메(epistēmē)와 '지혜'를 뜻하는 소피아(sophia)와 구별하지 않고 사용하는 경우가 많은데, 이것은 플라톤에게 있어서는 앎이 곧, 실천과 직결되기 때문이라고 할 수 있다(『에우티프론, 소크라테스의 변론, 크리톤, 파이돈』, 291 역주 71 참조). 반면 아리스토텔레스는 실천적 지혜(phronesis)와 학문적 인식(epistēme)은 다르다고 말한다. 왜냐하면 실천적 지혜가 다루는 행위의 대상은 학문적 인식의 대상과 달리 가변적이기 때문이라고 말한다. 그에게 실천적 지혜는 사람에게 좋은 것이나 나쁜 것과 관련하여 행동하는 참되고 이성적인 마음가짐이다(『니코마코스 윤리학』, 224). 또한 실천적 지혜와 사변적 지혜(sophia)를 혼의 두 부분으로 구분하였고 사변적 지혜를 혼의 더 우월한 부분으로 보았다(같은 책, 244).

11) 아리스토텔레스는 실천적 지혜가 있는 사람의 특징을 심사숙고라고 말한다. 그에 따르면, 심사숙고는 목적에 유익한 것과 관련된 올바름이고 목적에 유익한 것은 실천적 지혜로 파악되기 때문이다(『니코마코스 윤리학』 234~235).

실천과 '좋은 삶'이라는 궁극 목적 사이에서 무엇이 중요한가를 결정하는 것은 프로네시스와 프로니모스의 관계와 밀접하게 연관된다. 왜냐하면, 지혜로운 판단을 하는 인간이 개별적 상황에서 '좋은 삶'의 목적에 부합하는 규칙과 행동을 동시에 선택하기 때문이다. 또한 프로니모스에 의해 각각의 상황에서 선택되는 도덕 규범은 '좋은 삶'이라는 윤리적 목표를 향해 있기 때문이다. 따라서 좋은 삶'에 부합하는 실천에 대한 평가는 고정불변하는 기준에 의해서가 아니라 실천적으로 어떤 삶의 선택이 주는 이점과 불편을 검토하면서 그 사이에서 심사숙고하는 선택을 통해 얻을 수 있다.[12]

리쾨르는 이러한 '좋은 삶'이라는 목표를 향한 삶의 통일성을 이루기 위해서는 행함과 자기 자신에 대한 끊임없는 해석 작업이 동반되어야 한다고 말한다. 다시 말하면, 우리의 삶 전체에서 볼 때 가장 훌륭하다고 생각되는 것을 선택하는 실천은 행동과 자기 자신에 대한 끊임없는 해석 작업으로부터 나온다. 이것을 리쾨르는 '좋은 삶'이라는 목표와 우리의 삶에서의 결정들 사이에서 일어나는 '해석학적 순환'이라고 말한다. 즉, 부분을 알기 위해서는 전체를 알아야 하고, 전체를 알기 위해서는 부분을 알아야 하는 해석의 순환처럼, 한 행동의 결정은 모든 행위의 주체인 자기 자신을 해석하는 것과 총체적으로 연결되어 있다. 제비 한 마리가 왔다고 여름이 온 것은 아니라는 속담에서처럼 하나하나의 행동과 실천은 전체적인 해석 속에서 의미를 부여받게 되어있다. Ch. 테일러가 인간을 '자기 해석적 동물'self-interpreting animal이라고 할 때, 자기 해석은 타인

---

12) 『타자로서 자기 자신』, 239. *Soi-même comme un autre*, 210.

들의 평가와도 결부되어 있는 자기 자신에 대한 총체적 해석을 의미할 것이다.[13]

리쾨르가 볼 때, 개별행위들을 통합하고 총체적인 관점으로 해석하는 것은 '삶의 계획'plan de vie과 연관되어 있다. 이때 '삶'이라는 말은 반성적인 용어이다. 말하자면, 삶이라는 용어는 의미 해석이 필요한 자기 반성의 차원에서 사용된 말이다. 또한 삶은 단지 생물학적 의미에서 채택된 것이 아니라 윤리적-문화적 의미로 채택된 것으로, 파편화된 실천들과는 대조적인 전체로서 인간을 지칭한다. 아리스토텔레스는 의사나 건축가 같은 사람에게 그의 에르곤(기능, 과업, ergon)이 있듯이, 인간은 인간 그 자체의 에르곤이 있다고 말한다. '삶'이라는 용어는 인간을 그 자체로 규정하는 에르곤과 연결되어 있다. 달리 말하면 인간 본연으로서의 에르곤은 각각의 실천을 포괄하는 전체로서의 '삶'에 대한 평가적·판단적 차원과 연관되어 있다. 좋은 의사, 훌륭한 예술가에게 내려지는 평가처럼 선한 사람, 좋은 삶 자체에 대한 평가가 인간의 에르곤에 의해 내려진다는 것이다. 그러므로 인간 삶과 에르곤의 관계는 하나의 구체적 실천과 탁월성의 기준의 관계와 같다. 즉, 하나의 행동이 탁월성의 기준에 의해 평가되는 것처럼 인간 삶이 인간의 에르곤에 의해 평가 차원에 이를 수 있게 된다. 각각의 실천들을 포괄하고 통합한다는 점에서 '삶의 계획'과 인간의 에르곤은 동일선상에 있다.

인간의 에르곤이라는 것은 소크라테스가 검토되지 않은 삶은 '삶'이라는 이름을 받을 자격이 없다고 말할 때, 검토된 삶과 관련이

13) 앞의 책, 242.

있다. 그러한 삶은 하나의 통일성을 가진다. 이러한 삶의 통일성은 이야기라는 행위를 통해서 드러난다. 즉, 한 삶의 통일성은 모든 이야기 속에서 각각의 의도들, 원인들, 우연들을 구성하는 이야기로 만들어지는 통일성이다.[14] 이야기를 하면서 윤리적 주체는 자신의 행동에 내려지는 타자의 평가와 스스로 내리는 자신의 평가를 결합시킨다. 인간은 자기 자신에게 평가의 시선을 던지는 존재이다. 개별적인 실천들을 전체 삶의 통일성과 조율하여 판단하고 선택하는 것도 인간이 해야 하는 일이다. 요컨대, 삶의 이야기적 통일성이라는 것은 이야기를 통해 개별 실천들 가운데서 일련의 선택과 그에 대한 평가가 함께 만들어내는 윤리적 통일성이다.

　그런데 한 가지 중요한 사실은, 평가가 최종적으로 실현된 결과를 통해 내려지지만 그러한 결과보다 먼저 능력의 측면에 주목해야 한다는 사실이다. 각자의 행동은 그들이 가진 능력에 비례해서 평가가 이루어진다. 그러므로 행동에 있어서 이 무언가 할 수 있는 능력capacité이라는 용어는 신체적 차원에서 윤리적 차원으로 연장된다. 나는 자신의 행동을 평가할 수 있고, 그 행동 중에 어떤 것의 목적이 좋다고 평가함으로써 자기 자신을 훌륭하다고 평가할 수 있는 그런 존재이다. 이때 강조점은 동사, 할 수 있음le pouvoir-faire에 놓여져야 하며, 이 할 수 있음은 윤리적으로 판단할 수 있음le pouvoir-juger의 연장선에 있다.[15] 우리는 무언가 행동함에 있어서 각자 자신의 행동을 평가하듯이 다른 사람의 행동을 판단한다. 이러한 이유로

---

14) 앞의 책, 240~241. *Soi-même comme un autre*, 209~210.

15) 『타자로서 자기자신』, 244, *Soi-même comme un autre*, 212. 리쾨르는 "메를로 퐁티의 표현 '나는 할 수 있다'를 신체적 차원에서 윤리적 차원으로 확대해야 한다"고 주장한다.

내가 무언가 할 수 있다는 것은 사람들의 윤리적인 판단과 결부되어 있으며 이 '할 수 있음'은 '타자'라는 매개를 통해 확인된다. '좋은 삶'의 윤리적 목표에 타자가 필요하다는 것은 아리스토텔레스의 우정philia에 관한 분석을 통해 확인할 수 있다.

2. 타자와 함께, 타자를 위하여

『니코마코스 윤리학』에서 "인간은 사회적 존재이고 본성적으로 남과 함께 살도록 되어 있기 때문에 … 행복한 사람에게도 친구philos가 필요하다"[16]고 아리스토텔레스는 말한다. 그에 따르면, "가장 친한 친구란 알아주는 사람이 아무도 없어도 상대방을 위해 상대방이 잘되기를 바라는 사람이다. 그리고 이런 조건은 자기 자신과의 관계에서 가장 잘 충족된다."[17] 그리고 "남에게 느끼는 우애(우정)philia의 감정은 자기 자신에게 느끼는 우애의 감정이 확장된 것"[18]이라고 한다. 또한 "사람은 자기 자신의 가장 좋은 친구이기 때문에 자기 자신을 가장 사랑해야 한다."[19]고 말한다. 아리스토텔레스는 우정이 자기 사랑(필라우시아, philautia)과 타인을 매개한다고 말한다. 아리스토텔레스가 밝히는 우정이 지닌 상호성, 공유, 평등이라는 성격을 통해 리쾨르는 '좋은 삶'의 윤리적 목적을 이루

---

16) 『니코마코스 윤리학』, 359. 그리스어 필로스(philos)는 가족, 친구, 친지, 동료 등 친근하게 지내는 사람들을 모두 포함하는 포괄적인 개념이다(같은 책, 295 역주 2 참조).

17) 앞의 책, 353.

18) 앞의 책, 같은 곳.

19) 앞의 책, 354.

기 위해서 왜 타인이 필요한지를 논증한다.

　먼저 우정은 상호적 관계이다. 이 상호성은 '더불어-살기'suzèn 와 연결된다. 우정에서의 상호성은 각자가 타자를 있는 그대로의 모습으로 좋아한다는 데 중요성이 있다. 아리스토텔레스는 실리적인 이익 때문에 혹은 즐거움을 주는 이유로 친구를 좋아하는 것은 우정의 참된 모습이라고 보지 않았다. 완전한 우정은 일시적인 유용성이나 쾌락을 얻기 위한 것이 아니라 서로 유사한 미덕을 가진 좋은 사람들 사이의 우정이다. 그들이 좋은 사람인 한 똑같이 서로가 잘 되기를 바라며, 무엇보다 그들 자신이 먼저 좋은 사람이다. 친구를 위해 친구가 잘되기를 바라는 사람들이야말로 가장 진정한 친구이다. 그들이 친구를 그렇게 대하는 것은 친구의 사람 됨됨이 때문이다. 이러한 친구와의 우정은 행복한(좋은) 사람이라도 홀로 산출할 수 없는 어떤 좋은 것을 제공한다.[20] 좋은 사람은 자기가 좋은 사람임을 자각하기 때문에 그 자체로 즐겁듯이, 친구 존재도 그러함을 자각함으로써 행복하다. 이것이 '더불어-살기'suzèn이다. 인간이 함께 산다vivre-ensemble는 것은 들판에서 소 떼들이 각자 풀을 뜯어 먹는 것과는 다른 차원이다. 따라서 사람이 행복해지려면 훌륭한 친구가 필요하다고 아리스토텔레스는 주장한다.[21]

　아리스토텔레스에 따르면 우정은 심사숙고하여 선택하는 행위와 관련된 미덕이다. 따라서 우정은 타인에 대한 애정이나 애착 같은 심리적 감정에 관한 것이 아니라 선을 향한 윤리에 관한 것이다.

---

20) 앞의 책, 301.

21) 앞의 책, 362~363.

"우정은 미덕이거나 미덕을 수반하며, 살아가는 데 가장 필요한 것"이라고 『니코마코스 윤리학』은 밝히고 있다.[22] 이 미덕은 끊임없이 실질적으로 발현되는 활동이다.[23] "행복은 일종의 활동énergeia이며 활동은 분명 생성되는 것이지 재물처럼 누군가에게 이미 존재하는 것이 아니다. … 좋은 사람에게는 자기 친구인 훌륭한 사람의 행위가 즐겁다면 더없이 행복한 사람에게는 이러한 친구가 필요할 것이다."[24] 선하고 행복한 사람은 그와 같은 친구를 통해서 더없이 좋은 것을 얻을 수 있다. 친구와의 관계에서 만들어지는 행복(우정)은 하나의 '활동'이며, 이 활동은 분명 하나의 '생성'devenir이고, 완성된 현실태entélecheia로 가는 힘(능력, dynamis)이다.[25] 다시 말하면, 좋은(행복한) 사람들 사이의 우정이 '좋음'의 현실태로서 간주된다면, 각각의 좋은 사람들은 자기 속에 있는 결핍(가능태)을 채우기 위해 우정을 향해가야 한다.[26] 즉, 행복한 사람이 느끼는 친구의 필요성은 자기 자신의 존재와 맺는 관계에서 비롯되는 일종의 부족이나 결핍에 기인한다.[27] 요약하면, 우정이라는 활동은 아리스토텔레스의 목적론적 철학에서 잠재적 가능태에서 완성된 현실태로 가는 생성이자 힘이다.

우정의 또 다른 특성은 공유와 평등이다. "친구들은 모든 것을

---

22) 앞의 책, 294.

23) 『타자로서 자기 자신』, 245. *Soi-même comme un autre*, 213.

24) 『니코마코스 윤리학』, 360.

25) 『타자로서 자기 자신』, 251. *Soi-même comme un autre*, 218.

26) 앞의 책, 246.

27) 앞의 책, 252.

공유한다", "우애는 평등이다"[28]라고 아리스토텔레스는 말한다. 이런 면에서 우정은 개인적으로 '좋은 삶'의 목표와 정치적인 의미의 정의를 연결해준다. 우정은 동등한 관계를 전제한다. 정의가 제도의 차원에서 평등을 논한다면 우정은 개인적 관계에서의 평등을 요구한다. 다만 제도적인 정의에서 평등은 기여도에 있어서 불평등을 고려하기 때문에 비례적 평등이라고 한다면, 개인적 우정에서 평등은 동등한 수준의 사람들 사이에서 전제되는 것이다.

리쾨르는 아리스토텔레스의 우정론에서 상호성과 공유, 그리고 평등을 통해 더불어-살기의 모색으로 나아간다. '친구는 또 다른 자기'allos autos라는 것은 우정이 자기 사랑에서 나온다는 말이다.[29] 각자 자신을 존중하는 사람들에게 우정은 '자기 존중'l'estime de soi에 '상호성'mutualité의 관념을 덧붙인다. 그리고 우정은 평등한 개인들 사이의 공유로부터 정치적 공동체의 다원성을 고려한 배분적 정의 justice distributive로 향한 길을 터준다.[30]

3. 정의로운 제도들에서 : 나와 너에서 각자로

앞서 '좋은 삶'의 목표를 이루기 위해서는 타자 존재가 필요하다는 것을 아리스토텔레스의 우정론을 통해 살펴보았다. 그런데 리쾨르는 '잘-살기'vivre-bien가 '더불어-살기'vivre-ensemble가 되기 위해서는 상호 개인적인 차원에 국한되는 것이 아니라 제도로까지 그

28) 『니코마코스 윤리학』, 353.
29) 『타자로서 자기 자신』, 249. *Soi-même comme un autre*, 216.
30) 앞의 책, 253. *Soi-même comme un autre*, 220.

범위를 넓혀서 생각해야 한다고 말한다. 즉, 개인적인 차원의 윤리는 제도적인 차원의 정의로까지 확대되어야 한다는 것이다. 서론에서 언급되었듯이, 리쾨르의 윤리적 목표는 "정의로운 제도들에서 타자와 함께하는, 그리고 타자를 위한 좋은 삶"이다. 이것은 관념적인 차원이 아닌 행위와 실천의 차원에서 이야기된다. 행위와 실천의 차원에서 더불어-살기의 윤리를 위해 리쾨르는 고통당하는 타자에 주목한다. 이렇게 하는 의도는 고통당하는 타자를 보고 자신의 내면에서 일어나는 공감과 연민에 반응하는 배려를 제삼자를 포함한 타자에 대한 정의로 확대하고자 하는 것이다. 거기에 더하여, 자기 사랑에서 출발하는 우정과 다른 한편 타인의 고통으로부터 비롯되는 공감이 서로 균형을 이루어서 자기와 타자가 기울어짐 없이 함께 '좋은 삶'의 윤리적 목표를 이루고자 함이다.[31]

리쾨르는 고통받는 타자를 레비나스의 명령하는 타자와 대비시킨다. 레비나스에 따르면 타자의 얼굴은 우리가 정의롭도록 명령한다. 그가 말하는 대표적인 타자의 얼굴은 소외된 자, 고아와 과부의 얼굴이다. "그의 얼굴은 내가 그를 섬기도록 명령한다."[32] 그런데 여기서 타자와 나의 관계는 상호적이지 않다. 그는 내 목숨까지도 요구할 수 있다고 레비나스는 말한다. 심지어 상호관계가 아니기 때문에 나는 그의 종sujetion이라고까지 말한다. 이런 의미에서 나는 주체sujet이다. 이렇게 명령하는 타자는 우리에게 책임을 부과한다. 모든 게 내 책임이 된다. 그런데 내 책임의 근거는 타자의 명령

---

31) 앞의 책, 257. *Soi-même comme un autre*, 223.

32) 레비나스, 『윤리와 무한』, 양명수 옮김, 다산글방, 2000, 126.

이다.[33] 그러므로 정의의 문제 또한 타자와의 비대칭적 관계에서 규명될 수밖에 없다.

리쾨르에 따르면 명령하는 타자와 상반되는 것이 고통받는 타자이다. 고통당하는 타자는 우리 내면에 공감과 연민을 불러일으키고 기꺼이 타인의 괴로움을 나누고자 하는 소망을 품게 한다.[34] 이처럼 행위의 주도권을 가지고 타자의 고통을 자기 것처럼 느끼면서 도와주려는 행위는 실상 타자로부터 촉발되지만 이에 따라 자기를 내어주는 배려solicitude의 행위는 타자에 대한 자기의 반응이다. 즉, 배려로부터 자기와 타자는 상호성으로 나아가게 되고, 타자에 대한 배려는 이러한 상호성의 증거이다.[35] 요컨대, 고통당하는 타자로부터 시작된 공감과 연민은 배려를 통해 자기와 타자가 상호관계에 들어가게 된다. 이것은 자기 사랑에서 출발한 우정의 측면과 만나 균형을 이룬다. 이로써 '너 역시'와 '나 자신처럼'이라는 동등한 가치가 만들어진다. 그리고 자기 자신처럼 타자의 존중과 타자처럼 자기의 존중이 근본적으로 동등하게 된다고 리쾨르는 말한다.[36] 여기서부터 '각자'chacun에 대한 규정이 나온다. 이러한 각자의 규정에서 리쾨르는 윤리적 주체로서 '자기'soi의 의미를 드러낸다.

---

33) 『윤리와 무한』, 127.

34) 그런데 '…와 더불어 고통받는다'는 것은 타자의 목소리(명령)에 의한 책임 부여와는 상반되게 자기 속에서 먼저 일어나는 것이다. 그런데 고통받는 타자와의 공감은 은밀하게 자기를 우위에 두는 연민과는 다르다. 진정한 공감은 고통받는 타자 앞에서 자기의 취약함을 드러낸다.

35) 다시 말하면 '배려'는 타자로부터 비롯된 타자의 고통에 대한 도덕적 명령과 자신 속에서 일어나는 타인을 향한 감정들의 정서적 본능이 결합된 용어이다. 『타자로서 자기 자신』, 258.

36) 앞의 책, 260~261. *Soi-même comme un autre*, 226.

리쾨르에 따르면, 자기soi는 '나'je가 아니다. 즉, 자기는 1인칭의 나 중심성에서 벗어나 3인칭 관점으로 자기를 세울 수 있는 주체이다. 또한 타자도 2인칭의 '너'와는 다른, 3인칭의 관점으로 자기를 세울 수 있는 주체이다. 그러므로 '나'도 '너'도 3인칭 각자로서 '자기'이다. 이로써 나-너의 대면적 관계가 3인칭 자기의 차원으로 확대된 제도로 옮겨간다. 제도는 서로 대면한 관계만 아니라 익명의 제삼자들도 포함한다. 그러므로 익명성은 '진정한 삶'la vraie vie 즉, '좋은 삶'이라는 목표 속에 포함된다. 이로써 정의의 의미는 '나-너'라는 마주함보다 더 멀리 확대된다.

결국, '잘-살기'라는 윤리적 목표는 익명의 제삼자를 포함한 제도로까지 확대된다. 마주한 타인에 대한 배려는 제도 속에서 평등으로 나타난다. 제도와 삶이 맺는 관계는 배려와 상호 개인들이 맺는 관계와 같다.[37] 여기서 제도는 역사적 공동체(국민 · 민족 · 지방 등)에서 '더불어-살기'의 구조를 의미한다. 그러므로 제도는 보편적인 규범들에 의해서가 아니라 공통의 관습에 의해서 만들어진다고 볼 수 있다. 그런 맥락에서, 윤리éthique라는 명칭은 관습과 습관을 뜻하는 에토스ethos에서 나왔고 에토스로 되돌아간다.[38] 한마

---

37) 앞의 책, 271. *Soi-même comme un autre*, 236.

38) 앞의 책, 261. *Soi-même comme un autre*, 227. 에토스(ethos)는 성격 또는 인격의 뜻 외에 사회적인 관습, 관례, 풍습 등을 의미하기도 하는데, 개인적으로 그리고 사회적으로 이런 것들이 생기게 되는 것은 개인적인 습관과 이의 사회적 확장인 관습 즉, 에토스로 해서라는 것이 헬라스인들의 생각이다. 그리고 다시 에토스(습관 · 관습)는 반복되는 몸가짐이나 마음가짐으로 해서 굳어진 버릇 곧, '심성'에서 비롯된다고 그들은 보아서 이를 '헥시스'(hexis)라 했다. 헥시스는 몸가짐 · 마음가짐 · 습성 · 굳어진 상태 등을 의미한다(『에우티프론, 소크라테스의 변론, 크리톤, 파이돈』, 348, 역주 196 참조).

디로 아리스토텔레스에게 있어서 습관과 윤리가 연결되어 있듯이, 윤리와 관습 그리고 제도가 긴밀한 관계를 이루고 있다.

그런데 '좋은 삶'의 윤리가 정의로운 제도와 접목될 수 있기 위해서는, 제도 속에서 정의를 어떻게 설명해야 하는가, 라는 문제가 남아있다. 리쾨르는 아리스토텔레스의 미덕으로서의 중용을 통해 이 문제에 대답한다. 아리스토텔레스에 따르면, "모든 미덕은 미덕을 지닌 것이 좋은 상태에 있게 하고 제 기능을 잘 수행하게 하는 것"이다. 예컨대 눈의 미덕은 눈과 눈의 기능을 좋게 한다.[39] 그런데 감정과 행위와 관련된 도덕적 미덕이 목표로 삼는 것은 무엇인가? 아리스토텔레스에 따르면, 도덕적 미덕은 중간médieté을 목표로 삼는다. "미덕은 적어도 중간(메소테스, mêsotes)을 목표로 삼는다는 점에서 일종의 중용이다."[40] 중간은 지나침과 모자람이라는 두 악덕 사이의 중간이다. 중용은 개인 혹은 개인들 간의 모든 미덕들에 공통된다. 아리스토텔레스는 정의를 중간을 목표로 삼는 중용과 연결시킨다.[41] 이러한 의미에서 정의는 올바르게 행동하도록 요구하는 미덕이다. "정의는 완전한 미덕의 활용이므로 가장 진정한 의미에서 완전한 미덕이다."[42] "정의는 타인을 위한 좋음으로 간주되

---

39) 『니코마코스 윤리학』, 71~2.

40) 『니코마코스 윤리학』, 74.

41) "법을 지키지 않는 사람은 불의하고 법을 지키는 사람은 공정한 만큼 분명 합법적인 것은 무엇이든 어떤 의미에서는 옳다. 입법 행위에 따라 제정된 것은 합법적이고, 우리는 그런 법규 하나하나를 옳다고 여긴다. 그런데 법은 삶의 모든 영역을 규정하면서 시민 전체 또는 최선자(最善者)들 또는 집권자들 또는 그런 종류의 다른 집단의 공동 이익을 추구한다. 그래서 어떤 의미에서 우리는 국가공동체의 행복 또는 행복의 구성 요소를 산출하거나 보전하는 것들을 옳은 것이라고 부른다."(『니코마코스 윤리학』, 174~5).

42) 앞의 책, 176.

는 유일한 미덕이다. 정의는 대인관계에서 행해지기 때문이다."[43] 이러한 보편적 미덕으로서의 정의와 대조해서, 아리스토텔레스는 특수한 의미에서 옳은 것과 불의한 것도 논한다. 특수한 의미로서 정의는 명예나 금전이나 기타 정치 공동체의 구성원들 사이에서 분배될 수 있는 것들을 배분하는 데서 발견된다. 그리고 사람들 사이의 거래에서 조정하는 역할로서의 정의를 말한다. 그런데 아리스토텔레스가 보편적 미덕의 차원에서 말하는 분배에서의 정의는 일종의 비례적 정의이다.[44] 왜냐하면 올바른 것은 지나침과 모자람이라는 극단들 사이에 존재하는 중간인데, 이 중간은 사람에 따라 유동적이며 또 누구나가 다 같은 종류의 가치를 염두에 두지는 않기 때문이다. 그런 정의와 불의의 예로써 누군가 자기가 받을 몫보다 더 많이 가지려 한다면 그의 행위는 어떤 종류의 악덕 곧, 불의를 드러낸다고 한다.[45]

리쾨르는 개인적인 차원에서 제도적인 차원으로 무리 없이 이동하게 해주는 것이 아리스토텔레스의 중용이라고 말한다. 즉, 정의로운 것과 정의롭지 못한 것을 구분하는 중간은 개인들 상호 간의 관계에서뿐만 아니라 제도적 차원에도 해당된다.[46] 제도가 필요한 이유는 분배의 문제와 연관되어 있다. 끊임없이 더 많이 갖고자 하는 악덕(플레오넥시아, pléonexis)과 불평등의 문제는 언제나 외적이고 불안정한 이익과 관련되어 있다. 제도를 통하지 않고서는

---

43) 앞의 책, 176.
44) 앞의 책, 181.
45) 앞의 책, 177.
46) 『타자로서 자기 자신』, 266~267. *Soi-même comme un autre*, 223.

이러한 분배가 불가능하다. 배분적 작용은 생산이라는 개념의 보완으로서 경제적 차원에 한정되는 것이 아니다. 그것은 '더불어-살기'에서 사회 구성원들에게 무언가를 나누는 구분을 의미한다. 예컨대 역할·임무·이익·불이익 등을 사회 구성원들 사이에 분배하는 일을 제도가 조정하기 때문에 분배는 모든 제도들에서 볼 수 있는 근본적 특징이다. 따라서 분배répartition라는 용어는 나눔의 다른 측면을 표현한다고 할 수 있다. 결과적으로, 제도에 참여하는 일과 배분의 체계에서 각자에게 지정된 몫을 구분하는 측면은 언제나 같이 있다. 그러므로 '좋은 삶'의 윤리적 목표의 전체 범위 속에는 분배의 차원에서 제도를 고찰하는 것이 포함된다. 리쾨르에 따르면, 제도에 대한 배분적 해석은 상호 개인적인 차원에서 공동체적 차원으로의 이동을 방해하는 모든 장벽을 무너뜨린다. 나아가 윤리적 목표를 구성하는 개인·상호 개인·공동체 사이에 결속력을 확보해준다.[47]

요컨대, 각자에게 자기 몫을 정당하게 배분하는 것이 정의로운 제도의 특징이라고 할 수 있다. 언급했듯이, 제도에서 평등이 각자의 삶과 맺는 관계는 배려가 상호 개인 간 맺는 관계와 같다. 즉, 평등은 마주 보는 대상에 대한 배려를, 자기를 포함한 각자인 타자에게 적용한 것이다. 배려는 인격들을 서로 대체할 수 없다고 간주한다. 그러므로 누구도 불이익을 당하거나 공정한 대우에서 배제되는 것을 금하는 정의는 이러한 배려를 전제한다. 반면에 평등의 적용 영역이 인류 전체라는 점에서, 정의는 상호적인 배려를 전체

---

47) 앞의 책, 269~270. *Soi-même comme un autre*, 234.

각자에게로 확장한다.[48] 정치 권력이라는 것은 함께 행동하는 사람들이 있는 동안만 지속하고 그들이 흩어지면 사라져버리는 취약성을 드러낸다. 하지만 함께 행동하고 잘 살고자 하는 의지로서 권력은 일정 정도, 제도에 의해 그 지속력을 보장받는다. 따라서 '좋은 삶'의 윤리적 목표는 제도 속에서 법적 구속의 일관성과 당위성을 가진 법적 차원으로 확대된다. 그러므로 제도에서 윤리와 정치는 교차한다.[49]

4. 빚진 존재와 선물 교환의 도덕

지금까지 우리는 리쾨르가 '좋은 삶'을 "정의로운 제도 속에서 타자와 함께, 타자를 위하여 사는 진정한 삶"이라고 주장하는 근거를 살펴보았다. 먼저 '좋은 삶'이라는 것은 규범에 앞서는 하나의 윤리적 목표라는 점을 보았다. 이것은 개별 실천들을 통합하는 하나의 삶의 계획으로서 그 자체로 좋다고 평가받을 만한 것이다. 그리고 좋은 삶은 타자를 필요로 한다는 것을 우정에 대한 분석으로 살펴보았다. 우정에서 볼 수 있는 상호성, 공유 그리고 동등한 관계를 전제한 배려가 우리들 각자에 대한 평등으로 이어진다는 것을 보았고, 이어서 각자에게 공정한 몫을 나누는 배분적 정의_justice distributive_가 실현되는 것은 제도를 통해서라는 것을 살펴보았다. 결국 제도에서 윤리와 정치가 교차하면서 '좋은 삶'의 목표를 이룰 수 있다는

---

48) 앞의 책, 271. _Soi-même comme un autre_, 236.

49) 앞의 책 , 264. _Soi-même comme un autre_, 229.

사실을 검토해보았다. 이제 남은 문제는 우리가 몸담고 살아가고 있는 자본주의가 리쾨르가 말하는 좋은 제도의 요건을 갖추고 있는가, 라는 것이다. 이것은 서론에서 말했듯이 중립적인 체제 개념인 자본주의를 우리가 어떻게 운용하는가에 대한 문제와 연결된다. 자본주의가 '좋은 삶'을 위한 좋은 제도가 될 수 있다는 점을 뒷받침하기 위해서 우리는 성서의 관점에 비추어 '빚'dette 개념과 마르셀 모스의 '선물'don 교환의 도덕을 논해보고자 한다. 결론적으로 우리 모두가 '빚진 존재'라는 사실과 우리에게 선물로 주어진 것을 '나누어야 할 의무'를 환기시킴으로써, 자본주의는 '좋은 삶'을 위한 '정의로운 제도'가 될 수 있다는 것을 주장할 것이다.

구약성서는 행복을 내가 도와줄 이웃과의 관계 맺음을 통해 설명한다. 고아와 과부, 나그네들이 내가 도울 수 있는 이웃의 모델로 등장한다. 여호와 하나님은 출애굽 사건을 통해 이스라엘 민족을 종의 형상에서 자유민으로 옮기셨다. 젖과 꿀이 흐르는 가나안 땅으로 들어가기 전에 하나님은 그들이 새로운 땅에서 어떻게 살아야 하는지에 대한 지침을 십계명을 통해 명령하셨다(출애굽기 20장). 이로써 묶여 있던 종살이에서 벗어나 자유로운 의지와 욕망을 활용할 수 있는 가능성을 이스라엘 민족은 갖게 되었다. 이 모든 것을 하나님과 이웃을 위해 잘 사용할 때 복을 받는다는 사실을 성서는 명시하고 있다. 그 명령들을 한마디로 요약하면, 하나님 사랑과 이웃 사랑이다. 하나님 사랑은 모든 것에서 하나님의 주권을 인정하는 것이다. 따라서 이 두 명령은 어떤 것도 내 것이 아니기 때문에 권리에 대한 포기와 함께 이웃과의 나눔이 당위라는 사실을 함축한다.

이스라엘아 네 하나님 여호와께서 네게 요구하시는 것이 무
엇이냐 곧 네 하나님 여호와를 경외하여 그의 모든 도를 행하
고 그를 사랑하며 마음을 다하고 뜻을 다하여 네 하나님 여호
와를 섬기고 내가 오늘 네 행복을 위하여 네게 명하는 여호와
의 명령과 규례를 지킬 것이 아니냐 하늘과 모든 하늘의 하늘
과 땅과 그 위의 만물은 본래 네 하나님 여호와께 속한 것이
로되 여호와께서 오직 네 조상들을 기뻐하시고 그들을 사랑
하사 그들의 후손인 너희를 만민 중에서 택하셨음이 오늘과
같으니라 그러므로 너희는 마음에 할례를 행하고 다시는 목
을 곧게 하지 말라 너희의 하나님 여호와는 신 가운데 신이
시며 주 가운데 주시요 크고 능하시며 두려우신 하나님이시
라 사람을 외모로 보지 아니하시며 뇌물을 받지 아니하시고
고아와 과부를 위하여 정의를 행하시며 나그네를 사랑하여
그에게 떡과 옷을 주시나니 너희는 나그네를 사랑하라 전에
너희도 애굽 땅에서 나그네 되었음이니라(신명기 10:12~19)

하늘과 땅과 만물이 하나님께 속한 것이라는 성서의 관점은 자
연스럽게 '빚'dette이라는 개념으로 연결된다. 리쾨르에 따르면, 우리
는 유산dette-héritage이라는 명목으로 과거에 의존하고 있는 빚진 존
재들l'être-en-dette이다.[50) 과거에 대한 빚이라는 개념은 과거의 흔적
개념과 달리, 강요의 의미가 내포되어 있다. 말하자면 이것은 우리
에게 주어진 모든 것에 있어서 우리가 도덕적 부담으로부터 자유

---

50) Ricoeur.P., *La memoire, l'histoire, l'oubli, Seuil*, 2000, 473~474.

롭지 않다는 의미를 함축하고 있다. 나는 내 생명조차도 타인에게 빚진 존재이다. 이러한 도덕적 부담은 무거워지거나 가벼워질 수는 있지만 여기서 벗어날 수 있는 사람은 아무도 없다. '빚'이라는 개념은 인간의 존재 구조를 드러내는 말이자, 성서가 말하는 인간 삶의 진실과 겹친다. 이것은 또한 성서의 청지기 사상과도 같은 맥락을 가지고 있다.

빚이라는 관념 속에는 내 존재를 포함한 모든 것이 거저 주어졌다는 선물(증여)의 개념도 포함되어 있다. 선물이 주고받는 관계 속에서 부드러운 부담감을 만든다면, 빚은 강요의 의미를 띤다. 하지만 둘 다 우리에게 주어진 모든 것이 은총이기 때문에 이것을 하나님과 이웃을 위해 사용하라는 명령이 함께 주어졌다. 십계명 중 제오 계명은 하루를 구별하여 거룩하게 지내라는 안식일의 명령이다. 이것은 고단한 인간이 쉼을 얻을 뿐 아니라 빚진 자 곧, 은총을 입은 자임을 기억하는 날이다. 이스라엘 민족이 종의 신분에서 종을 부리는 자의 신분으로 바뀐 이후, 일곱째 날에는 가축과 종까지도 쉬도록 명하셨다. "일곱째 날은 네 하나님 여호와의 안식일인즉 너나 네 아들이나 네 딸이나 네 남종이나 네 여종이나 네 소나 네 나귀나 네 모든 가축이나 네 문 안에 유하는 객이나 아무 일도 하지 못하게 하고 네 남종이나 네 여종에게 너 같이 안식하게 할지니라"(신명기 5:14). 즉, 필요와 욕구라는 새로운 주인을 모시고 쉬지 못하는 인간에게 모든 존재의 쉼을 명령하신 것이다. 안식일의 쉼은 "사람을 녹초로 만드는 무거운 짐을 지고, 조심해야 할 무거운 짐을 지고 괴로워하는" 많은 이들이 기쁘게 받아들이는 평화로운 대안이라고 월터 브루그만은 말한다.[51] 안식은 단순한 쉼이 아니라, 모든 것이 하나님의 은총이요 우리에게는 빚이라는 사실을 기억하여 구별한다는 의미를 가진다. 안식은 과거와 미래를 연결지을 뿐 아니라 사람들 간의 관계도 연결짓고 나아가 지상과 하늘을 연결짓는다. 이와 더불어 빚 개념은 과거에 영향 받는 존재인 우리를 미래를 향해 방향을 돌릴 수 있는 능력과 다시 이어준다. 코젤렉Koselleck의 용어를 빌자면, 그것은 경험공간을 기대 지평과 연결한다.[52]

빚을 진다는 것은 채무 관계를 맺을 수 있는 동등한 관계에서 일어나는 일이다. 빚 개념은 이스라엘 민족이 종의 신분에서 하나님과 계약을 맺을 수 있는 관계로 들어섰다는 것을 반증한다. 이제 관건은 주어진 것을 어떻게 운용하는가 하는 문제이다. 빚 개념과 함께 자본주의를 좋은 삶을 위한 정의로운 제도로 만들 수 있다는 주장을 뒷받침하는 개념은 선물 즉, 증여이다. 모스의『증여론』(Essai sur le don, 1925)은 이득profit과 개인individu에 기반한 합리주의와 상업주의에 맞서는 선물 교환의 도덕을 제시한다.『증여론』에서 마르셀 모스는 증여와 교환 그리고 호혜성을 통해서 한편으로는 인간의 기본적 사회관계 측면을 밝히고, 다른 한편으로는 현대인인 우리가 살아가는 세상에서 지배 논리로 작용하고 있는 경제 논리 즉, 이윤 추구, 효용 극대화, 경쟁, 이기주의를 지적하고 있다. 그에 따르면 우리는 이러한 것들을 당연한 사회 논리로 치부하지만, 서양 사회가 인간을 경제 동물animal économique로 만든 것은 대단

---

51) 월터 브루그만,『안식일은 저항이다』, 박규태 옮김, 복있는 사람, 2018, 20.

52) *La mémoire, l'histoire, l'oubli*, 497.

히 최근에 일어난 일이며, 인간이 계산기라는 복잡한 기계가 된 것도 그리 오래된 일이 아니다.[53] 한마디로, 모스가 말하는 선물-교환은 선심의 차원에서 하는 선택적 행위가 아니라, 종국적으로 개인이 원자화되어 이익interêt의 노예가 되지 않도록 해주는 사회 소통 시스템이다.

모스에 의하면 증여 즉, 선물 교환의 체계는 자발적으로 일어나는 것이기는 하지만 개인적 욕심을 채우고자 하는 것은 아니라, 의무적으로 반드시 수행해야 하는 것이다. 모스는 멜라네시아, 폴리네시아, 북아메리카 등의 교환과 계약의 형태들을 비교 분석하고, 여기에 로마, 힌두, 독일의 문헌까지도 살펴봄으로써, 모든 사회에서 나타나는 교환과 그로 인해 야기되는 호혜성이 사회를 유지시키고 사회적 결속력을 더욱 강화시키는 핵심 요인이 된다는 점을 구체적인 사례로 증명해내고 있다.[54] 모스는 이미 사라져버린 고대 사회의 다양한 법령 분석은 물론이고, 생존하고 있는 현 사회의 원시부족민들의 삶과 규칙과 약속을 규정하고 있는 교환 행위들을 그들 각각의 사회적 맥락에서 살펴보면서 민족학적 해석에 집중하였다. 그러나 그가 진정으로 심도 깊게 분석하고자 했던 사회는 바로 지금 현대인들이 살아가고 있는 이 시점의 삶일 것이다.[55]

모스는 많은 사회에서 사물이나 용역 그리고 상징이나 사람의 순환은 구매와 매매라는 양식으로만 이루어지지 않고 세 가지 의무 즉, 주어야 할 의무, 받아야 할 의무, 되돌려주어야 할 의무에 의해

53) 마르셀 모스, 『증여론』, 이상률 옮김, 한길사, 2018, 271.
54) 류정아, 『마르셀 모스, 증여론』, 커뮤니케이션스북스, 2016, 10~11.
55) 앞의 책, 82.

규정되고 있다고 보았다. 이 세 가지 의무에 의해 수행되는 순환 현상이 사회의 '총체적 급부(지불) 체계'를 이루고 있다. 이와 대조적으로, 흥정이나 경쟁 그리고 위세나 영향력 투쟁과 같은 것을 의미하게 될 때, 그것을 모스는 '투기적agonistique 급부 체계'라고 부른다. 선물을 주고받는 행위는 개인 간에 이루어지는 것이지만, 그것이 개인들을 연결하는 고리를 형성하면서 사회구조를 작동시킨다. 따라서 선물을 하는 행위는 '총체적 급부 체계'를 형성하고, 이것이 모여 '총체적인 사회적 사실'이 된다. 개인과 집단의 재화는 사회 전체의 재화와 긴밀히 연결되어 있다. 따라서 '선물 주기'라는 개별적 행위가 시사하는 바를 이해한다면 사회 전체 구조의 특성도 이해할 수 있다. 주기와 받기 그리고 답례라는 선물의 삼각 구조는 명백히 '총체적인 사회적 사실'이 되기 때문이다.[56]

상품은 호혜성을 수반하지 않는다. 반면 선물은 물건 그 자체뿐만 아니라 물건을 교환하는 당사자 간에 상호 긴밀한 관계가 형성되고 있다는 인식까지도 같이 교환하는 것이다. 주기와 받기 그리고 답례라는 삼중의 의무를 수행하는 '선물을 하는 행위'는 사회생활의 중요한 기초다. 따라서 선물은 결코 단순한 물건 교환만이 아니라, 결혼, 축제, 의식, 춤, 잔치, 시장 등 삶의 모든 측면과 관계하는 매커니즘이다. 이처럼 전체적 현상으로서 증여에 나타나는 사회적, 종교적, 법률적, 경제적, 도덕적 의의를 '교환'의 개념으로 분석하고, 그 배후에 잠재해 있는 호혜성의 원리를 찾아내고자 한 것이 마르셀 모스가 『증여론』에서 지속적으로 추구한 원칙이었다.

---

56) 앞의 책, 6~7.

정리하면, 모스의『증여론』은 개인의 개별 행위들에 영향을 미치는 사회적 힘을 '총체적 사회적 사실'fait social total이라는 개념으로 설명한다. 그에 의하면 총체적 사실의 체계는 가족, 기술, 경제, 법률, 종교적인 것 등 모든 행위들에서 보이는 물리적, 심리적, 사회적 측면들을 동시에 고려하면서 해석하는 체계이다. 그러므로 총체적 사실은, 개인적인 것과 사회적인 것을 연결시켜주는 것이면서 동시에 물리적인 것(또는 생리적인 것)과 정신적인 것을 연결시켜주는 것이다. 이러한 것들이 연결되어 나타나는 총체적인 사실이란, 다양한 사회적 양식, 개인의 다양한 경험과 표현방식 등을 말한다.[57] 모스가 궁극적으로 강조하고자 했던 것은, 어떤 사회나 그 사회를 구성하는 제도나 표상들은 통합된 전체를 이루고 있다는 것이다. 즉, 모스는 여러 사실들을 그것이 속해 있는 사회적 단위들의 총체적인 관계 속에 놓고 이해하고자 했다. 모스는 사회적 사실로서의 '증여'를 통해 '호혜성'의 이론과 '교환'의 개념을 도출해낸다.[58] 호혜성은 단순한 규범의 차원이 아니다. 모스는 호혜성을 그 체계 속에 내재된 구조에 의해 작동하는 커뮤니케이션 체계로 보았다. 호혜성은 등가물을 교환하는 것으로, 여기서 '사회'와 '개인'이 만난다. 그리고 교환은 모든 형태의 의사소통 체계를 포괄하고 있다. 교환은 자신과 타인과의 관계 속에 있으면서 동시에 하나에서 다른

---

57) 앞의 책, ix.

58) 모스의 삼촌이기도 하면서 많은 영향을 준 사회학자 뒤르켐(E.Durkheim)은 사회와 개인을 주체와 객체로 보는 사회결정론과 역사기능론을 동시에 강조하면서 분석 과정에서 혼란을 겪었다. 다시 말하면, 역사적 방법을 강조하면서도 동시에 기능론을 취한 결과, 역사적 기원을 찾는 것과 그 기능을 분석하는 방향을 혼동하게 되는 모순에 빠졌다. 이러한 모순점을 모스는 '증여'의 개념을 통해 극복하면서 뒤르켐을 넘어선다(『증여론』, 28).

하나로 이뤄지는, 대화의 과정에서 나타나는 모순을 극복하는 상징적 사고의 종합물이다. 『증여론』에서 이야기하는 '교환'이 이루어지는 시스템 전체를 종합적으로 통칭하는 말이 '총체적인 급부 체계'système des prestations totales이다. 이러한 모스의 주장은 오늘날 상업자본주의가 추구하는 개인주의와 성과주의에 제동을 거는 메시지임이 틀림없다.

> 주라 그리하면 너희에게 줄 것이니 곧 후히 되어 누르고 흔들어 넘치도록 하여 너희에게 안겨주리라 너희가 헤아리는 그 헤아림으로 너희도 헤아림을 도로 받을 것이니라(누가복음 6:38).

5. 자본주의에서 잘 살기

리쾨르는 아리스토텔레스 윤리학을 따라 "정의로운 제도 속에서 타자와 더불어, 타자를 위하여 사는 좋은 삶"을 목표로 내세웠다. '자본주의에서 좋은 삶에 대한 모색'이라는 이 글의 제목이 밝히듯이, 우리의 논의는 리쾨르의 주장이 오늘날 자본주의 체제에서 적용 가능한지 따져 보는 데 최종 목적이 있었다. 결론은 자본주의가 좋은 삶의 목표를 이루기 위한 정의로운 제도가 될 수 있다는 것이었고, 이것을 증명하기 위해 성서의 빚 개념과 모스의 선물 개념을 차용하였다. 빚과 선물 개념은 공통적으로 주는 자와 받는 자 간의 유대와 호의적인 기대를 바탕으로 하고 있다. 이것은 근대 이후 인간이 고립된 주체로 자리매김한 이래 상실한 관점이다. 아리스토텔레스의 '함께 잘 살기'bien vivre ensemble라는 목표를 이루기 위한 첫걸음은 무엇보다 탐욕적인 자기 중심성에서 벗어나는 것이 될 것이다.

현대 철학자들은 자본주의가 태동한 근대 사회의 특징인 개인주의의 한계를 입을 모아 강조하고 있다. 또한 부분의 합이 전체라고 믿었던 뉴턴 과학의 요소론적 세계관이 지닌 한계를 앞다투어 지적한다. 고립된 주체와 이성에 대한 낙관, 소유와 진보에 대한 추구가 물질적 풍요 뒤에 한 세기를 전쟁의 그림자로 뒤덮는 결과를 현대인들은 목도했다. 그러나 생각의 관성에서 벗어나지 못한 지적 게으름과 앞만 보고 달리는 무지로 인해 각자의 얼굴을 잃어가고 있는 것이 오늘날 우리의 모습이기도 하다.

하지만 출구 없어 보이는 현실 속에서 새로운 의미를 발견할 가능성은 여전히 남아있다. 그것은 텍스트 앞에서 발견하는 새로운 자기 이해와 동시적으로 이루어질 것이다. 우리가 견고한 자본주의 체계를 '좋은 삶'을 위한 제도로 볼 수 있는 이유는 바로 이러한 자기 이해에 기반하고 있다. 결국, 달라지는 것은 세계가 아니라 세계를 대하는 우리 자신이며, 처음부터 우리를 옥죄는 것은 세계가 아니라 세계 속에 갇힌 우리 자신이었다는 것을 발견하는 것이 중요하다. 구조나 체제를 탓하기에 앞서 그 속에서 자신을 잃어버리고 살지 않았는지 생각해볼 수 있어야 한다. 이것이 끊임없이 이윤을 창출하기 위해 인간을 고립시키고 욕망의 노예로 만드는 상업 자본주의에서 벗어나 우리 자신과 타인의 좋은 삶을 생각하고 선택할 수 있는 해방된 자유민이라는 증거일 것이다.

에필로그 : 고통은 광기보다 강한 법이다[1]

　　말은 일종의 위장이고 은폐라는 것을 정신분석학은 드러내었다. 그럼에도 말은 모종의 진실을 담고 있다. 그 진실이 닿아있는 곳은 삶일 것이다. 말이 삶을 다 드러낼 수 없듯이 우리는 삶의 모든 것을 다 알 수 없다. 생각있는 사람이라면 흔히 말 앞에서 주저하게 되는 것처럼 삶은 언제나 자기 확신에 찬 질주를 머뭇거리게 하는 제동장치를 가지고 있다.

　　프로이트는 거부감이 들 정도로 모든 것을 성(性)으로 환원해서 설명했다. 그런데 여느 정신분석가들과 달리 본인이 일부일처제의 가부장적인 남편이었다는 사실은 마치 자기가 말하는 이론이 자기 삶과는 상관없다는 모종의 자신감을 풍기는 듯하다. 하지만 프로이트의 정신분석이론이 그의 삶의 기원과 종말에 대한 믿음과 분리된다면 그의 주장에 대한 온전한 이해에 도달하기 어려울 것이

---

1) 빈센트 반 고흐가 동생이자 후원자였던 미술상 테오 반 고흐에게 1880년 5월 4일에 보낸 편지 중에서(빈센트 반 고흐, 『반 고흐, 영혼의 편지』, 신성림 옮김, 위즈덤하우스, 2017, 291).

다. 프로이트가 유대인이면서 반종교적인 정서의 집안에서 성장한 것과 끝까지 과학자의 입장에서 무신론을 고집했다는 사실은 그의 주장을 입체적으로 이해하게 한다. 치밀하게 세워진 이론이라고 할지라도 기원적인 원초적 감정 위에서 형성된다는 것을 프로이트를 통해서 확인하게 된다. 그렇다면 프로이트와 전혀 다른 삶의 기원과 전통을 가진 배경에서 태어나고 자란 사람은 사뭇 다르게 인간을 이해하고 다른 전망을 내놓지 않을까?

이점은 우리가 아무리 믿을 수 있는 주장이라고 확신하더라도 조심스러울 필요가 있는 이유이다. 영국 경험론자들이 결국에 회의주의자로 갈 수밖에 없었던 이유가 이것이 아닐까? 그들은 자기 경험에 모든 것을 걸었다. 그러면 다시 자기 확신에 찬 독단으로 넘어가야 할까? 절대 그렇지 않다. 그런 근대적인 착오로 에너지를 낭비할 이유가 우리에게 더 이상 없다. 리쾨르가 헤겔의 방법론을 수용하면서도 칸트철학에 의지하는 까닭이 여기에 있을 것이다. 프로이트가 말한 대로, 우리가 운명anakē의 필연성에서 벗어날 수 없다면, 삶은 지리멸렬한 고통과 변명으로 일관하고 말 것이다. 그렇지만 주어진 것이 아닌 어떤 전망을 붙잡는다면 좀 다를 수 있지 않을까? 그리스 비극들과 많은 문학 작품들이 고통의 반복을 통해 알려주는 것은 무엇인가? 삶은 우리가 아는 것보다 더 많은 것을 담고 있다. 그래서 라캉은 알 수 없는 실재계에서 손해 보지 않기 위해 자기 욕망에 더욱 충실하라고 주장했을 것이다. 이는 프로이트의 회의주의를 넘어서는 것 같지만, 삶을 보는 시각이 같다면 결국 고통의 반복과 강도만 높일 뿐이지 않을까? 그래서 리쾨르의 예언자적 혜안에 더욱 귀를 기울이게 된다. 다 알 수 없는 전체성 앞에서 어떤 확신을 가지고 고통 가운데 성실히 삶을 성취해나가는 모습assurance d'être soi-meme agissant et souffrant[2]은 '좋은 제도 속에서 타자를 위하여, 타자와 함께 사는 좋은 삶'의 전망으로 이어진다. 전체에 대한 겸손한 태도는 이웃 사랑으로 그 지평이 확대된다. 그 속에서 진정한 자기발견이 이루어진다.

전부라고 주장하지 않는다면 자기 경험에서 나온 말보다 진실에 가까운 것은 없을 것이다. 이 책은 지금까지 내가 살아오면서 가장 어두운 터널을 지나는 동안 쓰여졌다. 나에게 책 쓰는 일은 터널 끝을 보여주는 한 줄기 빛이었다. 트라우마에서 벗어나지 못하고 미움과 원한에 싸여 일생을 자신과 타인을 괴롭히며 사는 사람들을 드물지 않게 본다. 자다가 가위눌려 깨어나려고 발버둥 치는 것처럼 의식적으로 노력하지 않으면 무의식적인 관성에서 벗어나기 어렵다는 것을 알게 되었다. 거기에 운명이나 팔자라는 이름이 붙기도 하지만 문제는 괴로움 속에서 벗어나려는 의지가 있는가이고 조금이라도 맞설 힘이 있다면 다른 길을 찾을 것이다. 내가 고민 중에 만난 길은 크리스테바이다. 어쨌든 삶을 부정적이고 파괴적으로 사는 것을 합리화하는 것은 슬픈 일이다. 그럼에도 고통 때문에 책이 한 권 나왔다면 고통은 의미를 가질 수 있을 것이다.

마지막으로, 고통의 시간을 함께해온 가족들에게 감사하며, 프로이트가 「다섯 살배기 꼬마 한스의 공포증 분석」의 마지막에 확신에 차서 한 주장을 인용하면서 장을 마치려 한다.

---

2) *Soi-même comme un autre*, 35.

"어린아이든 어른이든 상관없이 '신경증에 걸린' 사람들과 '정상적인' 사람들 사이에 뚜렷한 선을 그을 수 없다는 사실, 우리가 사용하는 '병'의 개념은 순전히 실제적인 총합 개념에 지나지 않는다는 사실, 이 총합의 문턱을 넘어서려면 소질과 실생활의 사건들이 합산되어야 한다는 사실,…… 지금까지 교육은 오로지 본능을 통제하는 것을, 좀더 적절하게 표현한다면, 본능을 억누르는 것을 자체의 과제로 삼아 왔다. 그러나 그 성과는 늘 만족스럽지 못했다.……지금까지의 교육 과제를 새로운 과제로 대체시킨다면, 다시 말해서 개인의 활동성에 가능한 한 피해를 주지 않으면서 개인에게 문화적 능력과 사회적 능력을 심어 주는 과제를 교육의 과제로 삼는다면, 정신분석을 통해서 얻은 정보, 즉 병리학적 콤플렉스의 기원과 모든 신경증의 핵심에 대한 정보가 학생들을 지도하는 교사들이 필수 불가결한 지침으로서 자체의 지위를 더할 나위없이 주장할 수 있을 것이다. 여기에서 어떠한 실제적인 결론들이 도출될지, 그리고 경험이 어느 정도까지 우리의 현 사회 제도 내에서 그러한 결론들의 적용을 정당화할 수 있을는지는 다른 사람들의 검증과 판단에 달린 문제라고 생각된다."[3]

---

3) 프로이트 전집 8, 「다섯 살배기 꼬마 한스의 공포증 분석」, 『꼬마 한스와 도라』, 김재혁 · 권세훈 옮김, 열린책들, 2017, 179~180.

참고문헌

가다머(Hans-Georg Gadamer), 『진리와 방법』 1권, 이길우 외 옮김, 문학동네,
    2015.

강응섭, 『자크 라캉의 세미나 읽기』, 세창미디어, 2015.

기형도, 『입속의 검은 잎』, 문학과지성사, 2020,

김선하, 「바디우의 시적 진리론」, 『철학논총』 제86집, 새한철학회, 2016.

_____, 「사도 바울의 권력론에 대한 리쾨르의 해석: 제도를 통한 구속에 대한 해
    석학적 시론」 『철학연구』 제143집, 2017.

_____, 「자본주의에서 '좋은 삶'에 대한 해석학적 모색」, 『자본주의 시대, 여성의
    눈으로 성서를 읽다』, 여성신학사상 제13집, 2020

김세원, 「이야기의 두 양식으로서 이데올로기와 유토피아에 관한 시론: 『시간과 이
    야기』와 '이데올로기와 유토피아'에 다리 놓기」, 『현대유럽철학연구』 제38
    집, 2015.

김성도, 『로고스에서 뮈토스까지: 소쉬르 사상의 새로운 지평』, 한길사, 1999

_____, 『구조에서 감성으로: 그레마스 기호학 및 일반 의미론의 연구』, 고려대학
    교 출판문화원, 2020

김인환, 『줄리아 크리스테바의 문학 탐색』, 이화여자대학교출판부, 2003.

김혜령, 「폴 리쾨르의 '선물경제' 개념으로 살펴본 사랑과 정의」, 『현대유럽철학연
    구』 제39집, 2015.

라형택 편찬, 『로고스 성경사전』, 도서출판 로고스, 2011.

레비나스, 『윤리와 무한』, 양명수 옮김, 다산글방, 2000.

롤랑 바르트, 『텍스트의 즐거움』, 김희영 옮김, 동문선, 1997.

류정아, 『마르셀 모스, 증여론』, 커뮤니케이션스북스, 2016.

마르셀 모스, 『증여론』, 이상률 옮김, 한길사, 2018.

메리 더글러스, *Purity and Danger: An Analysis for the Concepts of Pollution and Taboo*, Rougledge & Kegan Paul, 1979. 『순수와 위험』, 유제분 · 이훈상 옮김, 현대미학사, 2005.

멜라니 클라인, 『아동정신분석』, 이만우 옮김, 새물결, 2011.

_____, *Love, Guilt and Reparation and Other Works* 1921-1945, The Free Press, 1975.

_____, *Envy and Gratitude and Other Works* 1946-1963, The Free Press, 1975.

미국정신분석학회편, 『정신분석 용어사전』, 이재훈 외 옮김, 한국심리치료연구소, 2002.

볼프하르트 판넨베르크, 『신학과 철학』, 정용섭 옮김, 한들출판사, 2010.

빈센트 반 고흐, 『반 고흐, 영혼의 편지』, 신성림 옮김, 위즈덤하우스, 2017.

소포클레스, 『콜로노스의 오이디푸스』, 김종환 옮김, 지식을 만드는 지식, 2017.

스피노자, 『에티카』, 강영계 옮김, 서광사 1990.

아리스토텔레스, 『니코마코스 윤리학』, 천병희 옮김, 도서출판 숲, 2018.

_____, 『시학』, 천병희 옮김, 문예출판사, 2011

알랭 바디우, 『사도 바울』, 현성환 옮김, 새물결, 2008.

월터 브루그만, 『안식일은 저항이다』, 박규태 옮김, 복있는 사람, 2018.

자크 라캉, 『세미나11』, 맹정현 · 이수련 옮김, 새물결, 2008.

         , 『에크리』, 홍준기 외 옮김, 새물결, 2019.

장경, 「폴 리쾨르의 정의 이론」, 『해석학연구』 제31집, 2013.

    , 「폴 리쾨르의 해석학에서 철학적인 것과 신학적인 것의 연관관계」, 『해석학연구』 제20집, 2007.

장-조제프 구, 『철학자 오이디푸스』, 정지은 옮김, 도서출판b, 2016.

조셉 칠더즈 · 게리 헨치 엮음, 『현대문학 · 문화비평 용어사전』, 황종연 옮김, 문학동네, 2000.

조너선 컬러, 『소쉬르』, 이종인 옮김, 시공사, 1998.

존 힉, 『신과 인간 그리고 악의 종교 철학적 이해』, 김장생 옮김, 열린책들, 2007.

줄리아 시걸, 『멜라니 클라인』, 김정욱 옮김, 학지사, 2018.

줄리아 크리스테바, 『검은 태양: 우울증과 멜랑콜리』, 김인환 옮김, 동문선, 2004.

                , 『정신병, 모친살해, 그리고 창조성: 멜라니 클라인』, 박선영 옮김, 아난케, 2006.

                , 『새로운 영혼의 병』, 유재명 옮김, 시각과언어, 2001.

                , *Au commencement était l'amour, Psychanalyse et foi*, Hachette, 1985. 『사랑의 정신분석』, 김인환 옮김, 민음사, 1999.

                , *Pouvoirs de l'horreur*, Éditions du Seuil, 1980. 『공포의 권력』, 서민원 옮김, 동문선, 2001.

                , *La Révolution du Langage Poetique*, Edition du Seuil, 1974. 『시적 언어의 혁명』, 김인환 옮김, 동문선, 2000.

질 들뢰즈 · 펠릭스 과타리, 『안티오이디푸스: 자본주의와 분열증』, 김재인 옮김, 민음사, 2019.

최태연, 「폴 리쾨르의 후기역사철학—기억과 망각의 긴장 속에서 용서를 향하여--」, 『해석학연구』 권17호, 2006.

카랄리나 브론스타인 편집, 『현대적 관점의 클라인 정신분석』, 홍준기 옮김, 눈출 판그룹, 2019

카트린 클레망, 줄리아 크리스테바, 『여성과 성스러움』, 임미경 옮김, 문학동네, 2002

캐서린 켈러Catherine Keller, *On the Mystery: Discerning Divinity in Process*, Fortress Press, 2007. 『길 위의 신학』, 박일준 옮김, 동연. 2020.

칸트, 『순수이성비판』, 최재희 옮김, 박영사, 2001.

_____, 『실용적 관점에서의 인간학』, 백종현 옮김, 아카넷, 2014.

_____, 『이성의 한계 안에서의 종교』, 신옥희 옮김, 이화여대출판부, 2003.

폴 리쾨르, 『비판과 확신』, 변광배 · 전종윤 옮김, 그린비, 2013.

_____, 『악의 상징』, 양명수 옮김, 문학과지성사, 2014.

_____, 『텍스트에서 행동으로』, 박병수 · 남기역 편역, 아카넷, 2002.

_____, 『해석의 갈등』, 양명수 옮김, 아카넷, 2001.

_____, *Histoire et vérité*, Édition du Seuil, 1955. 『역사와 진리』, 박건택 옮김, 솔로몬, 2006.

_____, *L'idéologie et l'utopie*, Édition du Seuil, 1997.

_____, *Soi-même comme un autre*, Édition du Seuil, 1990. 『타자로서 자기자신』, 김웅권 옮김, 동문선, 2006.

_____, *De l'interpretation, Essai sur Freud*, Édition du Seuil, 1965. 『해석에 대하여: 프로이트에 관한 시론』, 김동규 · 박준영 옮김, 인간사랑, 2013.

_____, *La mémoire, l'histoire, l'oubli*, Édition du Seuil, 2000.

프로이트 전집 1, 『정신분석 강의』, 임홍빈 · 홍혜경 옮김, 열린책들, 2017.

프로이트 전집 2, 『새로운 정신분석 강의』, 임홍빈 · 홍혜경 옮김, 열린책들, 2017.

프로이트 전집 4, 『꿈의 해석』, 김인순 옮김, 열린책들, 2017.

프로이트 전집 8,『꼬마 한스와 도라』, 김재혁·권세훈 옮김, 열린책들, 2017.

프로이트 전집 11,『정신분석학의 근본 개념』, 윤희기·박찬부 옮김, 열린책들, 2017.

프로이트 전집 13,『종교의 기원』, 이윤기 옮김, 열린책들, 2017.

프로이트 전집 14,『예술, 문학, 정신분석』, 정장진 옮김, 열린책들, 2017.

플라톤,『티마이오스』. 박종현·김영균 옮김, 서광사, 2000.

＿＿＿,『국가·政體』, 박종현 역주 옮김, 서광사, 2005.

＿＿＿,『에우티프론, 소크라테스의 변론, 크리톤, 파이돈』, 박종현 역주, 서광사, 2013

한강,『작별』, 2018년 제12회 김유정문학상 수상작품집, 은행나무, 2018

한나 시걸,『멜라니 클라인: 멜라니 클라인의 정신분석학』, 이재훈 옮김, 한국심리치료연구소, 1999.

찾아보기

ㅋ